DE REBVS BELLICIS

SUR LES AFFAIRES MILITAIRES

COLLECTION DES UNIVERSITÉS DE FRANCE
publiée sous le patronage de l'ASSOCIATION GUILLAUME BUDÉ

DE REBVS BELLICIS

SUR LES AFFAIRES MILITAIRES

Texte établi, traduit et commenté
PAR
Philippe FLEURY
Professeur à l'Université de Caen Normandie

PARIS
LES BELLES LETTRES
2017

Conformément aux statuts de l'Association Guillaume Budé, ce volume a été soumis à l'approbation de la commission technique, qui a chargé M. Olivier Desbordes d'en faire la révision et d'en surveiller la correction en collaboration avec M. Philippe Fleury.

© 2017. Société d'édition Les Belles Lettres
95 boulevard Raspail, 75006 Paris
www.lesbelleslettres.com

ISBN : 978-2-251-01476-0
ISSN : 0184-7155

INTRODUCTION

L'auteur et ses intentions

Le *De rebus bellicis* nous est parvenu sans nom d'auteur, et sa finalité même a prêté à discussion. L'auteur se définit comme un « particulier » (*praef.* 4 : *priuatus*), « inspiré par le loisir et pas trop étranger au côté pratique des choses » (*praef.* 16 : *otio persuasus, non adeo a rerum commoditatibus peregrinus*). Cela ne nous renseigne pas beaucoup. J. Béranger, dans une étude sur la terminologie impériale chez Ammien Marcellin, fait remarquer que, sous l'Empire, le *priuatus* est simplement le citoyen qui n'est pas empereur [1]... Le *priuatus* peut donc être un haut magistrat : en 363 *p.C.*, Julien s'adjoint comme consul Sallustius, préfet des Gaules, et « il semblait extraordinaire qu'un simple particulier (*priuatus*) fût associé à l'Auguste » [2]. Gratien est un *priuatus* avant d'être empereur, même après avoir accédé au consulat [3], etc. Cela dit, la façon dont l'Anonyme revendique son *otium* face aux proches de l'empereur, « les gens occupés »

---

1. Béranger 1976, 49.

2. Amm. 23, 1, 1 : *et uidebatur nouum adiunctum esse Augusto priuatum.*

3. Amm. 27, 2, 1 : *accitoque* [sc. *Dagalaifus*] *paulo postea, ut cum Gratiano etiamtum priuato susciperet insignia consulatus.*

(*praef.* 16 : *occupatos*), exclut qu'il exerce de lourdes fonctions au moment où il écrit. Comme il ne donne aucune indication sur son âge, il peut avoir exercé un métier ou occupé une fonction politique auparavant. Certains ont voulu faire de lui un ancien soldat [4], mais cela paraît peu probable, car il dit lui-même, à la fin de la description d'un type de char à faux : « Ceux qui connaissent la guerre pour l'avoir faite diront mieux que moi quelles pertes les machines de ce type causent à l'ennemi » (12, 4). En revanche, son analyse lucide [5] des conséquences sociales de la politique monétaire de Constantin, son explication de la crise sociale tardo-antique – qui est une extraordinaire nouveauté [6] –, son vocabulaire administratif précis, proche de celui de la chancellerie [7], pourraient laisser penser qu'il s'agit d'un ancien haut fonctionnaire de l'administration impériale [8]. C'est l'idée avancée par plusieurs chercheurs [9]. Sa proximité de langue et de pensée avec Claudius Mamertinus, nommé par Julien en 361 *comes sacrarum largitionum*, préfet d'Illyrie, puis consul pour l'année 362, va dans ce sens [10].

4. Par exemple Syme 1968, 100.

5. Grubaugh 2015 parle d'un esprit « scientifique » : il analyse les problèmes de la société de son époque comme il décrit ses machines.

6. Giardina 1989, XXIX-XXX.

7. Thompson 1952a, 5, souligne la correspondance entre la langue du *De rebus bellicis* et celle des *Codes Théodosien* et *Justinien* ; comparer par exemple *De rebus bellicis* 5, 1 : *tributariae functionis laborat illatio* et *Cod. Just.* 10, 22, 3 : *ad illationem functionis tributariae*.

8. On a parfois voulu faire un rapprochement avec Végèce, qui lui aussi adresse son traité d'art militaire à l'empereur et qui aurait été *comes sacrarum largitionum*. Mais R. Delmaire souligne que l'attribution de cette fonction à Végèce ne repose sur rien de solide : voir Delmaire 1992, 370.

9. Giuffrè 1974, 116 ; Matthews 1975, 49.

10. *Paneg.* 3, 22, 2. La proximité entre l'Anonyme et Claudius Mamertinus a été relevée et étudiée par Mazzarino 1971. Plus

L'hypothèse est confortée par le fait que le chapitre que l'Anonyme met en avant pour attirer l'attention de l'empereur est le chapitre 1, qui porte sur des questions financières : « J'ai donc composé dans ce petit traité, à la mesure de mon intelligence, un premier chapitre sur l'usage des largesses, non parce que ce chapitre suffit à une si vaste fonction, mais pour pouvoir gagner votre confiance sur l'utilité de mes autres propositions à partir de cet exemple de mes modestes compétences » (*praef.* 2). Mais, s'il a exercé une charge importante au niveau de l'État, il est curieux qu'il ne le mentionne pas : cela renforcerait grandement sa crédibilité [11]. Vitruve, dans la préface du *De architectura*, qu'il adresse selon toute vraisemblance à Octave, met ainsi en avant son expérience d'ingénieur militaire au service de César [12]. Par ailleurs, le discours de l'Anonyme est souvent réservé vis-à-vis des plus hautes classes de la société : « ce ne sont ni une très haute noblesse, ni une abondance des richesses, ni les pouvoirs liés aux magistratures ou une éloquence littéraire qui ont apporté quelque chose aux techniques » (*praef.* 6), et l'on peut tirer de la conclusion de sa préface (§ 15 et 16) l'idée que, pour lui, ce n'est pas dans l'entourage de l'empereur qu'il faut chercher l'esprit de réforme : « beaucoup de choses échappent à ces gens occupés » (*praef.* 16). Plutôt qu'un haut fonctionnaire de l'État, l'Anonyme pourrait donc avoir été – à supposer qu'il fût « retraité », ce qui, encore une fois, n'est pas assuré – un magistrat municipal, un curiale [13]. Mais A. Giardina fait

récemment, et avec une analyse un peu divergente de celle de S. Mazzarino, voir Sánchez-Ostiz 2003.

11. Baldwin 1978.

12. Vitr. 1, *praef.* 2 ; Fleury 2011, 14.

13. Thompson 1952a, 40. C'est l'idée retenue par exemple par Paschoud 1967, 120.

remarquer à juste titre que le monde de la cité est totalement absent du traité, et il imagine que l'Anonyme a probablement exercé une fonction quelconque dans l'administration civile de l'Empire et que son activité l'a conduit à d'étroits contacts avec les *apparitores*[14]. Quatre siècles plus tôt, Vitruve fut peut-être un *apparitor*, un de ces « hauts fonctionnaires » regroupés en décuries et qui étaient chargés d'assister les magistrats[15]. En fait la seule conclusion que nous puissions tirer du texte de l'Anonyme est qu'il a une bonne connaissance du vocabulaire administratif, économique et financier, qu'il met en avant ses compétences dans ce domaine et en retrait ses compétences militaires. Reste une incertitude sur la façon dont il a acquis ces compétences administratives : probablement par ses fonctions, mais à un niveau qu'il est difficile de définir, et l'on ne peut exclure l'hypothèse d'un « citoyen éclairé »[16].

Se pose alors la question de la ou des région(s) dans laquelle (lesquelles) il a vécu et écrit. Beaucoup d'hypothèses ont été émises, qui vont jusqu'à faire de lui un barbare[17], ce qui est fort peu vraisemblable : si, dans sa préface, il émet en effet une opinion plutôt favorable sur les « nations barbares » – « ces gens, la nature aidant, ne sont pourtant pas du tout considérés comme étrangers aux inventions pratiques » (*praef.* 7) –, partout ailleurs il se présente comme un homme qui veut défendre l'Empire contre les assauts et la perfidie

---

14. Giardina 1989, XXXVI. Pour le chercheur italien, l'Anonyme est un propriétaire terrien : cf. *ibid.*, p. XXXIII.

15. Fleury 2011, 13-18.

16. Thompson 1952a, 5.

17. En dernier lieu, voir par exemple Ireland 1984, IX : l'Anonyme serait d'origine barbare ; il aurait fait son service militaire parmi les *ballistarii*, et il serait ensuite passé dans l'administration financière impériale.

des nations barbares : « Il faut d'abord savoir que l'Empire romain est assiégé par de furieuses nations qui aboient partout autour de lui et que chaque frontière est menacée par la convoitise d'une barbarie perfide, dissimulée dans des abris naturels » (6, 1). Une fois éliminée l'hypothèse du « barbare », plusieurs indices ont été utilisés pour déterminer le contexte géographique du *De rebus bellicis* : la langue de l'auteur, les événements ou les lieux auxquels il fait allusion, l'histoire de la transmission manuscrite.

O. Seeck, dans sa brève notice fondatrice de la *Realencyclopädie der classischen Altertumswissenschaft*, considère que l'Anonyme paraît être un Oriental, que son latin est « très lourd » (« sehr unbehülflich »), que c'est pour lui une langue étrangère, et qu'il s'exprime dans cette langue parce qu'il s'agit de la langue officielle de l'Empire et peut-être parce qu'il s'adresse à un empereur peu familier avec le grec [18]. R. Neher, qui veut en faire un homme du VIe siècle *p. C.* s'adressant à Justinien, pense lui aussi qu'il est Grec [19], mais la comparaison de langue qu'il effectue avec plusieurs auteurs du VIe siècle montre en fait des rapprochements forts avec le latin des Occidentaux : Ennode de Pavie, né à Arles, Jordanès, d'origine ostrogothique, mais qui vécut longtemps en Italie, Grégoire de Tours, né à Clermont-Ferrand, et surtout Avit de Vienne. B. Baldwin [20] fait remarquer qu'en deux occasions (8, 1 et 15, 4), l'Anonyme explique des mots avec la formule *Graeca appellatione* : si sa langue maternelle avait été le grec, il aurait plutôt dit, comme Ammien Marcellin, qui était dans ce cas, *ut Graeci dicimus* ou *ut nos*

18. Seeck 1894.
19. Neher 1911, 58.
20. Baldwin 1978, 33.

dicimus [21]. Par ailleurs, son latin est soigné. P. Lejay avait déjà démontré, il y a fort longtemps, que l'Anonyme maniait bien les clausules [22], et R. Ireland en a fait un relevé exhaustif [23]. Nous avons demandé à notre collègue de l'Université de Caen, Antoine Foucher, grand spécialiste de métrique latine [24], d'examiner de ce point de vue la préface du *De rebus bellicis*, à la lumière des avancées récentes dans ce domaine [25]. Voici les conclusions qu'il a lui-même rédigées : « La préface du *De rebus bellicis* est indubitablement rythmique ou, pour le dire plus précisément, elle met en œuvre un *cursus mixtus* qui répond parfaitement aux normes de la prose d'art latine, telles qu'elles se sont fixées à partir du IIIe siècle *p. C.* Le *cursus mixtus* est le système à la fois accentuel et métrique qui régit le rythme de la fin de phrase et des membres de phrase ; il n'est en fait que la stylisation accentuelle des principales clausules de la prose cicéronienne, stylisation qui débouche sur trois formes principales que l'on nomme, en se référant aux formes du cursus médiéval, *cursus planus* (óooóo), *cursus uelox* (óoooóo), *cursus tardus* (óooóoo), mais qui laissent cependant la place à d'autres formes (dispondaïque, trispondaïque, *medius*), susceptibles de traduire la variété des combinaisons accentuelles – et métriques. Si l'on s'en tient, dans un premier temps, aux clausules des seules fins de phrase, il est clair que la préface de l'Anonyme révèle une pratique stricte du *cursus mixtus*, privilégiant les formes

21. Par ex. Amm. 14, 11, 18 ; 22, 8, 33 ; 23, 6, 20.
22. Lejay 1909, 290-291.
23. Ireland 1979c, 131-136.
24. Pour le sujet qui nous intéresse ici : Foucher 2008 et 2013.
25. Oberhelman & Hall 1984 et 1985 ; Oberhelman 1987, 1988a, 1988b.

principales – seul le cursus trispondaïque est représenté
à cinq reprises, parmi les formes secondaires [26]. En
cela, il est assez proche de Symmaque. La fréquence
des formes principales n'exclut toutefois pas la
recherche d'une certaine variété. Ainsi peut-on
constater que deux clausules d'un même type accentuel
se suivent rarement, qu'un même type de cursus
recouvre souvent des structures métriques différentes [27], même si certaines structures métriques
semblent nettement privilégiées pour certains types de
cursus [28]. La clarté tout à la fois accentuelle et métrique
de ces clausules paraît dans tous les cas une caractéristique essentielle de la mise en œuvre du *cursus mixtus*
dans cette préface. Les clausules internes, quant à elles,
se distinguent nettement des clausules finales sur ce
dernier point. En effet, si elles relèvent évidemment
aussi du *cursus mixtus*, elles paraissent reposer sur des
structures métriques beaucoup moins cicéroniennes et
donc, de ce fait, moins immédiatement identifiables sur
le plan métrique : ainsi *tantummodo magnitudo* (§ 6)
est-il un *cursus uelox*, mais seulement identifiable sur le
plan métrique comme un très peu classique dactyle +
ditrochée. Une autre différence notable dans l'utilisation des clausules internes est que l'auteur n'hésite pas
à recourir aux mêmes types de cursus – ainsi le *cursus
tardus* dans le début du texte, § 1-2 – et aux mêmes
structures métriques pour deux cursus successifs –

26. Oberhelman & Hall 1984 estiment, de façon générale, la
fréquence de ce cursus à 7 %.

27. Le *cursus uelox* correspond ainsi tantôt à un crétique +
dispondée (*audacia declinare*, § 3), tantôt à un spondée + ditrochée
(*cuiusquam turba obruantur*, § 12), tantôt à un péon + ditrochée
(*philosophiae libertatem*, § 17).

28. Ainsi le dimétrique pour le *cursus tardus* : *natura donauerit*,
§ 5.

crétique + iambe pour le *cursus planus* dans le passage qui suit, § 3. On note enfin une tendance évidente dans les clausules internes de cette préface : la nette prédominance du *cursus tardus*. Mais le plus important est sans doute, ce qui prouve la différence que faisaient, dans leur usage, les prosateurs, que les niveaux colométriques ne se mélangent pas : aux fins de phrase, un certain type de clausules, aux fins de *cola* [29], d'autres types. Si l'on examine attentivement le début de la préface, on s'aperçoit que jamais le cursus de la clausule finale n'est précédemment mis en œuvre dans les clausules internes [30]. Cette distinction est d'autant plus remarquable dans ce début de préface que les clausules internes reposent sur le même type de cursus. Ces quelques analyses montrent donc, de manière très claire, que ce texte a été écrit dans la tradition de la grande prose d'art latine, qui distingue clausules finales et clausules internes, qui, dans un système où l'accent est devenu prépondérant, préserve la lisibilité des structures métriques ». Notre auteur a donc très probablement fait des études supérieures et suivi les cours d'un rhéteur latin. Cela dit, le fait qu'un auteur maîtrise bien le latin n'exclut pas qu'il puisse être originaire d'une région dans laquelle la langue de Cicéron n'était pas la langue naturelle, et le fait qu'il utilise pour ses machines des noms nouveaux, généralement formés à partir de mots grecs, peut indiquer qu'il s'adresse à un empereur de la partie orientale de l'Empire.

Les indices géographiques sont peu nombreux dans le *De rebus bellicis*. Du point de vue physique, seul le

---

29. Les *cola* sont, en prose, les membres des périodes oratoires.

30. § 1 clausule finale : *cursus uelox* ; clausules internes : *cursus tardus*. § 2 clausule finale : *cursus planus* ; clausules internes : *cursus tardus*. § 3 clausule finale : *cursus uelox* ; clausules internes : *cursus planus*.

Danube est explicitement mentionné, et c'est l'indice le plus intéressant : pour illustrer la portée de la baliste foudroyante, l'Anonyme dit qu'« un trait lancé de cette baliste [...] va si loin qu'il est capable de franchir même la largeur du Danube, fleuve fameux pour ses dimensions » (18, 5). Au lieu de cet exemple, l'Anonyme aurait pu donner une valeur chiffrée. C'est ce qu'a fait avant lui l'ingénieur Athénée le Mécanicien, qui dit que la catapulte de trois empans d'Agésistratos lançait un trait jusqu'à trois stades et demi (environ 620 m) et que celle de quatre coudées portait jusqu'à quatre stades (environ 711 m)[31]. C'est encore ainsi que s'exprime l'historien Flavius Josèphe, quand il affirme que les lanceurs de pierre de Titus devant Jérusalem portaient à plus de deux stades (environ 355 m)[32]. L'Anonyme aurait pu aussi choisir d'autres exemples géographiques[33] ; le fait qu'il ait le Danube en tête est significatif, d'autant que la justification qu'il donne – « un fleuve fameux pour ses dimensions » – n'a aucun fondement objectif quant à l'évaluation de la mesure, la largeur de ce cours d'eau variant de 118 m à 2 560 m : voir *Commentaire ad loc.* Les deux autres indices géographiques donnés dans le *De rebus bellicis* ne sont pas explicites, et ils ne sont guère utilisables. Les

31. Ath. Mec. 8.

32. *B.J.* 7, 270.

33. Il n'est pas à exclure que l'exemple du Danube soit un « topos » de la littérature technique militaire en référence au grand maître en la matière que fut Apollodore de Damas. Celui-ci décrit en effet, dans ses *Poliorcétiques*, le pont qu'il a fait construire pour Trajan sur le Danube ; et comme l'Anonyme, s'adressant à l'empereur, il lui dit qu'il a fait des dessins pour lui faciliter la tâche... Par ailleurs, la mention du Danube est un lieu commun en poésie pour évoquer des lieux lointains et des noms aux consonances étranges : voir Cameron 1970, 345.

« régions froides » (*glaciales plagas*) mentionnées en 19, 2 peuvent désigner aussi bien la frontière nord de la Grande-Bretagne que l'Europe centrale ou les hauts plateaux d'Anatolie l'hiver. Quant aux peuples barbares qui sont « soit à l'abri des forêts, soit perchés sur des montagnes » (6, 2), certains ont voulu y voir les Isauriens des monts Taurus en Asie Mineure, mais l'interprétation n'est pas assurée : voir *Commentaire ad loc.* Les peuples mentionnés dans le *De rebus bellicis* n'apportent pas non plus d'information significative. Il est vrai que les Parthes ou les Perses – au IVe siècle *p. C.*, les deux mots sont employés l'un pour l'autre – sont mentionnés à deux reprises : 12, 1 et 19, 4. Mais la première occurrence n'est peut-être pas conjoncturelle. L'Anonyme dit que l'invention du char à faux « est due aux besoins de la guerre parthique ». Cela ne signifie pas nécessairement qu'il pense à la guerre que les Romains doivent mener contre les Perses, comme on l'écrit souvent. L'auteur peut livrer là une information d'ordre historique : Xénophon dit que le char à faux est une invention de Cyrus le Grand [34]. La deuxième occurrence est bien conjoncturelle : « Les Perses en particulier, qui sont une nation au cœur plus rusé et au corps plus vigoureux que toutes les autres, seront dominés [...] ». Mais, entre la fin du IVe siècle et le VIe siècle – fourchette de datation du traité, comme nous le verrons plus loin –, quel auteur parlant des opérations extérieures ne penserait pas d'abord à la guerre contre les Perses ? [35] Les deux autres mentions de peuples ne sont pas significatives, à notre avis, car il s'agit de savoir-faire : les Libyens en ce qui concerne la

---

34. *Cyr.* 6, 1, 30.
35. Végèce, par exemple, mentionne trois fois la Perse et les Perses dans son *Epitoma rei militaris* : cf. 3, 26, 36 ; 1, 28, 3 ; 3, 10, 15.

fabrication de cuirs étanches (15, 3 : *Libycis pellibus*) pour protéger les soldats de la pluie, et les Arabes pour la fabrication de cuirs destinés à faire des outres (16, 2 : *uitulinis pellibus Arabica arte molitis*). L'attribution de ces savoir-faire auxdits peuples était probablement connue dans tout l'Empire : Hérodote (3, 9) déjà témoigne de la capacité des Arabes à faire de bonnes outres, et Pline, *nat.* 6, 34, parle des pirates arabes qui attaquent les navires de commerce à partir de « planches placées sur deux outres de peaux de bœuf ». Il est un fait qu'aucun des indices que nous venons de mentionner ne nous oriente vers les provinces les plus occidentales de l'Empire, à moins d'admettre que le traité a été rédigé sous Constance II, auquel cas les *tyranni* mentionnés en 2, 6 seraient Magnence et son frère Décence, et nous aurions une allusion aux événements de Gaule [36]. Il est un fait aussi que son texte nous a été transmis, avec la *Notitia Dignitatum*, dans une tradition occidentale [37], mais – et nous reviendrons sur ce point plus loin – ses illustrations, d'après J.J.G. Alexander, sont de type hellénistique [38]. Il n'est donc pas impossible que le texte du *De rebus bellicis* vienne d'un milieu oriental plutôt que d'un milieu occidental

36. Mazzarino 1971, 274 – partisan de la datation sous Constance II –, dans son étude comparative entre le texte de Claudius Mamertinus et celui du *De rebus bellicis*, pense que l'Anonyme s'intéressait aux événements de Gaule. Or, c'est en Gaule que Julien pourrait avoir rencontré Claudius Mamertinus et l'avoir valorisé. Selon S. Mazzarino, les propositions du *De rebus bellicis* seraient adressées à Constance II, mais elles trouveront fortune en Gaule, où opérait Julien.

37. Sur la tradition manuscrite de la *Notitia*, voir en dernier lieu Neira Faleiro 2005, 47-134 ; Henig 1979 pense que l'original de la *Notitia* est un produit de la Préfecture des Gaules.

38. Alexander 1979.

et qu'il ait été incorporé au début du Ve siècle dans le *codex* de la *Notitia*.

Tout ce qui vient d'être dit n'apporte aucune certitude quant au statut et à l'origine de l'auteur du *De rebus bellicis*. Pour conclure sur ce point, on peut considérer comme fragile mais possible l'hypothèse que l'Anonyme serait un ancien fonctionnaire de l'administration impériale, mais peut-être pas un très haut fonctionnaire comme Claudius Mamertinus, qui fut nommé consul par Julien. Il serait originaire de l'extrémité est de la partie occidentale de l'Empire ou il y aurait vécu [39].

Sa personnalité et ses intentions se laissent mieux discerner, même si des conclusions très divergentes ont été tirées de son texte. Son latin est soigné : cf. *supra*. Il s'agit manifestement d'un homme cultivé, qui a fait de nombreuses lectures. Sans aller si loin qu'A. Giardina [40], qui veut retrouver des traces de Vitruve (17, 2 : mécanisme de la liburne automotrice), de César (15, 1 : *thoracomachus*), de Virgile (1, 3 : pauvreté des anciens Romains), de Suétone (1, 6-9 : histoire de la monnaie), de Xénophon (16 : pont d'outres), de Strabon (6, 2-3 : barbares abrités dans les forêts, les montagnes ou les marais) et peut-être même de Philon de Byzance (18, 4 : baliste manœuvrée par un seul homme), le simple fait qu'il cite un *optimus orator*, très certainement Cicéron (*praef.* 5 : « comme le dit un excellent orateur, la plupart des hommes se rangent à l'avis de celui que la nature a doué d'intelligence »), montre sa connivence avec les classes instruites de la société [41].

---

39. Thompson 1952a, 4, émet l'hypothèse qu'il habitait la préfecture d'Illyrie.
40. Giardina 1989, XXXIII.
41. Sur le cicéronisme de l'Anonyme, voir Thompson 1952a, 4.

C'est un homme qui a d'abord été jugé durement par les modernes. En 1853, H. Köchly et W. Rustow intègrent le *De rebus bellicis* sous forme d'appendice dans leur recueil, *Griechische Kriegsschriftsteller*, mais ils l'appellent « das wunderlich Buch », « le livre bizarre », et ils pensent que les illustrations des manuscrits ne sont pas originelles : il s'agirait d'une réalisation tardive. Dans sa notice de la *Realencyclopädie*, O. Seeck, en 1894, considère ce texte comme « die Denkschrift eines verrückten Projektenmachers », « le mémoire d'un utopiste fou ». En 1908, R. Schneider, dans son édition du *De rebus bellicis*, estime que le traité est un faux de la Renaissance et trouve la liburne automotrice « geradezu verrückt », « complètement insensée »[42]. Les choses changent avec la première étude approfondie du texte : R. Neher, en 1911, date le *De rebus bellicis* de l'époque de Justinien, ce qui est très invraisemblable, mais il en révèle tout l'intérêt. S. Reinach, en 1922, reconnaît qu'« il y a, dans [l]es phrases qui résument l'histoire monétaire, bien de la demi-science et même des bévues ; mais il n'y a pas que cela » (p. 226). En 1947, A. Piganiol écrit : « Ce petit livre est plus lourd de réflexions audacieuses et sages, de promesses de progrès, de confiance dans la pensée, plus plein d'avenir que toute la législation d'un Valentinien, pour qui l'empire n'est qu'une immense prison [...] »[43]. S. Mazzarino, en 1951, lui attribue « une intensité d'observation des phénomènes sociaux vraiment impressionnante »[44], et il considère que les machines « reflètent un sérieux travail d'ingénierie »[45].

42. Schneider 1908, 33.
43. Piganiol 1947, 200 (= 1972, 220).
44. Mazzarino 1951, 106.
45. Mazzarino 1951, 4.

A. Giardina, en 1989, traite l'Anonyme de « dilettante génial »[46] ; il considère qu'il fait une analyse lucide des conséquences sociales de la politique monétaire de Constantin – la dévaluation subite et profonde de la monnaie divisionnaire en bronze a frappé de plein fouet les plus démunis – et que cette explication de la crise sociale tardo-antique est une extraordinaire nouveauté[47]. Cela n'interdit pas naturellement les jugements critiques. H. Brandt, par exemple, porte un jugement sévère[48]. Pour lui, l'Anonyme n'était pas un observateur de son temps aussi compétent et original que l'ont dit Mazzarino et toute une série de chercheurs après lui ; il n'a qu'une connaissance approximative de l'histoire de la monnaie ; sa conception de l'histoire est naïve et ses propositions de réforme sont aussi simplistes qu'éloignées de la réalité. J.H.W.G. Liebeschutz, lui non plus, ne reconnaît pas d'originalité dans les propositions de l'Anonyme : pour lui, il s'agit d'un travail remarquable par ses qualités d'intelligence et d'imagination, mais ses recommandations sont inutiles, car elles sont soit déjà connues soit impossibles à mettre en pratique[49]. Les jugements, différemment nuancés d'H. Jouffroy à quelques années d'intervalle, reflètent bien l'attitude prudente mais intéressée de la recherche moderne vis-à-vis du *De rebus bellicis* : « le texte mérite [...] l'examen attentif réservé à une source 'sérieuse', même si certaines propositions peuvent paraître naïves ou utopiques »[50] ; « il est bien difficile de considérer l'œuvre comme une source

---

46. Giardina 1989, XXIII.
47. Giardina 1989, XXIX-XXX.
48. Brandt 1988, 163-165.
49. Liebeschuetz 1994, 119.
50. Jouffroy 1991, 373.

d'histoire militaire, si l'on attend d'une source des
informations précises, d'ordre événementiel ou institutionnel. Ne lui refusons pas cependant tout son
intérêt historique » [51].

Le personnage est en effet intéressant, ne serait-ce
que par son audace. Il est audacieux d'abord parce que,
à tort ou à raison, il est persuadé de son intelligence [52].
Il est « conscient de dire la vérité » (*praef.* 3 : *pro
conscientia ueritatis*) ; il estime faire partie de « ceux
qui ont fait preuve d'un bon discernement » (*praef.* 5 :
qui recte quicquam sentire fuerint approbati). Pour lui,
« la puissance de l'intelligence [...] est la mère de toutes
les qualités et [elle] repose sur une heureuse prédisposition naturelle » (*praef.* 6 : *ingenii* [...] *magnitudo, quae
uirtutum omnium mater est, naturae felicitate subnixa*),
et manifestement il se sent bénéficiaire de cet heureux
accident. Le mot *ingenium*, du reste, est un maître mot
du vocabulaire de l'Anonyme [53]. Il y a certes, dans sa
préface, une expression rhétorique de modestie : « cet
exemple de mes modestes compétences » (*praef.* 2 : *hoc
mediocritatis meae documento*) et une reconnaissance
de l'audace : « c'est bien assez d'éviter l'indignation
pour mon audace » (*praef.* 3 : *cum abunde sit* [...] *indignationem pro audacia declinare*). Mais cela reste très
superficiel : la crainte de l'audace se retrouve chez les
Panégyristes du IVe siècle (voir *Commentaire ad loc.*) ou
chez Végèce [54], et la comparaison avec les préfaces de

51. Jouffroy 2004, 58.
52. Ce fait a déjà été relevé par C. Santini dans son analyse de la
préface du *De rebus bellicis* : voir Santini 1992, 998.
53. Sur un total de 3 375 occurrences, l'Anonyme emploie dix fois
le mot *ingenium* et une fois l'adjectif *ingeniosus*. Végèce n'emploie
qu'une fois le mot *ingenium* – jamais *ingeniosus* – dans son *Epitoma
rei militaris*, qui compte 25 019 occurrences.
54. Veg., *mil.* 1, *prol.* 2 ; 2, *prol.* 4-7.

l'*Epitoma rei militaris* de Végèce précisément est significative. Végèce évoque lui aussi sa *mediocritas* (3,
prol. 4), mais il ne met pas en avant son *ingenium*. Au
contraire, il estime que « son opuscule ne nécessite ni
l'harmonie des mots ni la pénétration de l'**intelligence** »
(1, *prol.* 4 : *in hoc opusculo nec uerborum concinnitas
[es]t necessaria nec acumen ingenii*). L'homme est audacieux ensuite, parce qu'il embrasse les problèmes de
l'Empire dans leur totalité. Il associe les questions
économiques, financières, sociales et militaires dans
une vision globale qui pourrait toucher à l'utopie, mais
qui est en fait bien ancrée dans la réalité, beaucoup
plus en tout cas qu'on ne l'a souvent dit (voir les jugements négatifs cités plus haut).

C'est un homme qui n'exprime aucun sentiment reli-
gieux. Il n'est probablement pas chrétien, vu sa critique
des conséquences du « pillage » des temples païens par
Constantin [55]. Certains ont voulu voir en lui un homme
dans la ligne politique de Julien, un païen critique
vis-à-vis de la politique de Constantin, mais rien n'est
assuré. Á. d'Ors, qui considère que le traité est adressé
à Constance II, pense que les deux allusions à la providence divine dans l'opuscule (*praef.* 8 : *prouidentia
diuinitatis* ; 21, 1 : *diuina prouidentia*) doivent être prises
comme des expressions de courtoisie de la part d'un
écrivain païen qui veut obtenir l'attention d'un empereur chrétien [56].

55. Mais, comme le fait remarquer Baldwin 1978, la critique de la
prodigalité du premier empereur chrétien est un lieu commun ; elle
se retrouve, par exemple, chez Amm. 16, 8, 12 ; Eutr. 10, 7, 2 ; Ps.
Aur. Vict., *Epit. de Caes.* 41, 16 : « pendant dix ans on l'appela
l'incomparable (*praestantissimus*), pendant les douze suivants le
voleur (*latro*), pendant les dix dernières années le pupille (*pupillus*)
en raison de ses prodigalités sans bornes » (trad. M. Festy) ; Euseb.
Caes, *Vit. Constant.* 4, 1.

56. Ors 1963, 58.

Quelles étaient ses intentions en écrivant ce petit
livre ? Nous ne suivons pas l'interprétation de
J.H.W.G. Liebeschuetz pour qui le *De rebus bellicis* est
un livre fantaisiste, uniquement destiné à susciter
l'intérêt, à stimuler, à amuser [57]. Pour nous, la réponse
à la question est donnée avec clarté dans la préface :
l'Anonyme veut être utile [58], utile à l'empereur, utile à
l'État, en se plaçant du « côté **pratique** » des choses.
C'est, à notre avis, l'interprétation qu'il faut donner à
la notion de *commoditas / commodus,* prédominante
dans le *De rebus bellicis* [59]. *Commoditas / commodus*
renvoient chez l'Anonyme à l'usage, à la pratique, à ce
qui est utile au quotidien. Quand il déclare, dès la
première phrase, « le bonheur de votre État [...] doit
être soutenu » [60] (*rei publicae uestrae commoditas* [...]
est suggerenda), cela signifie qu'il ne se place pas sur un
plan idéologique ou philosophique – il serait difficilement admissible du reste de s'adresser aux *principes* de
cette manière –, mais sur le plan de la réalité quoti-
dienne. Les mesures fiscales et économiques qu'il
suggère ont pour objectif la bonne marche de l'État,
non l'égalité entre les citoyens. S'il évoque l'inégalité

57. Liebeschuetz 1994, 124.
58. Le mot *utilitas* est étonnamment présent dans le *De rebus
bellicis* : 15 occurrences sur un total de 3 375 mots. À titre de comparaison, Végèce, qui, lui aussi, revendique la volonté d'être utile à
l'empereur et à l'État – voir à ce sujet la comparaison effectuée par
Formisano 2003 sur la façon dont l'Anonyme et Végèce s'adressent
à leurs dédicataires respectifs –, emploie le mot 13 fois dans
l'*Epitoma rei militaris* pour un total de 25 019 mots. Sur ce concept
d'utilité dans la littérature technique et scientifique, et particulièrement chez Vitruve, voir Novarra 1994 et Fleury 1994.
59. *Commoditas* est employé quatre fois (*praef.* 1 ; *praef.* 16 ; 7, 3 ;
8, 1), *commodus* cinq fois (*praef.* 8 ; *praef.* 9 ; 1, 10 ; 8, 2 ; 20, 1).
60. Pour une interprétation un peu différente du passage, voir
Commentaire ad loc.

croissante entre puissants et pauvres suite à la politique inflationniste de Constantin [61], ce n'est pas pour des raisons morales ou religieuses, c'est parce que cette inégalité a été cause de désordres – révoltes et brigandages – et qu'elle a ainsi nui à l'État [62]. Il en est de même pour la question du faux monnayage et de la corruption de l'administration, car l'État se portera mieux quand ces problèmes seront réglés [63]. Le même souci se retrouve dans la partie de l'ouvrage consacrée aux machines : la mécanisation de l'armée a pour objectif de la rendre plus efficace et moins coûteuse en main-d'œuvre. Pour une machine elle-même, le *tichodifrus*, une sorte de mantelet, l'Anonyme précise que « son montage ou, plutôt sa fabrication, devra [...] être d'une conception efficace et pratique » [64].

En résumé donc, faute de connaître le nom de l'auteur du *De rebus bellicis*, nous voyons que nous avons affaire à un homme instruit, un lettré intelligent et conscient de l'être, qui veut être utile à l'État, non sur un plan idéologique, mais sur un plan pratique, en faisant des propositions pratiques. Son petit livre n'est pas conçu pour une large diffusion : il est destiné spécifiquement au chef de l'État [65].

61. 2, 4 : « Grâce à cette abondance de l'or, les maisons privées des gens puissants furent rendues encore plus éclatantes au grand dam des pauvres ».

62. 2, 5-6 : « [...] les pauvres, dans leur désespoir, s'enflammèrent pour différentes entreprises criminelles et [...] ils posèrent souvent de très graves problèmes aux autorités en dévastant les champs, en troublant sans cesse le calme par des actes de brigandage, en attisant les haines ; [...] ils encouragèrent l'apparition d'usurpateurs ».

63. 4, 6 : « Quand des gens honnêtes et avides d'intégrité administreront les provinces, [...] l'État [...] se portera mieux ».

64. 8, 2 : *Erit ergo huius quoque compositio uel fabrica utili et **commoda** inuentione praeparanda.*

65. La *Notitia Dignitatum,* réunie avec le *De rebus bellicis* dans le *codex Spirensis*, est un document administratif qui n'est pas conçu

Le titre de l'œuvre

Les manuscrits principaux portent tous le titre *DE REBVS BELLICIS*, suivi immédiatement de la mention *PRAEFATIO* – ou *PREFACIO*. Il s'agit donc du titre que portait l'œuvre dans le *Spirensis*, l'unique manuscrit par lequel elle nous a été transmise. Son authenticité a été mise en doute. A.E. Astin, par exemple, considère que le titre original aurait pu disparaître en même temps que le nom de l'auteur et que le titre actuel serait l'invention d'un bibliothécaire ou d'un scribe s'appuyant sur les figures accompagnant l'ouvrage[66]. Cette opinion est fondée sur l'idée que seule une partie du traité porte sur des questions proprement militaires et qu'il aurait donc pu avoir un titre plus général[67]. En réalité, d'une part, toutes les figures ne concernent pas des machines de guerre : les deux premières, celles qui auraient dû attirer d'abord l'attention d'un copiste ou d'un bibliothécaire souhaitant donner un titre, représentent des monnaies ; d'autre part, l'ensemble du traité est bien centré sur les « affaires militaires ». Même si les chapitres 1 à 4 – 1 : La maîtrise des dépenses ; 2 : À partir de quelle

non plus pour une large diffusion publique : voir Astin 1983, 391. Pour Liebeschuetz 1994, 137, le *De Rebus bellicis* n'est pas le type de document que les empereurs Valens et Valentinien, qui étaient aussi des officiers professionnels, auraient pris au sérieux comme contribution pour résoudre les problèmes militaires de l'Empire.

66. Astin 1983, 420 ; Giardina 1989, XV, note 2, suit cette opinion. Thompson 1952a, 84, considère, comme nous, que le titre est authentique.

67. Curieusement, le *Thesaurus linguae Latinae* de Munich adopte pour son abréviation un titre encore plus restrictif : ANON. *de mach. bell.* (Anonymus, *De machinis bellicis*). C'est en fait le titre du chapitre 6 du traité.

époque sont apparues la prodigalité et l'avidité ;
3 : Fraude et réforme de la monnaie ; 4 : Corruption
des gouverneurs – paraissent hors sujet puisqu'ils
portent sur la gestion financière, économique et fiscale
de l'Empire, l'auteur ne traite ces questions que dans
une perspective militaire. Du reste, il lie les questions
économiques et militaires dès la première phrase de son
chapitre 1 : « L'intérêt du trésor public va toujours de
pair avec la gloire militaire et l'honneur des
triomphes » [68] ; et tout au long de son opuscule, il a
toujours les affaires militaires en tête, c'est le fil
conducteur du traité : il s'agit de faire en sorte que le
trésor public puisse payer les donations et la solde des
militaires, que les gouverneurs ne prélèvent pas des
sommes indues sur la levée des recrues ou les fournitures de l'armée – notamment la fourniture des
chevaux –, que l'inflation ne produise pas des troubles
intérieurs qui mobiliseront une partie des forces
armées, qu'une trop forte imposition ne « désertifie »
pas les campagnes, en particulier aux abords des frontières. Il est à noter qu'en matière fiscale, l'Anonyme ne
retient que les impôts liés à l'armée : fourniture de
recrues, de chevaux, de blé, entretien des remparts
(cf. 4, 5). Quant au lien entre la monnaie et les affaires
militaires, il est bien réel : au IVe siècle, l'activité des
ateliers monétaires, situés à proximité des zones militaires, est liée en partie aux besoins de l'armée [69], et les
dépenses militaires coûtent très cher à la « caisse des

68. 1, 1 : *Bellicam laudem et gloriam triumphorum utilitas semper
imitatur aerarii* ; sur les problèmes d'interprétation de cette phrase,
voir *Commentaire ad loc.* Sur le lien entre émissions monétaires et
dépenses militaires, voir Crawford 1970 ; sur le poids de l'armée
dans la politique économique de l'Empire tardif, voir Noethlichs
1985.
69. Delmaire 1977, 313.

largesses sacrées »[70] – notre ministère des finances
actuel, pourrait-on dire. Cette part importante des
dépenses militaires dans le budget des États
– l'Anonyme parle des *enormia militum alimenta*[71] – est
une constante, indépendante du temps et des lieux,
mais c'est un fait qu'à partir de Dioclétien, les effectifs
de l'armée ont augmenté de façon sensible[72]. Une telle
augmentation ne pouvait être sans conséquences
économiques et fiscales, d'autant que le changement
quantitatif s'est accompagné d'un changement quali-
tatif : l'importance prise par la cavalerie induit des
coûts supplémentaires en termes d'équipement et de
fourniture des chevaux. Le *De rebus bellicis* n'a donc
pas « due anime : una tecnico-militare, l'altra riformis-
tico-sociale », comme l'écrit A. Giardina[73]. Il n'a
qu'une seule idée directrice : comment faire pour conti-
nuer à entretenir une armée puissante et efficace,
capable de défendre des frontières menacées par la
pression des peuples barbares, et le titre, *De rebus
bellicis*, « Sur les affaires militaires », est parfaitement
adapté à ce sujet, traité de façon étonnamment globale.
Aucun autre auteur de l'Antiquité, à notre connaissance, n'a embrassé les problèmes militaires en les
prenant à la fois des points de vue économique, fiscal,
monétaire, sociétal et technique.

70. Delmaire 1977, 329.

71. 5, 1.

72. Sur la question des effectifs de l'armée au IVᵉ siècle, voir
Gabba 1974, 71, Carrié 1986, 457. Sur l'évolution des effectifs des
Sévères à Justinien : Carrié et Janniard 2000, 333-334 ; sur l'évolu-
tion de l'armée précisément pour la période qui va de Dioclétien à
Valentinien Iᵉʳ : Le Bohec & Wolff 2004. Sur armée et fiscalité :
Chastagnol 1977.

73. Giardina 1989, XVIII.

La date de publication du De rebus bellicis

Le *De rebus bellicis* n'est jamais mentionné dans la littérature antique. Tous les éléments de datation doivent donc venir du texte lui-même. Le *terminus post quem* est facile à fixer et sûr : Constantin est cité comme un empereur dont l'époque est révolue[74] ; l'œuvre a donc été rédigée après la mort de cet empereur en 337 *p. C.* Le *terminus ante quem* est plus compliqué à déterminer.

Beaucoup de chercheurs considèrent que le traité a été écrit avant 378. Le 9 août 378, en effet, a lieu la bataille d'Andrinople – l'actuelle Edirne, près de Constantinople –, au cours de laquelle l'armée romaine est vaincue par les Goths. L'empereur Valens lui-même est tué. Cette bataille, racontée notamment par Ammien Marcellin dans son livre XXXI, modifie profondément la situation géopolitique de l'Empire romain. Or, le *De rebus bellicis* paraît se référer à une situation antérieure à Andrinople, une époque où les frontières n'ont pas encore été submergées massivement. L'argument le plus fort est la mise en parallèle du *De rebus bellicis* avec le *Panégyrique de l'empereur Théodose* prononcé en juin-septembre 389 à Rome par l'orateur gaulois Pacatus pour féliciter Théodose de sa victoire sur l'usurpateur Maxime. Tandis que l'Anonyme affirme : « Il faut d'abord savoir que l'Empire romain est assiégé par de furieuses nations qui aboient partout autour de lui et que chaque frontière

---

74. 2, 1 : *Constantini temporibus profusa largitio aurum pro aere, quod antea magni pretii habebatur, uilibus commerciis assignauit* (« À l'époque de Constantin, la profusion des dépenses a fait que l'on a adopté l'or pour le commerce courant, à la place du bronze, qui auparavant avait une grande valeur »).

est menacée par la convoitise d'une barbarie perfide, dissimulée dans des abris naturels »[75], Pacatus écrit : « L'empire succombait, atteint ou, pour mieux dire, épuisé de maux sans nombre et les peuples barbares submergeaient le monde Romain comme d'un déluge »[76]. Les partisans du *terminus ante quem* en 378 ajoutent deux arguments supplémentaires : 1) en 18, 5, l'Anonyme semble considérer la frontière danubienne encore intacte, ce qui n'est plus vraiment le cas après Andrinople ; 2) non seulement la lecture du *De rebus bellicis* ne donne pas l'impression qu'Andrinople a eu lieu, mais, et c'est le plus important, il ne semble même pas que les Goths soient la menace principale : pas une seule allusion au problème des traités (*foedera*) avec les barbares. Pour l'Anonyme, l'ennemi, ce sont les Perses, l'unique nation dont il soit fait expressément mention dans le traité[77] : « Les Perses en particulier, qui sont une nation au cœur plus rusé et au corps plus vigoureux que toutes les autres, seront dominés en utilisant des colonnes formées en carré et un matériel de guerre assez important »[78]. Du reste, c'est seulement dans

75. 6, 1 : *In primis sciendum est quod imperium Romanum circumlatrantium ubique nationum perstringat insania et omne latus limitum tecta naturalibus locis appetat dolosa barbaries.*

76. *Paneg.* 2, 3, 3 : *Iacebat innumerabilibus malis aegra uel potius dixerim exanimata res publica, barbaris nationibus Romano nomini uelut quodam diluuio superfusis* (trad. É. Galletier). D'autres auteurs vont dans le même sens : pour Jérôme, la bataille d'Andrinople est le point final de sa *Chronique* (*a.* 378, p. 249 Helm) ; pour Rufin, c'est à ce moment que commencent les malheurs de Rome (*hist.* 2, 13) ; pour Libanius, il faut que Théodose efface la honte de cette défaite (*or.* 24, 3-5).

77. Mises à part les références peu significatives : *Libycis* [...] *pellibus* et *pellibus Arabica arte molitis* ; cf. *supra.*

78. 19, 4 : *Persarum sane gens, cui praeter ceteras nationes et dolus cordi est et corpori suppetit uirtus, quadratis est agminibus et maiore bellorum apparatu superanda.*

cette région que l'emploi des chars à faux, auxquels le
De rebus bellicis consacre trois chapitres, a du sens. Ces
machines, pour être efficaces, ont besoin de grands
espaces dépourvus de végétation, tels que peuvent en
offrir les plaines désertiques du Moyen Orient.

Mais, d'une part, l'ennemi perse tint aussi une
grande place après Andrinople, d'autre part, avant
Andrinople, il y eut déjà de redoutables invasions,
comme le souligne Ammien Marcellin lui-même en
relativisant cette défaite [79]. Comme Ammien,
Symmaque n'attache pas beaucoup d'importance à
l'événement ; il le mentionne rapidement dans une de
ses lettres et change aussitôt de sujet avec la formule :
nos ad familiaria reuertamur [80]. Tous les auteurs posté-
rieurs à Andrinople ne partagent pas du reste la vision
pessimiste du panégyriste Pacatus que nous avons vue
plus haut. Un an après la bataille, Thémistius, s'adressant à Théodose, proclame la supériorité des Romains
sur les barbares [81]. Végèce, dont la date est contestée,
mais qui écrit très probablement après 378 [82], célèbre

79. Amm. 31, 5, 11 : « Ceux qui ignorent nos antiquités disent
que l'État ne fut jamais endeuillé par les ténèbres de si grands
malheurs. Mais ils se trompent, frappés de stupeur qu'ils sont par les
malheurs contemporains. Car, pour peu qu'on se reporte aux
époques lointaines ou au passé récent, ils leur montreront que se
sont souvent produits des bouleversements comparables et tout
aussi funestes » (trad. G. Sabbah). Sur la controverse antique
concernant l'importance de la défaite d'Andrinople, voir Straub
1972, 195-219.

80. Symm., *epist.* 3, 47. Voir aussi Nil d'Ancyre, en 430 : πολλάκις
πλήθη βαρβάρων ἐμβάλλειν τῇ Ῥωμανίᾳ (*Ep.* 1, 75), et Baldwin 1978,
26-27.

81. Them., *or.* 14, 181 b-c ; 15, 197 b.

82. L'*Epitoma rei militaris* doit avoir été rédigé après 383 puisque
l'expression *diui Gratiani* en 1, 20, 3 sous-entend que cet empereur
est décédé ; sur la datation de Végèce, voir Sabbah 1980, Richardot
1998 et, en dernier lieu, l'édition de Reeve 2004, IX.

l'art militaire, « grâce auquel [...] les provinces s'étendent et l'Empire se maintient »[83], et il nomme l'empereur auquel il s'adresse dans la préface de son livre II le *domitor omnium gentium barbararum*[84]. Pour l'auteur de l'*Epitome de Caesaribus*, Théodose a légué *utramque rem publicam utrisque filiis* [...] *quietam*[85]. Même après le sac de Rome par Alaric, en 410, Rutilius Namatianus proclame toujours la supériorité de Rome sur les peuples étrangers[86], et encore au milieu du Ve siècle, le Danube est considéré comme une des frontières de l'Empire puisque Attila jure de se retirer du domaine romain délimité par ce fleuve[87]. La mention de la guerre contre les Perses conduit donc à fixer un *terminus ante quem* beaucoup plus lointain mais beaucoup plus sûr que la bataille d'Andrinople : il s'agit du règne d'Héraclius Ier (610-641), au cours duquel la puissance perse fut définitivement vaincue par l'Empire byzantin, tandis que se levait une nouvelle menace : celle des Arabes. Le *De rebus bellicis,* qui par ailleurs ne fait aucune mention de cet ennemi, ne peut évidemment pas avoir été écrit après cette époque. Les seuls chercheurs qui admettent une date postérieure sont ceux qui considèrent le *De rebus bellicis* comme un faux de l'époque de la Renaissance : c'est l'hypothèse émise par R. Schneider en 1908[88], et reprise par P. Schnabel

83. Veg., *mil.* 3, 10, 2 : [*ars bellica*] *per quam* [...] *propagantur prouinciae, conseruatur imperium.*

84. S'il s'agit bien de Théodose Ier, comme le pensent Sabbah 1980 et Richardot 1998, c'est pourtant lui qui a installé les Goths sur le territoire romain : voir Brandt 1988, 136.

85. Ps. Aur. Vict., *epit.* 48, 19.

86. Rut. Nam. 1, 140-144.

87. Prisc. *frgm.* 15, 4 Blockley. Pour une analyse plus complète des arguments réfutant la prise en compte du désastre d'Andrinople comme *terminus ante quem*, voir Brandt 1988, 136-137.

88. Schneider 1908, 39, repris dans Schneider 1910.

en 1926, avec comme principal argument le fait que les balistes décrites par l'Anonyme utiliseraient comme principe moteur l'élasticité du métal et non la torsion des faisceaux de nerfs caractéristique des machines de l'Antiquité – ce qui est loin d'être avéré : voir *Commentaire ad loc.*

Quel que soit le *terminus ante quem* choisi – bataille d'Andrinople en 378 ou fin du règne d'Héraclius en 641 –, le texte fournit trois données qu'il faut combiner entre elles : 1) l'auteur s'adresse à plusieurs princes, même si, à cinq reprises, il n'apostrophe que l'un deux [89] ; 2) les princes ont des fils [90] ; 3) celui auquel

89. Il y a six adresses aux princes au pluriel, et pas seulement dans la préface, comme il est souvent dit, à moins d'admettre que le *uestrae* de 3, 2 est le seul exemple de vouvoiement du texte (cf. *Commentaire ad loc.*) : *praef.* 1 : *rei publicae uestrae* [...] *sacratissimi principes* ; *praef.* 8 : *clementissimi principes, qui* [...] *diligitis, qui* [...] *propagatis in filios,* [...] *dignemini* ; *praef.* 9 : *clementiae uestrae* [...] *saeculi uestri felicitate* [...] *consequemini* ; *praef.* 15 : *pace uestra* [...] *uobis* [...] *pietatis uestrae* [...] *uestrae clementiae* ; *praef.* 16 : *uestrae felicitati* ; 3, 2 : *maiestatis uestrae.* Cinq adresses au singulier : *praef.* 4 : *rei publicae praesulem* [...] *eum* ; 2, 6 : *uirtutis tuae* ; 2, 7 : *prudentiae tuae, optime imperator,* [...] *nominis tui* ; 18, 7 : *inuicte imperator,* [...] *duplicabis* [...] *repereris* ; 21, 1 : *sacratissime imperator,* [...] *tua serenitate* [...] *illumines.* Sur la même alternance pluriel/singulier chez Thémistius, voir *Commentaire ad praef.* 1. Il y a également trois expressions – qui ne sont pas des adresses à proprement parler – avec les adjectifs *imperatorius* ou *Augustus,* qui font référence à la fonction impériale sans qu'il soit possible de déterminer si l'auteur s'adresse à une ou deux personnes : 1, 1 : *maiestatis imperatoriae* ; 5, 1 : *Augustis prouisionibus* ; 5, 2 : *occupatio Augusta.* Sur les différents noms donnés à l'empereur dans l'Antiquité tardive, voir Bonamente 1981 et, de façon plus complète, Rösch 1978.

90. *Praef.* 8 : *Quamobrem, clementissimi principes, qui* [...] *Romano nomini debitos affectus propagatis in filios,* [...] (« C'est pourquoi, Princes très cléments, vous qui [...] transmettez à vos fils l'affection due au nom romain, [...] »).

s'adresse l'Anonyme au singulier a été victorieux de plusieurs usurpateurs[91].

Si l'on admet le *terminus ante quem* de 378, deux hypothèses principales de datation se dessinent dans l'intervalle 337-378 : 1) la période pendant laquelle Constance II a gouverné avec Gallus comme César (août 353-fin 354) ou celle pendant laquelle il a gouverné avec Julien (novembre 355-fin 360) ; 2) la période pendant laquelle Valentinien Ier et Valens ont gouverné ensemble (364-375).

Une publication sous Valentinien Ier et Valens (366-370) ?

La deuxième hypothèse, déjà proposée par O. Seeck en 1894, a la faveur de la majorité des chercheurs[92]. En effet, entre 337 et 378, les seuls empereurs à avoir régné ensemble et à avoir eu des enfants de sexe masculin sont Valentinien Ier et son frère Valens, collègues de 364 à 375 (date de la mort de Valentinien). Valentinien a eu pour fils aîné Gratien en 359 ; Valens a eu pour fils unique Galate, né le 18 janvier 366, mais ce dernier succombe à une maladie à Césarée de Cappadoce en 370. Donc l'Anonyme aurait écrit entre 366 et 370. Le prince auquel s'adresse l'auteur du *De rebus bellicis* au

---

91. 2.6. […] *per gradus criminum fouit tyrannos, quos ad gloriam uirtutis tuae produxit magis quam succendit audacia* (« par l'escalade des crimes, ils [*sc.* les pauvres] encouragèrent l'apparition d'usurpateurs, que l'audace a plus suscités pour la gloire de ton Courage qu'elle ne les a enflammés »). Jones, dans sa recension de l'ouvrage de Mazzarino (Jones 1953a, 113), émet l'idée que *tyrannos* puisse être un pluriel rhétorique – ce qui ouvre le champ des possibilités de datation –, mais l'emploi de *saepe* dans la phrase précédente ne va pas dans le sens de cette hypothèse ; cf. Baldwin 1978.

92. Cameron 1979, Ireland 1984, Sabbah 2004, Sánchez-Ostiz 2004.

singulier serait Valens ; c'est pourquoi il ne prendrait
en compte que le domaine oriental en faisant allusion
au Danube et à la lutte contre les Perses. Les deux usurpateurs vaincus seraient Procope, salué empereur en
365 par le peuple de Constantinople, accusant Valens
de cupidité [93], et Marcellus, qui prend le pouvoir après
la mort de Procope, en 366 [94]. La durée d'usurpation
fut très brève : Marcellus est tué la même année. Pour
A. Cameron [95], le créneau peut encore être resserré
entre 368 et 369. En effet, l'Anonyme dit que pour « la
surveillance étroite des frontières qui entourent
l'Empire de tous les côtés, la meilleure protection sera
une ligne continue de fortins, construits à des intervalles de mille pas » (20, 1). Or, comme, depuis 369,
Valentinien et Valens faisaient construire de tels forts
sur le Rhin et le Danube [96], il serait sot et inutile de
suggérer de pareils conseils après cette date. Par
ailleurs, nous l'avons vu plus haut, A. Cameron considère que les peuples « perchés sur des montagnes »
mentionnés en 6, 2 sont les Isauriens et que nous
aurions là une allusion aux problèmes d'Isaurie de 368
racontés par Ammien Marcellin (27, 9, 6). Le traité
serait donc postérieur à 368 [97].

93. Amm. 26, 6, 6-9.
94. Amm. 26, 10, 1-4.
95. Cameron 1979 ; les arguments sont repris par Ireland 1984.
96. Pour Valentinien : Amm. 28, 2, 1 et 30, 7, 6 ; pour les aspects
archéologiques des forts de Valentinien sur le Rhin, voir Schönberger 1969, 182-186. Pour Valens : Them., *or.* 10, 136a-138d.
97. À notre avis, l'Anonyme pourrait tout aussi bien faire allusion aux Goths qui se réfugient dans leurs montagnes en 367 quand
ils sont attaqués par Valens ; cf. Amm. 27, 5, 3 : « toute la population, frappée d'épouvante à l'approche d'une armée magnifiquement
équipée, gagna les montagnes des Serres, élevées et inaccessibles,
sauf à ceux qui les connaissent à fond » (trad. M.-A. Marié).

Une publication sous Constance II (353-360) ?

La solidité apparente de cette datation fut mise en cause dès 1951 par S. Mazzarino. Pour le chercheur italien, en effet, le prince auquel l'Anonyme s'adresse au singulier ne peut être ni Valens ni Valentinien Ier. Ce ne peut être Valens, car, si l'auteur s'adresse bien à deux *principes* au début, l'un deux paraît doté d'une plus grande autorité. L'Anonyme s'adresse à celui qu'il appelle *imperator* quand il s'agit de mesures concrètes concernant tout l'Empire, tantôt dans le domaine militaire, tantôt – circonstance encore plus notable – dans le domaine législatif[98]. Or, cela ne s'accorde pas avec le statut de Valens. Valens était *Augustus iunior* de Valentinien, et l'autorité de ce dernier sur son frère fut absolument indiscutée. Valens fut associé à la dignité suprême comme un subalterne, *in modum apparitoris* dit Ammien Marcellin (26, 4, 3). Même après le traité de Milan, en juin 364, qui conduit à une vraie division de l'Empire, Valens continua de considérer Valentinien comme son supérieur et, pour des questions de guerre imminente concernant son territoire, la guerre contre les Goths par exemple, il demanda l'approbation de son frère (cf. Amm. 27, 4, 1). Il semble difficile, dans ces conditions, que l'auteur du *De rebus bellicis* puisse s'adresser à Valens en disant : « Très saint Empereur, une fois la protection de l'État assurée à l'intérieur et à l'extérieur grâce à la providence divine, il reste à ta Sérénité un seul remède à appliquer aux malaises d'ordre civil : dissiper par les lumières de ton Auguste Fonction la confusion et les contradictions des lois, en rejetant les contestations malhonnêtes » (21, 1).

---

98. 2. 7 : *optime imperator ;* 18. 7 : *inuicte imperator ;* 21. 1 : *sacratissime imperator.*

L'aspect le plus clair, rien qu'à la première lecture du *De rebus bellicis*, est que l'auteur attend de son *imperator* une solution aux problèmes de **toute** la *res publica*. C'est vrai au chap. 21 (*De legum uel iuris confusione purganda*), que nous venons de citer, c'est vrai aussi au chap. 20 (*De limitum munitionibus*), dans lequel l'auteur envisage toutes les frontières de l'Empire : « Parmi les mesures avantageuses pour l'État, il y a aussi la surveillance étroite des frontières qui entourent l'Empire de tous les côtés » (20, 1) [99]. De même les propositions concernant la monnaie, au chap. 3 (*De fraude et correctione monetae*), auraient bien peu de sens, si elles s'adressaient à un *Augustus minor* [100]. D'un autre côté, Valentinien Iᵉʳ ne peut être le destinataire puisqu'il n'a pas vaincu plusieurs *tyranni* [101]. En combinant ces trois éléments : 1) au moins deux *principes* ; 2) l'un, celui que

99. Voir aussi 6, 1 : « Il faut d'abord savoir que l'Empire romain est assiégé par de furieuses nations qui aboient partout autour de lui et que chaque frontière est menacée par la convoitise d'une barbarie perfide, dissimulée dans des abris naturels ».

100. Ors 1963, 49, soutient la position de S. Mazzarino ; mais pour Cameron 1979, rien ne justifie que l'Anonyme ait adressé son traité au « senior emperor ». S'il a écrit dans la partie est de l'Empire, il a certainement adressé ses propositions à Valens. Il est vrai que les propositions de loi de Valens auraient dû être validées par Valentinien Iᵉʳ, mais il n'y avait pas de raison que le code proposé par l'Anonyme ne fût pas accepté par Valentinien. Le code Théodosien de 438 a été accepté à l'Ouest, non parce que Théodose II était le *senior Augustus*, mais parce que Valentinien III l'a assumé.

101. Baldwin 1978, 27, énonce deux arguments supplémentaires pour refuser l'identification de l'*imperator* avec Valentinien Iᵉʳ : 1) il est curieux que l'Anonyme ne parle pas de l'intérêt de cet empereur pour les armes nouvelles, ne serait-ce que pour le flatter : Ammien Marcellin, 30, 9, 4, le qualifie de *nouorum inuentor armorum* ; 2) il fait comme s'il s'adressait à quelqu'un qui n'est pas spécialiste de l'art militaire : *parma, hoc est modicus clipeus* (9, 1), *soccis, hoc est calciamentis* (15, 4), etc.

l'Anonyme appelle *imperator*, supérieur à l'autre (ou aux autres) ; 3) victoire de cet *imperator* sur des usurpateurs, S. Mazzarino privilégie la première hypothèse : il n'y a pour lui qu'une seule période possible dans l'ère post-constantinienne, celle pendant laquelle Constance II a gouverné avec, comme César, d'abord Gallus (août 353-fin 354), puis Julien (novembre 355-février 360). Une fois les *tyranni* Magnence et Décence vaincus, l'empereur Constance se trouva dans la situation de gouverner avec une autorité indiscutable, avec successivement à ses côtés Gallus et Julien, considérés quasiment comme des *apparitores*,.

Cette hypothèse soulève deux problèmes principaux. Le premier est qu'il est difficile d'admettre que la politique de Constantin soit critiquée aussi directement dans un ouvrage adressé à son fils. Certes, Aurélius Victor, qui écrit son *Liber de Caesaribus* vers 360, est aussi critique à l'égard de Constantin, mais il n'est pas sûr que son ouvrage ait été rendu public avant la mort de Constance II en 361 [102]. Le second problème est que l'hypothèse s'accorde mal avec la deuxième donnée que nous évoquions plus haut, celle des *filii* mentionnés par l'Anonyme, car ni Constance, ni Gallus, ni Julien n'avaient de fils naturels. Comment, dans ces conditions, l'auteur pourrait-il s'adresser aux *principes* en leur disant : « Princes très cléments, vous qui appréciez, dans une perpétuelle félicité, la gloire d'un bon renom,

---

102. Foraboschi 1987, 111-112. À vrai dire, S. Mazzarino cherche surtout à montrer que l'auteur du *De rebus bellicis* est un précurseur de la tendance politique « Julienne », opposée à la tendance « Constantinienne » en matière sociale et économique. Il faut donc qu'il ait écrit avant Julien : S. Mazzarino pense même que Julien a pu lire le *De rebus bellicis* et s'en inspirer (Mazzarino 1951, 130) ; voir à ce sujet Cerati 1975, 160-161. Pour une analyse critique complète de l'hypothèse de S. Mazzarino, voir Cerati 1970a.

vous qui transmettez à vos **fils** l'affection due au nom romain » (*praef.* 8 : *clementissimi principes, qui gloriam bonae opinionis perpetua felicitate diligitis, qui Romano nomini debitos affectus propagatis in filios*) ? Une première solution consiste à ne pas donner au mot *filius* un sens trop strict, car les mots *pater* et *filius* ne renvoient pas nécessairement à la réalité père-fils. Théodose II parle de son oncle Honorius comme de son *pater* [103], Galla Placidia nomme υἱός / *filius* son neveu Théodose II [104] et Théodose II se désigne comme le *pater* de Valentinien III. Une autre solution serait de ne pas donner à *filii* le sens réduit de « les fils que vous avez actuellement » : en latin, *filii* peut être employé au sens de *posteri* [105], et l'expression *propagare in filios* pourrait renvoyer au concept fondamental – et bien plus large – de l'idéologie dynastique romaine. Le panégyriste anonyme de Constance Chlore exprime cette idée quand il souhaite que les fils et les petits-fils des Romains soient élevés non seulement par les *perpetui parentes et domini generis humani* (Maximien et Constance Chlore), mais aussi par leurs descendants : « Quant à nous, ô pères éternels et maîtres du genre humain, de toute la ferveur de nos vœux nous demandons aux Dieux immortels que nos enfants, nos petits-enfants et notre descendance (*liberi nepotesque nostri*), s'il en est une appelée à subsister dans tous les siècles, vous soient consacrés à vous-mêmes ainsi qu'aux princes que vous élevez et à ceux que vous

103. Voir les témoignages dans Rösch 1978.

104. *Acta conciliorum oecumenicorum* II 1, p. 5, l. 30 (Schwartz = *Epistularum collectio* M, 3) : υἱός, et II 3, p. 14, l. 21 (Schwartz = *Epistularum ante gesta collectio*, 20) : *filius*.

105. *Dig.* 50, 16, 220 ; 50, 16, 201. Ors 1963, 48, estime que *filii* peut s'interpréter au sens plus générique de « fils de tous les citoyens romains ».

élèverez (*quos educatis atque educabitis*) » [106]. C'est le thème de la *perpetuitas* dynastique avec le lien qui unira les futurs *filii* impériaux aux descendants des Romains qu'ils gouverneront. Le thème de la descendance à venir, dans une perspective dynastique, se retrouve ailleurs chez les panégyristes. C'est ce qu'évoque, par exemple, l'auteur du panégyrique à Maximien et Constantin : « Aussi, princes éternels, vous exprimé-je publiquement nos plus vives actions de grâces de ce que, en élevant des enfants, en souhaitant une postérité, en prolongeant la lignée de votre maison dans tous les siècles à venir, vous donnez à la puissance romaine, ballottée naguère entre ses gouvernants selon la diversité de leurs caractères et de leurs destins, les moyens de s'affermir enfin sur les racines indestructibles de votre maison et de rendre son empire immortel comme sera éternelle la descendance des empereurs » [107]. Un peu plus loin, le panégyriste redit, avec cette fois le même verbe *propagare* utilisé par l'Anonyme, que les princes « perpétuent » la *res publica* avec leur descendance impériale : « Vous perpétuez (*propagatis*) la République non point par une descendance plébéienne, mais par une descendance doublement impériale, afin que l'état

---

106. *Paneg.* 8, 20, 1 (trad. É. Galletier, 4, 20, 1) : *Nos quidem certe, o perpetui parentes et domini generis humani, hoc a dis immortalibus omni uotorum nuncupatione deposcimus, ut liberi nepotesque nostri et si qua omnibus saeculis erit duratura progenies cum uobis, tum etiam his quos educatis atque educabitis dedicentur.*

107. *Paneg.* 7, 2, 2 (trad. É. Galletier, 6, 2, 2) : *Maximas itaque uobis, aeterni principes, publico nomine gratias agimus, quod suscipiendis liberis optandisque nepotibus seriem uestri generis prorogando omnibus in futurum saeculis prouidetis, ut Romana res, olim diuersis regentium moribus fatisque iactata, tandem perpetuis domus uestrae radicibus conualescat tamque sit immortale illius imperium quam sempiterna suboles imperatorum.*

de choses qui s'est produit enfin, mille ans après la
fondation de Rome, et nous a donné la satisfaction de ne
pas voir la direction des affaires dont dépend notre salut
commun passer de famille nouvelle en famille nouvelle,
se prolonge dans la suite des âges et afin qu'il y ait
toujours des empereurs descendants d'Hercule » [108]. Le
thème n'émerge pas du reste à l'époque tardo-antique ;
il est déjà présent dans le panégyrique de Trajan qui
n'avait pas de fils naturel : « [...] je te [*i.e.* Jupiter Capi-
tolin] prie [...] de lui [*i.e.* Trajan] accorder, quand l'heure
sera venue, un successeur qui soit né de son sang, qu'il
ait formé, qu'il ait rendu semblable au fils adoptif qu'il
est ; ou, si les destins s'y opposent, je te conjure de
diriger son choix et de lui montrer quelque citoyen digne
d'être adopté dans le Capitole » [109]. Le *propagatis in*

108. *Paneg.* 7, 2, 5 (trad. É. Galletier, 6, 2, 5) : *Qui non per plebeia
gemina, sed imperatoria stirpem rei publicae propagatis, ut, quod mille-
simo anno post Vrbem conditam euenisse tandem gratulabamur, ne
mutatoria per nouas familias communis salutis gubernacula traderentur,
id ex omnibus duret aetatibus, imperatores semper Herculii.* Ce verbe se
retrouve dans des contextes identiques : par ex. *Paneg.* 8, 3, 2.

109. Pline, *Paneg.* 94, 5 : *[...] oro et obtestor [...] ut quandoque
successorem ei tribuas quem genuerit, quem formauerit similemque
fecerit adoptato ; aut, si hoc fato negatur, in consilio sis eligenti
monstresque aliquem quem adoptari in Capitolio deceat.* Voir aussi le
panégyrique de Constantin prononcé en 313, alors que l'empereur
n'avait qu'un fils encore bébé, Crispus, et dans lequel l'auteur
évoque ses fils au pluriel *(Paneg.* 12, 26, 5) : « Empereur invincible,
bien que ta descendance divine ait déjà répondu aux vœux de la
république et qu'une autre, plus nombreuse, soit encore espérée, la
postérité ne connaîtra cependant le vrai bonheur que si, après avoir
admis tes enfants au gouvernement du monde, tu gardes sur tous
l'autorité suprême » (trad. É. Galletier, 9, 26, 5) : *Quamuis enim,
imperator inuicte, iam diuina suboles tua ad rei publicae uota succes-
serit et adhuc speretur futura numerosior, illa tamen erit uere beata
posteritas ut, cum liberos tuos gubernaculis orbis admoueris, tu sis
omnium maximus imperator.*

filios de *praef.* 8 pourrait donc avoir le sens de « vous qui transmettez à votre descendance », et non celui de « vous qui transmettez à vos fils ».

Examinons maintenant ce que donne la combinaison des trois données avec un *terminus ante quem* en 641. L'adoption du *terminus* tardif ouvre naturellement la possibilité d'autres dédicataires. Nous retiendrons trois hypothèses principales : Théodose, Valentinien III et Justinien. Les tenants de ces hypothèses considèrent que la défaite d'Andrinople en 378 n'est pas un *terminus ante quem* assez solide pour les raisons que nous avons vues plus haut.

Une publication sous Théodose (384-395) ?

L'hypothèse d'une dédicace à Théodose (379-395) est, parmi les datations tardives, celle qui est la plus en faveur auprès des chercheurs, mais sans véritable accord sur la période de son règne concernée [110]. Théodose a deux fils à partir de 384 – année de la naissance

---

110. Théodose Ier a régné de 379 à 395. Reinach 1922, 269, admet cette datation comme une possibilité : « En somme, que ce technicien intelligent se soit adressé à Valentinien et à Valens, à Valentinien II et à Théodose, à Théodose et à ses fils, ce qu'il paraît impossible de décider, l'atmosphère politique qu'on respire en lisant son mémoire est bien celle de la seconde moitié du IVe siècle, antérieure aux grandes invasions, mais tout imprégnée de la crainte que leur menace inspire aux patriotes éclairés. La guerre défensive qu'il prévoit, dans les montagnes glacées, les forêts épaisses, les marais, les déserts brûlants, est bien celle qui pouvait préoccuper un Théodose, alors que les frontières de l'Empire, encore à peu près intactes, étaient l'objet d'assauts continuels sur terre et sur mer ». Paschoud 1967, 118, n. 41, suit la même position que S. Reinach : il n'exclut pas une datation sous Théodose, après la bataille du Frigidus, tout en considérant comme possible une datation sous Valentinien Ier et Valens (cf. *supra*). Baldwin 1978 considère qu'en dehors de l'hypothèse de Valentinien Ier et de Valens, l'hypothèse qui tient le mieux

d'Honorius, cadet d'Arcadius, né en 377-378. Après
cette date, il a comme associé Valentinien II jusqu'en
392 et Maxime – qui a eu un fils : Flavius Victor – entre
384 et 388. Mais si l'on considère que le premier usurpateur qu'il a vaincu est précisément Maxime [111], le
second usurpateur est Eugène [112], et celui-ci n'est
vaincu qu'en 394, à la bataille du Frigidus. Or, de cette
bataille à sa mort en 395, Théodose est l'unique maître
de l'Empire, à moins de considérer que les *principes* au
pluriel mentionnés par l'Anonyme englobent ses deux
fils, Arcadius et Honorius, proclamés respectivement
Augustes depuis 383 et 393. C'est la solution adoptée
par l'édition princeps de 1552 – due à S. Ghelen, qui
publie le *De rebus bellicis* avec la *Notitia*, et qui
annonce le traité avec ces mots : *Subiungitur* Notitiis
uetustus liber De rebus bellicis*, ad Theodosium Aug. et
filios eius Arcadium atque Honorium, ut uidetur,
scriptus, incerto auctore.*

est celle d'une dédicace à Théodose dans les années 380, pendant la
courte période – entre 384 et 387 – au cours de laquelle Théodose a
reconnu Magnus Maximus comme coempereur. Astin 1983 arrive à
la conclusion que le traité a été écrit entre 366 et 374 – plus probablement en 371 – ou entre 383 et 395, avec une préférence cependant
pour la première hypothèse.

111. Maximus est en fait un usurpateur de l'Empire d'Occident
en 383-384, avant que Théodose l'associe comme coempereur.
Pendant la période 384-388, l'Empire a donc trois empereurs :
Maxime à Trèves, Valentinien II – sous la tutelle de sa mère – à
Milan, Théodose à Constantinople. D'après Baldwin 1978, le fait
que l'Anonyme ne nomme jamais l'empereur peut être le signe qu'il
vit à une époque de grande incertitude. C'est bien le cas de cette
période Théodose / Valentinien II / Maxime, ce n'était pas du tout
le cas de l'époque Valentinien Ier / Valens.

112. On peut aussi considérer que le pluriel *tyranni* du *De rebus
bellicis* renvoie à Maxime et à son fils Victor, vaincu la même année
que Maxime, mais par l'armée de Valentinien II : cf. Delmaire
1992, 370.

Une publication sous Valentinien III (424-450) ?

L'hypothèse d'une datation du *De rebus bellicis* sous Valentinien III a été émise par H. Brandt [113], qui ne retient pas la question des fils des *principes* comme un élément de datation de l'opuscule, en s'appuyant pour cela sur les mêmes arguments que les tenants de l'hypothèse Constance II ; cf. *supra*. Le chercheur allemand considère que toutes les données fournies par l'Anonyme sur les questions monétaires, fiscales, militaires et juridiques ne peuvent concerner que le Ve siècle. Sa proposition de datation est essentiellement fondée sur l'étude des chapitres I à III du *De rebus bellicis*, dans lesquels sont traitées les questions monétaires et financières. H. Brandt suit l'interprétation de F. Kolb pour le début du chap. 1, selon laquelle l'auteur prendrait position contre le paiement de subsides aux peuples barbares ayant accepté de signer des traités, ceux que l'on appelle les *foederati*, les « fédérés » ; voir *Commentaire ad loc*. La comparaison avec des sources comme Salvien de Marseille ou Priscus montrerait que les affirmations de l'Anonyme correspondent à des données qui nous font remonter, au plus tôt, aux conditions de la première moitié du Ve siècle, et non à celles de la fin du IVe siècle. De même, les plaintes contre la toute-puissance et l'omniprésence de l'or rejoignent les observations de Rutilius Namatianus et de Salvien sur la richesse des puissants – les *potentes* – avec l'or. H. Brandt utilise aussi le fait que la monnaie d'argent soit passée sous silence comme une preuve que l'Anonyme vit et écrit après le passage du IVe au Ve siècle, et non à l'époque de Valentinien Ier et de

113. Brandt 1988, 135-162.

Valens, lesquels, dans leurs efforts contre le faux-monnayage, se sont préoccupés aussi bien de la monnaie d'or que de la monnaie d'argent. À propos de la corruption des gouverneurs, il y a encore de frappantes correspondances entre Salvien de Marseille et l'Anonyme [114], et les considérations sur la réduction du service militaire (cf. 5, 3) correspondent à ce qui s'est passé au Ve siècle : une loi de Valentinien III de 450 concorde avec ce que dit le *De rebus bellicis* [115]. Pour H. Brandt, le *De rebus bellicis* est postérieur à Végèce et à Ammien Marcellin : l'Anonyme, *praef.* 4, dit que les barbares sont compétents pour les machines de guerre, alors qu'Ammien, 31, 6, 4, désigne les Goths de Fritigern comme des *homines ignaros obsidendi* [116]. Au IVe siècle, les Romains avaient encore une avance incontestable dans le domaine de la mécanique militaire. En revanche, le récit de Priscus sur la prise de Naissus en 442 [117] montre qu'il est possible pour les Huns de jeter un pont sur le Danube et de conquérir la

114. Comparer *gub.* 5, 17, et *De rebus bellicis* 4, 2-3 ; voir *Commentaire ad loc.*

115. *Novell. Valent.* 30, 1, 1 [450]. À vrai dire, il s'agit d'une mesure de réduction de la durée de l'avancement pour une catégorie précise de soldats : les *lampadarii*, peut-être ceux qui étaient chargés de porter les torches devant l'empereur ; voir Pharr 1952, *ad loc.*

116. Mais Ammien parle aussi du goût des barbares pour le progrès en matière d'architecture privée (17, 1, 7) et de la capacité des Perses à s'approprier des machines de siège romaines (19, 2 et 5, siège d'Amida), et déjà César (*Gall.* 7, 22, 1) relevait la très grande habileté des Gaulois à imiter les inventions des autres (*est summae genus sollertiae atque ad omnia imitanda et efficienda quae ab quoque traduntur aptissimum*).

117. Priscus *frgm.* 6, 2 Blockley. Traduction française dans C. Wescher, « Fragments inédits de l'historien grec Priscus relatifs au siège de Noviodunum et à la prise de Naïssos », *Revue Archéologique*, 9, Vol. 18, p. 86-94.

ville avec un grand nombre de machines de guerre. Aquilée ne put résister non plus à l'artillerie d'Attila en 452 [118]. Tous ces indices amènent à penser que l'Anonyme a écrit dans la première moitié du Vᵉ siècle. Le *terminus post quem* serait approximativement le changement de siècle, le *terminus ante quem* se situerait au moment de la publication du *Code Théodosien*, en 438, ou quelques années après : H. Brandt retient donc la fourchette 400-450, et il considère que l'empereur auquel l'Anonyme s'adresse au singulier est l'empereur d'Occident, sous la juridiction duquel il vit. Le traité pourrait donc être adressé à Valentinien III. Les lois de cet empereur correspondraient aux prescriptions de l'Anonyme : à propos des *potentes* (*Novell. Valent.* 10), des réductions d'impôts (*Novell. Valent.* 13), du nombre et de la qualité des soldats romains (*Novell. Valent.* 6), des faux monnayeurs (*Novell. Valent.* 16), de la construction de fortins sur la frontière (*Novell. Valent.* 5, 3 [119] et *ILS* 804). Sous Valentinien III paraît une nouvelle édition augmentée de Végèce [120] : c'est peut-être le signe d'un intérêt particulier vis-à-vis des questions militaires à cette époque. Comme sous le règne de Valentinien III n'a été vaincu qu'un seul usurpateur, Johannes, H. Brandt interprète le pluriel *tyranni* comme les chefs des révoltes paysannes – les bagaudes en Gaule. La description faite par Salvien, *gub.* 5, 24, est très proche de celle du *De rebus bellicis*, et c'est pendant le règne de Valentinien III que le mouvement

---

118. Iord., *Get.* 221 : *qui* [sc. *Hunni*] *machinis constructis omniaque genera tormentorum adhibita, nec mora et inuadunt ciuitatem, spoliant, diuidunt, uastantque crudeliter* […].

119. En fait cette loi concerne des obligations de réparations sur des fortifications (murs, tours, portes) en général.

120. Lang 1885, VI.

des bagaudes a atteint son point culminant. L'hypothèse d'H. Brandt n'a pas reçu beaucoup de soutien
parmi les chercheurs et elle a été fermement contestée
par R. Delmaire [121]. Pour celui-ci, outre le fait que
l'Anonyme ne parle pas explicitement des fédérés, « les
plaintes de la lourdeur des charges qui pèsent sur
l'*aerarium* à cause des guerres et des triomphes (1, 1) ne
peuvent s'appliquer aux paiements des fédérés puisque
ceux-ci reçoivent des annones déterminées et ne participent pas aux *donativa* ». R. Delmaire, qui a une
préférence pour l'hypothèse d'une datation du *De rebus
bellicis* sous Théodose I, conteste aussi le fait que l'on
puisse utiliser l'absence de mention du monnayage en
argent comme argument pour dater l'œuvre du début
du Vᵉ siècle, car à cette époque, le monnayage de
bronze, bien mentionné par l'Anonyme, n'est guère
plus répandu.

Une publication sous Justinien (527-565) ?

L'hypothèse d'une datation du *De rebus bellicis* sous
Justinien (527-565) a été défendue en son temps par
R. Neher ; elle n'a pas eu non plus beaucoup d'écho.
Pour le chercheur allemand, le livre n'est adressé qu'à
un seul empereur, celui que l'Anonyme appelle à trois
reprises l'*imperator* [122]. Les *principes* de la préface ne
seraient donc pas plusieurs empereurs, mais les
membres du conseil impérial. En effet, les requêtes ou
les mémoires adressés à l'empereur devaient d'abord
passer dans les mains des employés des bureaux impériaux – *scrinia memoriae, epistolarum, libellorum,*

121. Delmaire 1992, 369.
122. 2, 7 ; 18, 7 ; 21, 1.

dispositionum [123]. Les directeurs des différents bureaux s'appelaient des *magistri*. L'ensemble des *scrinia* se trouvait sous l'autorité d'un *magister officiorum*. Au-dessus de celui-ci se tenait encore, depuis Constantin, le *quaestor sacri Palatii*. À l'époque post-constantinienne, le *magister epistulae* avait aussi à traiter les requêtes courantes en tant que *magister libellorum*, tandis que le *magister memoriae* et le *quaestor sacri Palatii* répondaient aux supplications (*preces*). Sous les *magistri scriniorum* se trouvaient, comme plus proches collaborateurs, les *proximi*. C'est à eux que s'adresserait l'Anonyme en conclusion de sa préface (*praef.* 15 : *proximis uestrae clementiae*). Ce mémoire, qui relevait tant de dysfonctionnements dans la conduite de l'État, qui contenait tant de propositions d'amélioration, ne pouvait pas passer inaperçu. Il dut arriver en discussion devant le conseil impérial (*consistorium principis*). Or, parmi les membres de ce consistoire, on retrouve notamment comme membres titulaires le *quaestor sacri Palatii* et le *magister officiorum*. C'est donc à ce conseil, aux fonctionnaires supérieurs (*uiri illustres*), que s'adresserait l'Anonyme en les appelant *sacratissimi principes*. La préface serait à prendre comme une lettre d'envoi, seulement adressée aux *principes*. Aux Ve et VIe siècles, le titre *sacratissimus* est l'adresse habituelle pour la cour impériale – et parfois pour le sénat –, et Alcimus Avitus (vers 460-525) emploie *clementia* et *pietas* pour des *uiri illustres* et des évêques. Pour déterminer qui est l'*imperator* mentionné dans la suite du texte, R. Neher s'appuie sur le fait que les machines de guerre décrites par l'Anonyme ne seraient pas nouvelles. Seuls seraient nouveaux les noms qu'il leur donne. Il faudrait donc que ce soit des machines qui ne

123. Neher 1911, 60.

soient plus en usage à l'époque où l'auteur s'adresse à l'empereur, ce qui empêche d'adopter une datation haute du type de celle de Valentinien Ier et Valens, car les ponts d'outres (*ascogefyri*) sont encore utilisés à leur époque comme en témoigne Ammien Marcellin. Il en est de même pour la *plumbata*, qui est mentionnée par Végèce, ou pour la baliste, qui est la même que celle décrite par Ammien Marcellin [124]. Pour R. Neher, les expressions *inopinatis incursibus* (6, 3) et *hostium incursibus* (18, 7) signifient que les barbares sont déjà entrés dans l'Empire. L'adresse et la langue montreraient que le traité a été écrit au plus tôt à la fin du Ve siècle et le fait que les figures ne correspondent pas exactement au texte ruine l'hypothèse d'un faux de la Renaissance, contrairement à ce que dit R. Schneider. Tout porterait à penser que l'Empire dont il est question est celui de la partie orientale – les Perses sont le seul peuple étranger nommé – et que le *De rebus bellicis* serait adressé à un empereur oriental qui aurait régné dans la deuxième moitié du Ve siècle ou avant la fin du VIe siècle. Le chap. 21, *De legum uel iuris confusione purganda,* semblerait conduire à une datation de l'époque justinienne. Justinien a réduit les largesses au peuple et aux soldats, dès le début de son règne [125], et il a pris beaucoup de mesures qui correspondent à celles préconisées par l'Anonyme. Les machines de jet proposées par l'Anonyme ne sont pas en usage à l'époque de Justinien. Du reste, les auteurs des Ve et VIe siècles ne parlent presque pas de l'artillerie. Seul, Procope mentionne une fois leur usage lors du siège de Rome en

---

124. Nous verrons plus loin que ce n'est pas tout à fait exact : chacune de ces « machines » contient des perfectionnements qui ne sont connus que par l'Anonyme.

125. Proc., *Hist. arc.* 24, 27-29.

536 [126], et il semble que ces balistes soient pour lui et son époque quelque chose de nouveau. De même, Bélisaire, le célèbre général de Justinien, est l'inventeur du bateau moulin, qui repose sur un principe identique à celui de la liburne du *De rebus bellicis*.

Toutes les hypothèses que nous venons de parcourir reposent sur une argumentation sérieuse, et emporté par la force de conviction des partisans les plus convaincants de telle ou telle datation, le lecteur est tenté de changer d'avis après la lecture de chaque démonstration. Notre conviction est cependant que l'hypothèse la plus ancienne, celle proposée par O. Seeck [127], faisant de Valentinien Ier et de Valens les destinataires du traité, est celle qui présente les avantages les plus forts et les inconvénients les plus faibles.

Ses avantages sont d'abord de correspondre de façon directe aux données fournies par le texte : les *principes* (*praef.* 1 et 8) sont Valentinien Ier et Valens. La période au cours de laquelle ils ont gouverné ensemble et la politique qu'ils ont menée correspondent au contenu du *De rebus bellicis* : la *dolosa barbaries* (6, 1) menace, mais globalement les frontières sont encore intactes et même renforcées avec la construction de fortins sur le Rhin et le Danube [128] ; Valentinien Ier s'intéressait à l'innovation en matière d'armement [129] ; les deux empereurs ont lutté ensemble contre la *fraus monetae* (3) [130]

---

126. Proc., *Goth.* 1, 21, 14.

127. Seeck 1894.

128. Amm. 30, 9, 1 : *oppidorum et limitum conditor tempestiuus* (« bâtisseur, au bon moment, de places fortes et de lignes de défense » [trad. G. Sabbah]).

129. Ammien Marcellin, 30, 9, 4, le qualifie de *nouorum inuentor armorum* ; cf. aussi l'*Epit. de Caes.* 45, 3 : *noua arma meditari*.

130. *Cod. Theod.* 9, 21, 7-8.

et ont été sensibles l'un et l'autre à la lourdeur de la fiscalité (4 et 5) [131]. L'*imperator* auquel s'adresse l'Anonyme au singulier (2, 7 ; 18, 7 ; 21, 1) est l'empereur d'Orient, Valens, d'où l'exemple du Danube (18, 5) et la mention de la guerre contre les Perses (12, 1 ; 19, 4). Les *filii* (*praef.* 8) des *principes* sont Gratien, fils de Valentinien, et Galate, fils de Valens ; les *tyranni* (2, 6) vaincus par Valens sont Procope et Marcellus. Ammien Marcellin nous dit que Valens s'intéressait aux débats judiciaires [132] : cela justifie le chapitre 21 sur la nécessaire codification des lois, qui est, à notre avis (cf. *infra*), une ouverture vers un autre traité écrit par l'Anonyme. Aucune des autres hypothèses n'offre autant d'indices concordant directement : il faut autrement donner un sens particulier à *principes*, *filii* ou *tyranni*. L'hypothèse a aussi l'avantage de rendre compte des étroites correspondances entre le *De rebus bellicis* et les discours tenus

131. Amm. 30, 9, 1 : « [Valentinien] se montra extrêmement économe (*parcus*) pour les provinciaux, réduisant partout le fardeau des impôts (*tributorum ubique molliens sarcinas*) » (trad. G. Sabbah) ; Amm. 31, 14, 2 : « [Valens] protecteur très équitable des provinces, dont il gardait chacune indemne comme sa propre maison, adoucissant les fardeaux des tributs avec une ardeur vraiment exceptionnelle, n'admettant aucune augmentation des impôts » (trad. G. Sabbah). Thémistius (*or.*, 8, 113 a-b) félicite également Valens pour avoir diminué le poids des impôts.

132. Amm. 30, 4, 1 : « Tels étaient les événements dans les Gaules et sur le flanc septentrional. Mais, dans la partie orientale, alors qu'une paix profonde régnait du côté de l'étranger, le mal se développait à l'intérieur, par la faute des amis et des proches (*per [...] proximos*) de Valens qui faisaient passer l'utile avant l'honnête. On déployait en effet une grande énergie pour détourner un homme roide, qui désirait entendre les affaires, de son attachement à rendre la justice ; car on craignait que la défense des innocents, respirant à nouveau comme aux temps de l'empereur Julien, ne brisât l'arrogance des puissants (*potentium*), qui avait pris toute licence de se donner habituellement libre carrière » (trad. G. Sabbah).

par Thémistius, précisément datés, entre 364 et 370, notamment le discours VIII, tenu en 368 [133], à l'occasion du cinquième anniversaire de l'« intronisation » de Valens. En effet Thémistius dit que, lorsque Valentinien et Valens ont pris le pouvoir, l'Empire était comme « un navire balloté de tous côtés par la tempête », menacé par ses voisins en Orient comme en Occident [134] ; il souligne l'attachement de Valens à ne pas augmenter les impôts, alors même qu'une nouvelle campagne militaire se prépare [135], et il fait remarquer, comme l'Anonyme, que les succès militaires ne doivent pas être au détriment de sujets injustement surtaxés [136] ; il insiste sur la nécessaire moralisation de la vie publique [137]. Dans le discours X, prononcé en 369, devant le sénat de Constantinople et en présence de Valens, il est question du renforcement de la frontière danubienne, notamment avec des fortins équipés de machines de guerre [138]. Tout donne l'impression que les deux hommes ont écrit dans le même contexte politique, militaire, social et économique. La similitude s'étend même à la forme, car, dans le discours VI, Thémistius commence par s'adresser aux deux princes, puis ne s'adresse plus qu'à Valens comme le fait l'Anonyme dans son traité (voir *Commentaire ad praef.* 1).

Les inconvénients de l'hypothèse d'une datation sous Valentinien Ier et Valens sont finalement assez faibles. Ils se résument essentiellement à trois arguments :

133. Ces correspondances ont déjà été relevées par Cameron 1979. Liebeschuetz 1994, 133, considère qu'il s'agit là d'un argument décisif pour dater le *De rebus bellicis*.
134. Them., *or.* 8, 24, 119c.
135. Them., *or.* 8, 16, 113a-c.
136. Them., *or.* 8, 18, 114c-115d.
137. Them., *or.* 8, 21, 116d.
138. Them., *or.* 10, 11, 136a.

1) Valens étant l'*Augustus minor*, l'Anonyme ne pouvait s'adresser à lui pour demander des solutions concernant l'ensemble de l'Empire ; 2) si le *libellus* avait été adressé à Valens, il aurait dû être conservé à Constantinople ; or, il nous a été transmis avec la *Notitia* dans un manuscrit de tradition occidentale ; 3) il est difficilement concevable que l'Anonyme ne mentionne pas la monnaie d'argent dans les années 360-370. Mais, 1) il est naturel qu'un citoyen romain relevant de la juridiction de l'empereur d'Orient s'adresse à lui sans souligner le fait qu'il devra avoir l'accord de l'*Augustus maior* pour mettre en œuvre les réformes ; 2) il est normal qu'une copie du *libellus* ait aussi été transmise à la cour de l'empereur d'Occident et conservée dans ses archives [139] ; 3) le chapitre sur la monnaie dans le *De rebus bellicis* est loin d'être exhaustif.

Nous proposons donc comme date de publication du traité la fourchette 366 (mort de l'usurpateur Procopius) – 370 (mort de Galate) [140]. Cette date a l'avantage en outre de bien correspondre au style oratoire de l'auteur. L'analyse métrique, pratiquement absente des argumentaires précédents concernant la datation de

---

139. Le *Breuiarium* d'Eutrope et celui de Festus, dédiés au seul Valens du vivant de Valentinien, ont connu la même destinée.

140. Nous ne retenons pas le « resserrement » d'A. Cameron à 368-369 (cf. *supra*) sous prétexte que la phrase de 6, 2 : « En effet, les peuples auxquels nous venons de faire allusion sont ordinairement soit à l'abri des forêts, soit perchés sur des montagnes », serait une allusion aux problèmes avec les Isauriens en 368 et que l'Anonyme n'aurait pas écrit qu'il fallait renforcer les frontières avec la construction de fortins alors que Valentinien et Valens menaient précisément cette politique à partir de 369. D'une part, l'hypothèse d'une allusion aux Isauriens est trop ténue ; d'autre part, le fait que Valentinien avait lui-même écrit un traité sur les armes et que les deux empereurs construisaient des fortifications n'interdisait pas à un citoyen de faire des propositions allant dans le même sens, bien au contraire.

l'auteur, montre que, dans la mesure où ce dernier utilise de façon très stricte le *cursus mixtus*, sa période de formation doit se situer dans la première moitié du IVe siècle *p. C.*

Contenu et organisation de l'œuvre

L'œuvre nous a été transmise avec une préface et vingt et un chapitres clairement identifiés. Chaque chapitre porte un titre, peut-être donné par l'auteur lui-même sans qu'il y ait de certitude à ce sujet (cf. *infra*). Le plan du livre est annoncé clairement aux § 10-14 de la préface. Il peut se résumer de la manière suivante :

— une première partie consacrée aux questions financières et administratives : chapitres 1 à 5 ;

— une deuxième partie consacrée aux questions militaires proprement dites : chapitres 6 à 20.

Le chapitre 21, sur la justice, n'est pas annoncé dans la préface ; il peut être considéré comme une conclusion et une ouverture vers un autre sujet.

Préface (*Praefatio*)

Captatio beneuolentiae, les intentions de l'auteur, le plan du traité.

I. Questions financières et administratives

Chap. 1 : La maîtrise des dépenses (*De inhibenda largitate*)
Nécessité de limiter les dépenses militaires – Histoire de la monnaie.

Chap. 2 : À partir de quelle époque sont apparues la prodigalité et l'avidité (*Ex quibus temporibus profusio uel auaritia coeperit*)
Mise en circulation de grandes quantités d'or à l'époque de Constantin – Inflation et troubles sociaux – Apparition d'usurpateurs.

Chap. 3 : Fraude et réforme de la monnaie (*De fraude et correctione monetae*)
Problème de la fausse monnaie d'or – Proposition de concentration du monnayage en un seul endroit.

Chap. 4 : Corruption des gouverneurs (*De iudicum prauitate*)
Problème de la corruption de l'administration provinciale, particulièrement dans le domaine des levées de fonds pour les dépenses militaires – Choix de gens honnêtes et intègres pour administrer les provinces.

Chap. 5 : Réduction des dépenses militaires (*De releuando militari sumptu*)
Réduction du temps de service – Rajeunissement de l'ensemble des effectifs militaires – Augmentation du nombre de vétérans installés aux frontières.

II. Questions militaires

Chap. 6 : Les machines de guerre (*De bellicis machinis*)
Menace des frontières par les nations étrangères – Nécessité de lutter contre elles, défensivement et offensivement, avec de nouveaux systèmes d'armement.

Chap. 7 : Description de la baliste à quatre roues (*Expositio ballistae quadrirotis*)
Baliste de campagne : lanceur de flèches mobile, réglable rapidement dans toutes les directions.

Chap. 8 : Description du *tichodifrus* (*Expositio tichodifri*)
Mantelet : système de protection mobile pour préparer l'assaut d'un rempart.

Chap. 9 : Description du *clipeocentrus* (*Expositio clipeocentri*)
Bouclier à pointes : bouclier rond à usages multiples.

Chap. 10 : Description de la *plumbata tribolata* (*Expositio plumbatae tribolatae*)
Trait plombé à pointes : trait lancé à la main et muni de pointes pour servir de chausse-trape.

Chap. 11 : Description de la *plumbata mamillata* (*Expositio plumbatae mamillatae*)
Trait plombé à fer conique : même arme que celle décrite au chap. 10, mais sans pointes et avec un fer de forme différente.

Chap. 12 : Description du char à faux (*Expositio currodrepani*)
Char à faux double : char avec faux relevables, mené par deux cavaliers.

Chap. 13 : Description du char à faux avec un seul cavalier (*Expositio currodrepani singularis*)
Char à faux simple : même machine que celle décrite au chap. 12, mais menée par un seul cavalier.

Chap. 14 : Description du char à faux avec boucliers (*Expositio currodrepani clipeati*)
Char à faux avec fouet automatique : même machine que celle décrite au chap. 12, mais avec un seul cavalier, des fouets automatiques et des boucliers de protection.

Chap. 15 : Description du *thoracomachus* (*Expositio thoracomachi*)
Sous-armure : vêtement en feutre garni de cuir étanche, à porter entre le corps et l'armure.

Chap. 16 : Description du pont d'outres (*Expositio ascogefyri*)
Pont gonflable et transportable, pour le franchissement des cours d'eau par l'armée.

Chap. 17 : Description de la liburne (*Expositio liburnae*)
Liburne à bœufs : navire de guerre automoteur, propulsé par des roues à aubes mues par des manèges de bœufs.

Chap. 18 : Description de la baliste foudroyante (*Expositio ballistae fulminalis*)
Baliste de rempart : lanceur de flèches fixe, très puissant – Conclusion sur les machines de guerre.

Chap. 19 : L'appareil militaire (*De bellico apparatu*)
Limitation de chaque colonne à 2 000 hommes – Suite
de la conclusion sur les machines de guerre.

Chap. 20 : La défense des frontières (*De limitum munitionibus*)
Construction d'une ligne continue de fortins espacés
d'un mille sur les frontières – Financement de la
construction par les propriétaires terriens.

Conclusion

Chap. 21 : Remèdes qu'il convient d'apporter à la confusion des lois et du droit (*De legum uel iuris
confusione purganda*)
Nécessité d'une réforme juridique.

Il y a quelques incohérences entre la préface et le
reste du traité. Par exemple, le titre annoncé dans la
préface pour le chap. 1 est *De largitionum utilitate*, et le
titre présent dans le texte est *De inhibenda largitate*,
mais il n'est pas sûr que les titres de chapitre dans le
texte soient de l'auteur lui-même. Autre exemple : au
§ 13 de la préface est annoncé « un ingénieux système :
un cheval lancé pour rompre une ligne de bataille ou
jeté sur des fugitifs est équipé de façon à causer beaucoup de pertes à l'ennemi, se fouettant lui-même sans
être conduit par quelqu'un », mais aucune des trois
variantes de char à faux décrites aux chap. 12 à 14 ne
correspond au système annoncé puisqu'elles sont
toutes menées par un ou deux cavaliers. Comme une
des phrases du chap. 14 est incompréhensible en l'état
actuel de la transmission du texte, il est possible qu'il y
ait une lacune à cet endroit. Le plan général lui-même
ne manque pas de défauts : déséquilibre de longueur
entre les chapitres, traitement de variantes sur le même
plan que les machines de base (*plumbata*, char à faux),
éloignement des deux chapitres sur l'artillerie (chap. 7

et 18), curieux chapitre 21 qui aborde un nouveau thème sans que celui-ci ait été annoncé dans la préface et sans qu'il soit traité dans le détail. Ces défauts n'imposent pas toutefois l'hypothèse parfois émise d'un mélange de feuillets ou d'une perte de la fin du traité[141] : au chapitre 21, l'auteur indique bien qu'il ne lui reste plus qu'un point à traiter : « il reste à ta Sérénité un seul (*unum*) remède à appliquer aux malaises d'ordre civil ». Nous avons globalement un plan logique. L'objectif du traité, nous l'avons dit, peut se résumer à la problématique du maintien d'une armée puissante et efficace, capable de défendre des frontières menacées par la pression des peuples barbares[142]. L'auteur traite donc d'abord toutes les questions qui sont « en amont » de l'armée proprement dite : problèmes de trésorerie – et donc de fiscalité – pour payer les soldats et les motiver avec des récompenses ; problèmes de recrutement et de réquisition des fournitures pour l'armée (blé et chevaux) ; etc. Il a bien vu que le problème n'était pas les impôts ordinaires, lesquels, semble-t-il, n'ont pas beaucoup augmenté au IVe siècle, mais surtout les impôts extraordinaires et les abus des fonctionnaires[143]. Il traite ensuite des problèmes de terrain : armement, équipement, fortifications, formations de l'armée en marche, etc. Reste le dernier chapitre sur la codification des lois, qui est en effet hors sujet – c'est le seul qui ne corresponde pas au titre *De rebus bellicis* – et qui ne fait qu'amorcer une

141. Par exemple, Reinach 1922, 221. S. Reinach se trompe quand il dit que le chap. 20 (« La défense des frontières ») n'a pas été annoncé dans la préface : cf. *praef.* 10.

142. Pour une analyse critique de l'idée selon laquelle le *De rebus bellicis* ferait écho à un manque de main-d'œuvre pour l'armée du IVe siècle, voir Astin 1983, 401-417.

143. Foraboschi 1987, 115.

idée sans la développer – d'où l'impression d'une
« chute » abrupte et de la perte de la fin du livre. Pour
nous, c'est peut-être l'annonce d'un autre mémoire du
même auteur, qu'il a écrit et que nous avons perdu, ou
qu'il avait l'intention d'écrire, sur un sujet également
très important à la fin du IVᵉ siècle : la nécessité de
mettre de l'ordre dans la législation, préoccupation
notamment de Théodose et, plus tard, de Justinien.
Son titre était peut-être *De rebus ciuilibus* ou *De
legibus*, et il pourrait avoir fait pendant au *De rebus
bellicis*. Le dernier chapitre du *De rebus bellicis* ferait
ainsi le lien entre les deux traités. En tout cas, la
première phrase du chap. 21 marque clairement un
changement de sujet : tout ce qui précède concernait la
sûreté de l'État (*domi forisque rei publicae praesidiis
comparatis*) ; ce qui suit, et qui est seulement annoncé
sans être traité, concerne le soin des affaires civiles (*ad
ciuilium curarum medicinam*).

L'innovation dans le De rebus bellicis

L'Anonyme est-il, comme l'écrit E.A. Thompson en
1952, « a Roman Reformer and Inventor » ? Un réfor-
mateur, à coup sûr, puisqu'il veut faire des suggestions
utiles au gouvernement afin de soutenir son action ;
mais quel est le degré d'originalité de ces suggestions ?
Le mot *inuentio* et le participe passé *inuentum* sont relativement bien représentés dans le *De rebus bellicis* [144]. Il
est question de l'invention des armes ou des inventions

---

144. *Inuentio* est employé 7 fois : *praef.* 6 ; *praef.* 7 ; *praef.* 14 ; 8,
2 ; 18, 4 ; 18, 7 ; 18, 8. On peut y ajouter deux occurrences d'*inue-
nire* : *praef.* 11 et 1, 7 – l'occurrence de 6, 3 n'a rien à voir avec le
concept d'invention.

pratiques en général grâce à la puissance de l'intelligence, de l'invention d'un nouveau pont portable (le
pont gonflable), de l'invention d'une liburne à bœufs,
de la conception d'un mantelet armé de pointes ou
encore de l'invention de la monnaie de terre. Mais, à
aucun moment, l'Anonyme ne se présente lui-même
comme un inventeur au sens propre du mot, c'est-
à-dire comme quelqu'un qui aurait trouvé quelque
chose d'entièrement nouveau. Au contraire, il dit à la
fin de sa préface qu'il a rassemblé des éléments utiles au
gouvernement en allant les chercher de toutes parts :
utilia uestrae felicitati undique redacta conferre gestiui
(*praef.* 16). Les trois mots importants sont *utili, redacta*
et *conferre*. Le rôle de l'auteur a consisté à « ramener à
lui » – c'est le sens premier de *redigere* – et à « réunir »
(*conferre*) ce qui lui semblait « utile » (*utilia*). Ce qu'il
ne dit pas, c'est où il est allé chercher ces éléments.
Nous pouvons supposer que c'est à la fois dans ses
lectures et dans son expérience personnelle, mais le fait
est que, pour ce qui concerne les machines, il se les est
« appropriées » au niveau du vocabulaire. En effet, la
plupart des noms de machines qu'il utilise ou des quali-
fications qu'il leur applique ne se rencontrent que chez
lui ou y apparaissent pour la première fois [145]. Cela
signifie soit qu'il a inventé ces dénominations, soit que
ce sont des mots suffisamment rares pour qu'il soit le
seul auteur connu à les utiliser pour la première fois.
Reprenons sous forme d'un tableau synthétique ce qu'il

---

145. *Ascogefyrus, clipeocentrus, currodrepanus, thoracomachus,
tichodifrus* n'apparaissent que chez l'Anonyme ; *fulminalis,
mamillata, quadrirotis* apparaissent pour la première fois chez lui. Le
mot *fixorium*, utilisé pour désigner les pointes du *tichodrifrus* ou du
clipeocentrus, apparaît aussi pour la première fois dans le *De rebus
bellicis*.

appelle ses *desiderata* (*praef.* 4), ce qu'il doit suggérer (*praef.* 1 : *suggerenda*) aux empereurs.

1. Mesures financières et administratives

1.1. Maîtriser les dépenses (1, 1 ; 2, 7)
1.2. Rassembler les monnayeurs dans une seule île (3, 2)
1.3. Mettre à la tête des provinces des gens honnêtes et avides d'intégrité (4, 6)
1.4. Réduire la durée du service militaire (5, 3)
1.5. Dissiper la confusion et la contradiction des lois (21)

2. Mesures militaires

2.1. Nouveaux systèmes d'armement (6, 4)
    2.1.1. Baliste de campagne (7)
    2.1.2. Mantelet (8)
    2.1.3. Bouclier à pointes (9)
    2.1.4. Traits plombés (10-11)
    2.1.5. Chars à faux (12-14)
    2.1.6. Sous-armure (15)
    2.1.7. Pont d'outres (16)
    2.1.8. Liburne à bœufs (17)
    2.1.9. Baliste de rempart (18)
2.2. Limitation de chaque colonne à 2 000 hommes (19, 1)
2.3. Construction de fortins régulièrement espacés sur les frontières (20,1)

Dans l'ensemble de ces propositions, qui sont au nombre de seize, si nous détaillons les nouveaux systèmes d'armement – mais sans compter les variantes des traits plombés et des chars à faux –, le degré d'innovation est variable et se mesure au cas par cas.

1.1. *Maîtriser les dépenses.* C'est un leitmotiv de la littérature. L'Anonyme dit lui-même qu'il faut rappeler « la prévoyance dont ont fait preuve nos ancêtres dans des situations de pénurie » (1, 3) et que l'empereur doit

considérer « les règnes fameux de l'antique pauvreté »
(2, 8).

1.2. *Rassembler les monnayeurs dans une seule île.* Il
s'agit là d'une proposition originale, visant à limiter les
risques de fraude et dont on ne retrouve aucune trace
ailleurs [146]. Considérée comme irréaliste, elle a
contribué à décrédibiliser le *De rebus bellicis* auprès de
certains chercheurs. Original aussi est le lien fort établi
par l'Anonyme entre la monnaie et l'image impériale :
pour lui, il est important de lutter contre le faux-
monnayage, d'abord parce que c'est un manque de
respect envers l'empereur [147].

1.3. *Mettre à la tête des provinces des gens honnêtes et
avides d'intégrité.* Le thème de la corruption des
gouverneurs est commun chez les Panégyristes [148] ;
Ammien Marcellin (15, 13, 4) les montre « occupés à
recueillir les dépouilles de leurs sujets » alors que les
Perses menacent les frontières, et Thémistius, nous
l'avons vu, consacre une partie de son discours VIII à
la nécessaire moralisation de la vie publique (8, 21,
116d). Le thème est également présent dans l'*Histoire
Auguste* [149].

1.4. *Réduire la durée du service militaire.* L'Anonyme
propose de libérer les militaires lorsque leur niveau de

---

146. La proposition va toutefois dans le sens des réformes entreprises par Valentinien Ier et Valens, entre 366 et 368, réformes
consistant à centraliser la frappe de l'or autour des résidences impériales (*comitatus*). Voir à ce sujet Callu 1978, 105-106.

147. Foraboschi 1987, 122.

148. *Paneg.* 3, 4, 2 (Remerciement à Julien de Mamertin) : « [...]
d'autres villes que leur éloignement avait préservées des dévastations
des barbares étaient la proie de brigands abominables parés du nom
de gouverneurs (*iudicum nomine*) » (trad. É. Galletier).

149. Voir, par exemple, C. Bertrand-Dagenbach, *Vie d'Alexandre
Sévère*, Paris, Les Belles Lettres (CUF), 2014, *Introduction*, n. 156,
p. LXXVIII, et n. 111, p. 78-79.

solde est arrivé à cinq annones – et non pas au bout de cinq ans, comme l'écrivent certains commentateurs [150]. Nous ne savons pas au bout de combien de temps une progression normale dans l'avancement permettait d'arriver à ce salaire (voir *Commentaire ad loc.*), mais il s'agit d'une somme déjà importante : à l'époque de Valentinien Ier et de Valens, les intendants militaires des corps de *Palatini* et de *Comitatenses* touchaient un salaire de six annones, tandis que ceux des corps de *pseudocomitatenses* touchaient un salaire de quatre annones [151]. La mesure proposée par l'auteur a plusieurs objectifs : réduire les dépenses de l'État (les jeunes recrues sont moins payées que les militaires en fin de carrière) ; attirer vers le service militaire des personnes jusqu'alors rebutées par sa durée ; « produire » de « jeunes » vétérans qui habiteront les zones frontalières et qui ainsi participeront à leur défense ; augmenter le nombre de contribuables puisque ces « jeunes » vétérans paieront l'impôt comme les autres citoyens. Dans sa globalité et avec les objectifs qui sont fixés, cette proposition n'est connue que par le *De rebus bellicis* [152]. L'*Histoire Auguste* fait bien remonter la politique consistant à installer des vétérans aux frontières à Alexandre Sévère [153] : « Il attribua les

150. Par exemple Jones 1964, 650 ; Paschoud 1967, 129 ; Carrié 1986, 477 et n. 99.

151. *Cod. Theod.* 8, 1, 10.

152. Une novelle de Valentinien III (*Novell. Valent.* 30) porte certes sur la réduction de la durée d'avancement pour une catégorie de soldats, les *lampadarii*, mais la mesure n'est pas à mettre sur le même plan que celle proposée par l'Anonyme.

153. Liebeschuetz 1994, 122, considère qu'il y a trop de similitudes entre la *Vie d'Alexandre Sévère* et le *De rebus bellicis* pour que cela soit dû au simple hasard. Sans aller jusqu'à admettre l'influence de l'un sur l'autre, il estime que ce sont des œuvres contemporaines, issues de la même sphère culturelle.

territoires pris à l'ennemi aux généraux et aux soldats des troupes frontalières *(limitaneis ducibus et militibus)*, en stipulant qu'ils ne resteraient leur propriété que si leurs héritiers embrassaient la carrière des armes et qu'ils ne devaient jamais tomber aux mains de civils, car, disait-il, les militaires feraient preuve de plus d'ardeur encore s'ils défendaient également leurs propres terres »[154], mais A. Chastagnol a montré que ce passage était manifestement anachronique[155]. En effet on ne parle des *limitanei* que depuis une loi de 363[156]. Pour ce qui est des terres allouées aux soldats sur les frontières, cela n'apparaît dans le *Code Théodosien* qu'en 409 avec la mention que le système remonte « à des temps anciens », sans autre précision[157]. Mais ce qui paraît surtout nouveau dans la proposition de l'Anonyme, c'est de réserver des terres aux frontières pour les soldats de toutes les unités – et pas seulement pour les vétérans des unités stationnées aux frontières – et d'en faire de véritables civils, sans obligation de service, mais avec une charge d'impôt[158]. Les *limitanei* de l'*Histoire Auguste*, quelle que soit l'époque à laquelle ils appartiennent, sont, en effet, « des soldats laboureurs », qui cultivent la terre en même temps

---

154. Hist. Aug., *Alex.* 58, 4 (trad. A. Chastagnol) : *Sola quae de hostibus capta sunt limitaneis ducibus et militibus donauit, ita ut eorum essent, si heredes eorum militarent nec umquam ad priuatos pertinerent, dicens attentius eos militaturos, si etiam sua rura defenderent.* Voir à ce sujet Johnson 1979 et Jouffroy 1991.

155. Chastagnol 1994, CLXIX-CLXX. Sur le ou les auteur(s) de l'*Histoire Auguste*, voir Festy 2004.

156. *Cod. Theod.* 12, 1, 56.

157. *Cod. Theod.* 7, 15, 1. Pour Chastagnol 1994, CLXX, cela ne veut pas dire « à plusieurs dizaines d'années ».

158. Reinach 1922, 235.

qu'ils font leur métier et qui bénéficient de ce fait d'un certain nombre d'exemptions [159].

1.5. *Dissiper la confusion et la contradiction des lois.* Comme nous l'avons dit plus haut, il ne s'agit pas, à notre avis, d'une proposition comme les autres, mais de l'annonce d'un nouveau traité (*De rebus ciuilibus* ?), portant sur les affaires proprement civiles, c'est-à-dire sur les questions juridiques. Cela dit, l'idée de demander à l'empereur de veiller lui-même à la dissipation de la confusion et de la contradiction des lois a un caractère étonnamment précurseur. Certes, Cicéron se plaignait déjà dans le *De legibus*, 3, 46, de l'absence d'un recueil public des lois ; certes, il fait état, dans le *De oratore*, 1, 190, de son propre projet d'une théorie complète du droit civil et, *ibid.* 2, 142, du projet de Crassus de rassembler et de rédiger un droit civil qui est alors *diffusum et dissipatum* ; certes, le concept de *lex generalis* apparaît déjà dans une constitution constantinienne de 321 [160] ; mais il faudra attendre la publication du *Corpus Iuris Ciuilis* par Justinien en 529 pour que l'idée de confier cette mission au chef de l'État se réalise vérita-blement [161]. Le code publié par Théodose II en 438 n'a pas la même ambition. Il rassemble bien toutes les constitutions publiées à partir de Constantin, mais il ne rend pas caduques les compilations précédentes, notam-ment celles des codes Grégorien et Hermogénien, publiés à la fin du IIIe et au début du IVe siècle. C'est Justinien qui imposera sa propre compilation comme ayant force de loi sur toutes les autres compilations : « Nous avons jugé à propos de vous envoyer ce Code,

159. Sur cette question des impôts payés par les soldats, voir Chastagnol 1977.

160. *Cod. Theod.* 16, 8, 3 ; voir De Giovanni 2010, 173.

161. Voir sur ces questions De Giovanni 2010, 178-180.

qui doit régler toutes les affaires portées à votre tribunal, afin que les plaideurs et les avocats sachent qu'il ne leur est permis, en aucune manière, de s'appuyer sur les constitutions renfermées dans les trois anciens Codes dont nous avons fait mention, ou sur celles que, jusqu'à présent, on avait appelées nouvelles constitutions, et qu'ils ne peuvent s'étayer que de celles qui sont insérées dans notre Code » [162]. Seule, cette « centralisation » du droit pouvait répondre au souhait de l'Anonyme ; cf. *supra*.

2.1.1. *Baliste de campagne* (fig. 1 à 3). La baliste de campagne décrite par l'Anonyme sous le nom de *ballista quadrirotis* est un lanceur de flèches léger monté sur quatre roues. Le lanceur de flèches lui-même paraît être du type décrit par Héron d'Alexandrie dans la *Cheiroballistra*, c'est-à-dire une baliste dont les ressorts, constitués de faisceaux de câbles, sont enfermés dans deux cadres métalliques reliés dans leur partie supérieure par une pièce en forme d'arc très caractéristique [163]. L'idée que l'artillerie de l'Anonyme – la *ballista quadrirotis* dont il est question ici et la *ballista fulminalis* décrite au chap. 18 – serait une innovation parce qu'elle abandonnerait le principe de la torsion de faisceaux de nerfs pour adopter celui de la flexion d'un arc de fer [164] repose, à notre avis, sur une mauvaise interprétation du texte, notamment de la phrase : *hoc ballistae genus duorum opera uirorum*

---

162. *Cod. Just., praef. sec.*, § 3 (trad. P.-A. Tissot, Metz, Behmer, 1807, p. 13).

163. Voir *Comment. ad loc.* et fig. 1. Sur la *Cheiroballistra* d'Héron, voir Marsden 1971, 206-233 ; et 240-243 sur son interprétation de la baliste de campagne du *De rebus bellicis*. Sur le changement de sens du mot *ballista* entre Vitruve et les traités tardifs, voir Fleury 1981.

164. Voir, par exemple, Oliver 1955 ou Chevedden 1995.

sagittas ex se non, ut aliae, funibus, sed radiis intorta iaculatur (7, 6). Les *funibus* dont il est question ici ne sont pas les câbles des ressorts, mais les câbles de traction du tiroir sur lequel est placé le projectile dans les machines vitruviennes [165]. L'innovation du *De rebus bellicis* consiste à remplacer ces câbles par un système d'engrenages, le cranequin, bien attesté au Moyen Âge : voir *Commentaire ad loc.* L'installation de balistes sur des chariots est attestée depuis le début du IIe siècle *p. C.* sur la colonne Trajane [166]. Elle est confirmée à la fin du IIe siècle sur la colonne de Marc-Aurèle [167] et à la fin du IVe ou au début du Ve siècle par Végèce, qui désigne ce montage avec le nom composé *carroballista* [168]. Si donc l'appareil en lui-même n'est pas une innovation, l'Anonyme livre cependant des détails qui ne sont connus que par lui. C'est d'abord la présence de quatre roues. Ce n'est sûrement pas un hasard si cette particularité est signifiée dans le nom même de la machine, avec le mot *quadrirotis*, qui est un hapax. En effet, aussi bien la machine figurée sur la colonne Trajane que celle de la colonne de Marc-Aurèle n'ont que deux roues – nous ignorons le nombre de roues de la *carroballista* de Végèce. La présence des quatre roues a plusieurs implications techniques. Il y a au moins deux avantages. Le premier est une plus grande capacité de transport en termes de poids et de volume. Cela peut permettre, par

165. Fleury 1981.
166. Relief XLI dans la numérotation de Cichorius 1896.
167. Relief XVI dans la numérotation de Petersen 1896. Autant il n'y a pas de doute sur l'interprétation du relief de la colonne de Trajan, autant la représentation de la colonne de Marc-Aurèle est peu claire. Le chariot à deux roues représenté en haut à gauche est déjà considéré comme une pièce d'artillerie par Petersen 1896, 58, mais l'engin lui-même est peu reconnaissable.
168. Veg., *mil.* 2, 25, 2 ; 2, 25, 4 ; 3, 14, 13 ; 3, 24, 14.

exemple, d'embarquer davantage de munitions et de rendre ainsi l'appareil plus autonome. Le second est une plus grande stabilité au moment du tir, que la machine soit dételée ou non. Les quatre roues, en revanche, présentent au moins un inconvénient : la rotation horizontale est moins facile et surtout moins rapide. Dans la baliste à deux roues, en effet, l'amplitude de la rotation horizontale permise par l'axe vertical sur lequel repose le fût [169] peut être augmentée par une rotation rapide du chariot lui-même. Cela est beaucoup moins aisé avec quatre roues, et c'est ce qui explique peut-être une autre originalité de détail de cette machine. La *ballista quadrirotis* du *De rebus bellicis* semble, en effet, posséder un système de pointage horizontal à 360°, qui implique une plate-forme pivotante, et un système de pointage vertical avec des engrenages à roues dentées et vis sans fin : voir *Commentaire ad loc.* et fig. 2. Ces deux particularités ne se retrouvent nulle part ailleurs.

2.1.2. *Mantelet* (fig. 4-6). L'Anonyme appelle cette machine *tichodifrus*. Le mot, composé de τεῖχος, « rempart », et de δίφρος, « chariot », n'est connu que par le *De rebus bellicis*, où il est employé six fois. Il s'agit d'une sorte de mantelet, c'est-à-dire d'un parapet léger utilisé par les soldats pour se protéger des projectiles lancés par l'ennemi. Essentiellement présent dans les opérations de siège, le mantelet est connu sous le nom de *pluteus* chez César, Ammien Marcellin ou

---

169. Le joint universel, καρχήσιον, qui permet le pivotement sur deux axes, est décrit par Her., *Bel.* 88 : voir Fleury 1993, 250-252. La rotation horizontale est en théorie illimitée ; mais si la machine est prévue pour fonctionner sans que les bêtes soient dételées, ce qui semble être le cas sur les représentations de la colonne Trajane et de la colonne de Marc-Aurèle, l'amplitude est limitée de fait.

Végèce. Le mantelet du *De rebus bellicis* est composé de deux claies (*crates* [170]) superposées (fig. 5). Il est garni de pointes et monté sur roues. C'est encore dans ces détails que l'Anonyme est original. Chez aucun autre auteur, nous ne retrouvons mention de mantelets équipés de « tridents et de lances » (*fuscinis et lanceis*). Ces différentes pointes ont certainement pour objectif d'empêcher l'ennemi d'inverser le rôle des mantelets en les utilisant pour sa propre protection. Les pointes frontales l'empêchent de se plaquer contre la face avant du mantelet, les pointes latérales l'obligent à se découvrir avant d'attaquer les hommes abrités du côté de la face arrière. En ce qui concerne les roues, rien n'indique que les mantelets mentionnés par César ou Ammien Marcellin en soient équipés, même si cela reste une possibilité [171]. Quant aux mantelets de Végèce, ils sont montés sur trois roues, et non deux [172]. La définition

170. Les claies, panneaux faits de matériaux légers, entrent fréquemment dans la combinaison des systèmes de protection, mais elles peuvent aussi être employées pour elles-mêmes. Dans ce cas, elles ne servent pas qu'à la protection (Caes., *ciu.* 3, 46, 1-5 ; Amm. 19, 7, 3 ; 20, 7, 6 ; 20, 11, 10 ; 21, 12, 6 ; 24, 4, 16) : elles peuvent aussi être utilisées pour le franchissement de fossés ou de terrains marécageux (Caes., *Gall.* 7, 58, 1 ; 7, 79, 4 ; *et al.*). Festus (258, 24 Lindsay) en donne la définition suivante : <*Plutei dicebantur crates corio cr>udo intentae, <quae solebant opponi militibus> opus facientibus <et appellabantur militares.> Nunc etiam tabu<lae, quibus quid praesepitur, eodem> nomine dicun<tur>*.

171. La mention d'Amm. 21, 12, 6 : *Pluteos* [...] *prae se ferentes* – ou *praeferentes* ou *efferentes*, suivant les éditions – *oppugnatores*, semble plutôt indiquer l'action de « porter ».

172. Veg., *mil.* 4, 15, 5 : « On appelle *plutei* des engins assemblés en forme d'abside avec de l'osier, protégés par des cilices ou des cuirs, dirigés là où l'on veut, à la manière d'un chariot, par trois roues, une au milieu et deux sur les extrémités ; les assiégeants les appliquent contre les murs et, sous leur protection, ils chassent les défenseurs de la cité de leurs postes de combat avec des flèches, des

donnée du *pluteus* par Isidore de Séville au VIIe siècle ne fait état ni de pointes ni de roues [173].

2.1.3. *Bouclier à pointes* (fig. 7). Le mot *clipeocentrus* utilisé par l'Anonyme pour désigner cette arme est encore un hapax. C'est une association du mot latin *clipeus*, « bouclier », et du mot grec κέντρον, « pointe ». La base de ce « bouclier à pointes » est bien connue. L'auteur dit qu'il s'agit d'une parme : c'est un bouclier rond utilisé par les cavaliers, les gladiateurs thraces, mais aussi par les fantassins : voir *Commentaire ad loc.* L'innovation est ici la présence, sur sa face avant, de petites pointes (*minuta fixoria*), qui viennent accroître son efficacité : l'ennemi ne peut s'en approcher sans être blessé, et le bouclier lui-même devient ainsi une arme offensive. Ce type d'arme n'est connu que par le *De rebus bellicis*.

2.1.4. *Traits plombés* (fig. 8 et 11). Si l'on admet la fourchette de datation 366-370 pour le *De rebus bellicis,* l'Anonyme est le premier auteur connu à mentionner ces armes. Les *plumbatae* sont de courtes javelines lancées à la main [174], différentes donc des *plumbatae sagittae* mentionnées par Pline l'Ancien, qui paraissent lancées par des arcs, même si ce n'est pas dit explicitement par le Naturaliste [175]. Leur force d'impact est

---

balles de fronde ou des projectiles divers, afin de faciliter l'escalade avec les échelles ».

173. Isid., *orig.* 18, 11, 3 : *Plutei sunt crates corio crudo intextae quae in opere faciendo hosti obiciuntur.*

174. 10, 1 : *Hoc iaculi genus* [...] *non arcus neque ballistae pulsu consueuit emitti, sed manus impetu et uiribus elisum,* « Ce type de trait [...] n'est généralement pas envoyé par un arc ni par une baliste, mais projeté à la force du poignet ».

175. Pline, *nat.* 10, 97 : *In Arabia cinnamolgus auis appellatur, cinnami surculis nidificant ; plumbatis eos sagittis decutiunt indigenae mercis gratia* ; 12, 85.

augmentée par un poids de plomb de forme ovoïde fixé à la jonction de la hampe en bois et du fer. Végèce donne le mot *mattiobarbulus* comme équivalent de *plumbata* [176]. Il indique également que deux légions illyriennes qui avaient acquis une grande expertise dans le maniement de cette arme étaient appelées *Mattiobarbuli* [177]. Selon lui, les soldats portaient cinq projectiles de ce type au creux de leur bouclier [178]. Il est possible que les mattiaires (*mattiarii*) mentionnés par Ammien Marcellin, 21, 13, 16 et 31, 13, 8, soient des lanceurs de *mattiobarbuli* / *plumbatae*. On a retrouvé à ce jour les parties métalliques (fer et plomb) de plus de cent dix exemplaires de cette arme sur une large bande du territoire romain, correspondant aux régions septentrionales et orientales [179] : en Angleterre [180], sur la frontière rhénane [181], dans le nord-est de l'Italie [182], en Illyrie [183],

---

176. Veg, *mil.* 1, 17, 1 : *Plumbatarum quoque exercitatio, quos mattiobarbulos uocant, est tradenda iunioribus* ; 3, 14, 10 : [...] *mattiobarbulis, quas plumbatas nominant.*

177. Veg., *mil.* 1, 17, 1-2 : *Nam in Illyrico dudum duae legiones fuerunt quae sena milia militum habuerunt, quae, quod his telis scienter utebantur et fortiter, Mattiobarbuli uocabantur. Per hos longo tempore strenuissime constat omnia bella confecta, usque eo ut Diocletianus et Maximianus, cum ad imperium peruenissent, pro merito uirtutis hos Mattiobarbulos Iouianos atque Herculianos censuerint appellandos eosque cunctis legionibus praetulisse doceantur.*

178. Veg., *mil.* 2, 15, 4.

179. Liste et carte dans Buora 1997.

180. À Wroxeter (*Viroconium*) notamment : voir Barker & Musty 1974 ; Barker 1979.

181. Voir Reddé 2005, 247 et fig. 35, n° 6 pour Oedenburg (*Argentouaria* ?) : le contexte de la trouvaille est intéressant pour le *De rebus bellicis* puisqu'il s'agit d'une forteresse valentinienne.

182. Exemplaires conservés au musée d'Aquilée : voir Feugère 2012, tav. 1, 2-7.

183. Notamment en Serbie, le long de la frontière danubienne : voir Vujovic 2009.

en Grèce [184] et jusqu'en Géorgie [185]. La datation de ces trouvailles est souvent imprécise, mais, comme le contexte ne paraît jamais antérieur au IVe siècle, on pensait que la *plumbata* était apparue très tardivement dans l'armée romaine. Or, un article récent de S. Estiot [186] montre de façon convaincante que des *plumbatae* sont visibles sur des émissions monétaires qui vont de Probus (276-286) à la troisième Tétrarchie (306-307), et que les *aurei* de Dioclétien et de Maximien qui appartiennent à cette série ont probablement été frappés pour rendre hommage aux légions illyriennes de *Mattiobarbuli* dont parle Végèce (cf. *supra*). L'arme en tant que telle est donc loin d'être une nouveauté au moment de la rédaction du *De rebus bellicis*, et s'il y a innovation, elle doit se trouver dans les détails. L'Anonyme décrit, en effet, deux types de traits plombés, dont les déterminants ne sont connus que par lui : la *plumbata tribolata*, le « trait plombé à pointes », et la *plumbata mamillata*, littéralement le « trait plombé à mamelle ». Le premier type est clairement original : des pointes sont fixées autour du plomb qui entoure la hampe. Ainsi, si le trait manque sa cible, il se fiche en terre, et les pointes – dont au moins une se trouvera dressée vers le haut – blessent ceux qui marchent dessus. Ce type d'arme n'est attesté nulle part ailleurs dans la littérature, et on n'en a pas de témoignage archéologique à ce jour [187]. L'originalité du second type est plus difficile à saisir. La différence avec le précédent est l'absence de pointes sur le bulbe plombé

---

184. À Olympie : voir Völling 1991.

185. À Pitsunda (*Pityus*) : voir Bennett 1991.

186. Estiot 2008.

187. En revanche de petites chausse-trapes en fer – nommées τρίβολοι par Polyen 1, 39, 2 – ont été retrouvées sur des sites militaires romains comme celui de Newstead en Grande-Bretagne : cf. Curle 1911, pl. XXXVIII, n° 14. Voir *Commentaire ad loc.*

et la forme du fer, qui est « rond, façonné en pointe » : *rotundum et in acumen deductum ferrum* (11). Si le déterminant *mamillata*, « en forme de mamelle », s'applique bien à la forme de ce fer [188], c'est probablement là sa particularité. Les pointes des fers plombés retrouvés montrent des formes très diverses : lenticulaires, rhomboïdales, plates... Certains fers ont des barbes, d'autres non. Les fers retrouvés à Pitsunda, en Géorgie, semblent s'approcher de la « forme ronde façonnée en pointe » [189]. D'après l'Anonyme, cette forme améliore la force de pénétration. Il est possible aussi que les pennes mentionnées par l'Anonyme pour les deux types de *plumbatae* soient une innovation. L'archéologie ne nous est naturellement d'aucun secours sur ce point puisque les parties en bois et leur éventuel empennage ne se sont pas conservés, mais aucun texte, aucune représentation iconographique n'attestent la présence de pennes en dehors du *De rebus bellicis*.

2.1.5. *Chars à faux* (fig. 12 à 15). L'Anonyme décrit trois types de char à faux : le char à faux avec deux chevaux (*currodrepanus,* chap. 12), le char à faux avec un seul cheval (*currodrepanus singularis,* chap. 13) et le char à faux à boucliers équipé d'un fouet automatique (*currodrepanus clipeatus,* chap. 14). Là encore, il est le seul auteur connu à utiliser cette dénomination, *currodrepanus*, formée du latin *currus*, « char », et du grec δρέπανον, « faux ». Curieusement, il n'emploie ce mot que dans les titres de chapitre, comme il le fait pour [*ballista*] *quadrirotis, clipeocentrus* et *plumbata* [190].

---

188. Barker 1979 a une interprétation différente : il pense que l'épithète *mamillata* vient du bulbe en plomb fixé sur la hampe.

189. Bennett 1991 ; Emery 2010, 7-8, considère que ces fers correspondent à la *plumbata mamillata* de l'Anonyme.

190. Il se pourrait bien sûr que les titres de chapitre ne soient pas de l'Anonyme lui-même ou qu'ils aient été modifiés par la suite. Un indice pourrait aller dans ce sens : le titre annoncé pour le premier

Ailleurs, il appelle le char à faux *falcatus currus* (18, 8 et 19, 7), qui est l'expression que l'on rencontre le plus fréquemment [191] ; Végèce, *mil.* 3, 24, 1-4, emploie, quant à lui, l'expression *quadriga falcata*, présente aussi chez d'autres auteurs [192]. Le char mené au milieu des lignes ennemies avec des faux fixées aux moyeux n'est pas une nouveauté en soi. Il est attesté depuis la fin du Vᵉ siècle *a. C.* (voir *Commentaire ad loc.*) et régulièrement mentionné par la suite jusqu'à Végèce, qui exprime une opinion défavorable à son sujet. Mais l'Anonyme donne sur cette machine des détails que l'on ne trouve pas ailleurs et qui sont peut-être des innovations. Le premier élément – peut-être le plus important – est que les machines décrites ne sont pas des chars à proprement parler : elles ne portent aucun conducteur. Il s'agit de simples essieux, sans caisse associée, menés par un ou deux chevaux qui portent eux-mêmes un ou deux cavaliers. Or, dans les chars décrits par Xénophon, *Cyr.* 6, 1, 27-30, le conducteur se trouve bien sur le char lui-même. Le second élément est le système de relevage des faux, présent sur les trois chars. Il répond à la critique de Végèce qui dit que le moindre obstacle les arrête [193]. Une fois les faux relevées, ce char a, en effet, la même maniabilité qu'un

chapitre dans la préface est *De largitionum utilitate*, celui qui se trouve en tête effectivement du chapitre est *De inhibenda largitate*. Cela dit, l'invention de mots nouveaux, employés uniquement dans les rubriques, pour faire ressortir le caractère novateur des machines décrites, pourrait être un des moyens imaginés par l'Anonyme pour attirer l'attention du lecteur et celle de l'empereur en premier lieu. Nous aurions là ce que nous appelons aujourd'hui un artifice de communication.

191. Par exemple : Ampel. 16, 2 ; Curt. 4, 12, 6, *et al.* ; Ruf. Fest. 12, 1 ; Iust. 38, 1, 8 ; Hist. Aug., *Alex.* 55, 2 et 56, 4.

192. Par exemple : *Bell. Alex.* 75, 2 ; Curt. 4, 9, 4 ; Frontin, *strat.* 2, 3, 18 ; Liv. 37, 40, 12 ; 37, 41, 5.

193. Veg., *mil.* 3, 24, 2.

char ordinaire. Le deuxième char décrit est une version réduite du précédent, avec un seul cheval et un seul conducteur. C'est peut-être là aussi une innovation, répondant à la même préoccupation que précédemment : avoir un engin suffisamment maniable pour être utilisé dans le plus de circonstances possible. Le troisième char a deux chevaux, comme le premier, mais un seul conducteur. Son originalité tient surtout dans le fait qu'il est équipé de boucliers à pointes (des *clipeocentri* ?) et de fouets automatiques. Cette dernière particularité aurait dû apparaître dans le nom de la machine, car c'est ce détail qui est notamment remarquable. Mais le texte du chapitre est probablement corrompu (voir *Commentaire ad loc.*), et il n'est pas impossible que nous soyons en présence de la fusion de deux variantes. Dans la préface, l'Anonyme parlait en effet d'un cheval « équipé de façon à causer beaucoup de pertes à l'ennemi, se fouettant lui-même sans être conduit par quelqu'un » (*praef.* 13). Or, cette variante – attestée par Xénophon pour la bataille de Cunaxa, en 401 *a. C.*, entre Cyrus le Jeune et Artaxerxès II [194] – n'est pas mentionnée ici par l'Anonyme. En tout cas, avec les perfectionnements proposés, les chars à faux de l'Anonyme sont loin d'être des armes obsolètes, comme cela est souvent écrit, et ils pouvaient s'avérer efficaces en terrain dégagé. Au XVIIIe siècle, Voltaire conseillera encore ce type de machine à Catherine de Russie [195].

2.1.6. *Sous-armure.* Le mot *thoracomachus* utilisé par l'Anonyme pour désigner cet équipement, une sous-armure en feutre et en cuir, est un hapax : probablement une contraction des mots grecs θώραξ,

194. Xen., *An.* 1, 8, 20.
195. Voltaire – Catherine II, *Correspondance 1763-1778*, Texte présenté et annoté par A. Stroev, Paris, Non-Lieu (Lettres ouvertes), 2006.

« poitrine », et πρόμαχος, « défenseur ». Mais l'équipement lui-même est présenté par l'auteur comme
quelque chose qui a été pensé par les Anciens (*cogitauit
antiquitas*). Au mieux, il s'agit donc d'une remise au
goût du jour ou d'une généralisation d'une « invention » déjà ancienne.

2.1.7. *Pont d'outres* (fig. 16 à 18). Le terme employé
par l'Anonyme pour désigner ce système, *ascogefyrus*,
composé de ἀσκός, « peau », et de γέφυρα, « pont », est
aussi un hapax. Ce pont transportable fait partie des
trois systèmes mécaniques mis en avant dans la préface,
avec la liburne et le char à faux, et c'est peut-être le
meilleur exemple pour comprendre le processus d'innovation dans le *De rebus bellicis*. Le principe du
pont d'outres est connu au moins depuis la fin du
Vᵉ siècle *a. C.* : Xénophon, dans l'*Anabase*, 3, 5, 8-11,
raconte comment un Rhodien proposa d'en construire
un si on lui fournissait 2 000 outres. Il est encore
d'actualité au IVᵉ siècle *p. C.* : Ammien Marcellin
rapporte comment Julien traversa le Tigre sur des
ponts faits avec des outres, des bateaux en cuir et des
pilotis en bois de palmier[196], et dans quelles circonstances, plus tard, les ingénieurs (*architecti*) promirent
de faire un pont d'outres[197]. Mais, dans ces trois

196. Amm. 24, 3, 11 : « [...] le sol étant inondé sur de vastes éten-
dues, on accorda à la troupe une autre journée de repos, et
l'empereur, ayant en personne pris les devants, fit lancer une multitude de pontons (*constratis ponticulis*), à la fois sur des outres
(*utribus*) et sur de petites embarcations, mais aussi avec des tabliers
en troncs de palmiers, si bien qu'il fit passer son armée, non sans
difficulté » (trad. J. Fontaine).

197. Amm. 25, 6, 15 : « [...] les légionnaires brûlant de franchir le
fleuve n'étaient retenus que par les délais réclamés par les spécialistes du génie (*architecti*), qui s'engageaient à lancer des ponts sur
des outres en cuir d'animaux égorgés (*utribus e caesorum animalium
coriis*) » (trad. J. Fontaine).

exemples, la réalisation du pont n'a pas eu lieu[198] ou s'est faite avec d'autres systèmes en complément[199], parce que l'armée ne disposait pas d'un nombre suffisant d'outres. L'innovation est ici de proposer un pont léger, en « kit », prêt à être installé si besoin, et que l'armée transporte dans ses bagages. Végèce indique bien, lui aussi, que les légions doivent avoir avec elles des ponts démontables, mais le système qu'il décrit est beaucoup plus encombrant et beaucoup plus lourd puisqu'il s'agit de canots faits d'une seule pièce de bois (*scafas* [...] *de singulis trabibus excauatas*) que l'on assemble avec des cordes et des chaînes et sur lesquels on installe ensuite un plancher de bois (*mil.* 2, 25, 5). L'importance donnée par l'Anonyme à la question du franchissement des cours d'eau le situe au cœur des problèmes militaires de son temps : la question est omniprésente chez Ammien Marcellin[200] et Végèce lui consacre tout le chapitre 7 de son troisième livre.

2.1.8. *Liburne à bœufs* (fig. 19-20). Cette machine est la plus originale – celle qui porte pourtant le nom le plus commun : simplement *liburna*... –, celle qui a le plus marqué les esprits, celle aussi qui a fait parfois considérer l'Anonyme comme un fou[201]. Il est un fait que nulle part ailleurs, ni dans les textes, ni dans

---

198. Xén., *An.*, 3, 5, 8-11, et Amm. 25, 6.

199. Amm. 24, 3.

200. C'est notamment une des grandes difficultés de la campagne de Julien en Perse (voir par exemple Amm. 24, 7, 4 : « [Julien] avait donné l'ordre de brûler l'ensemble des navires, sauf douze petits qu'il fit transporter sur des chariots pour servir à jeter des ponts » [trad. J. Fontaine]), et Valens lui-même fait jeter un pont de bateaux sur le Danube (Amm. 27, 5, 2).

201. C'était l'opinion exprimée par Schneider 1908, 33 ; encore en 1994, J.H.W.G. Liebeschuetz lui trouve un aspect ludique (Liebeschuetz 1994, 130).

l'iconographie, ni dans aucune fouille archéologique, nous ne trouvons trace d'un tel système : un navire à roues à aubes mues par des manèges de bœufs. S'il n'y a qu'une seule invention de machine au sens propre dans tout le *De rebus bellicis*, c'est bien celle-là. L'analyse technique du système montre qu'il ne s'agit pas d'une élucubration : le procédé était réalisable au IVe siècle *p.C.*, et il a été effectivement employé au XIXe siècle [202].

2.1.9. *Baliste de rempart* (fig. 21 à 23). L'Anonyme appelle cette machine, capable d'envoyer des flèches d'une rive à l'autre du Danube, la *ballista fulminalis*, la « baliste foudroyante ». Il dit lui-même au début du chap. 18 que ce n'est pas une invention de sa part, ni même une invention récente puisqu'elle a déjà été expérimentée (*compertum est*). Nous ne trouvons nulle part ailleurs le déterminant *fulminalis* appliqué au mot *bal(l)ista*, mais l'image de la foudre est souvent présente dans les textes décrivant les machines de guerre. Quand Végèce décrit les onagres (les lanceurs de pierres) et les balistes, il dit que « ces machines disloquent ou brisent tout ce qu'elles frappent, à la manière de la foudre *(fulminis more)* » [203]. Ammien Marcellin applique la comparaison au bélier : « Sous ces assauts successifs, comme sous des coups de foudre répétés (*uelut reciproci fulminis impetu*), les édifices se lézardent, et l'appareil des murs se disloque et s'écroule » [204], et aux tridents qui équipent la base de l'hélépole (pics de protection ou pointes des béliers ?) : « On engage dans sa partie antérieure des tridents extrêmement pointus, lestés de masses de fer, comme peintres et sculpteurs nous représentent la

---

202. Fleury 2015 et *Commentaire ad loc.*
203. Veg., *mil.* 4, 22, 4.
204. Amm. 23, 4, 8 (trad. J. Fontaine).

foudre *(qualia nobis pictores ostendunt fulmina uel fictores)* »[205]. Ammien mentionne aussi les étincelles produites au départ du tir des balistes[206]. Il est difficile de saisir l'originalité de la machine du *De rebus bellicis* par rapport aux puissants lanceurs de flèches mentionnés dans les autres textes techniques. Au Ier siècle *a.C.*, les Marseillais utilisaient déjà des balistes – à l'époque il s'agissait en fait d'un lanceur de pierres construit en bois[207] – capables de lancer des pièces de bois d'environ 3,50 m de long, garnies de pointes de fer, ayant encore la force de se ficher en terre après avoir traversé quatre rangs de claies[208]. L'innovation est peut-être ici dans le système de pointage à vis déjà mentionné pour la baliste de campagne : voir *Commentaire ad loc.*

2.2. *Limitation des agmina à 2 000 hommes.* Au moment des combats (*certamina*), il convient de répartir l'armée en trois *agmina*, de donner de l'espace à ces *agmina* et de limiter leur effectif à deux mille hommes. Cette mesure est généralement passée sous silence par les commentateurs. L'absence de développement la rend difficile à comprendre, et son degré d'originalité est donc impossible à mesurer.

2.3. *Construction de fortins régulièrement espacés sur les frontières.* Cette mesure vient compléter la question de la défense des frontières déjà évoquée au chapitre 5 avec la mesure 1.4. *Réduire la durée du service militaire,* qui avait notamment pour objectif d'installer de jeunes vétérans sur le *limes.* La construction de fortins régulièrement espacés – appelés *castella* par l'Anonyme, mais

---

205. Amm. 23, 4, 12 (trad. J. Fontaine).

206. Amm. 23, 4, 3.

207. Fleury 1981 et 2007.

208. Caes., *ciu.* 2, 2, 2 : *Asseres enim pedum XII cuspidibus prae-fixi atque hi maximis balistis missi per IIII ordines cratium in terram defigebantur.*

connus également sous le nom de *burgi* – est une pratique connue sur certaines frontières de l'Empire : en Afrique du Nord, sur le Rhin et sur le Danube. Elle est antérieure à la datation la plus haute que l'on puisse proposer pour le *De rebus bellicis* : une série d'inscriptions de Thrace [209] rappelle la construction de plusieurs ouvrages frontaliers sous Antonin le Pieux en 152-155 [210]. Des inscriptions provenant de sites de Germanie supérieure [211], de Pannonie [212], de Numidie [213] et de Maurétanie [214] mentionnent la construction de *burgi* sous Commode, Alexandre Sévère et Caracalla. La pratique a connu un regain d'intérêt évident sous Valentinien Ier et Valens : au moins cinq inscriptions datées de leur règne (367-372) viennent de forts de ce type [215]. L'innovation est dans la suite de la proposition : « Les propriétaires terriens doivent se partager le soin de construire ces défenses, sans fonds publics, y assurant également des tours de garde et des patrouilles ». D'après S. Johnson, l'idée de faire financer ces forts par les propriétaires eux-mêmes ne serait pas originale : plusieurs inscriptions d'Afrique montreraient qu'ils étaient construits par les propriétaires des domaines

---

209. Par exemple : *AE* 1927, 00049 : *Imp(erator) Caesar T(itus) Aelius Hadrian[u]s / Antoninus Aug(ustus) Pius p(ater) p(atriae) tri[b(unicia)] / pot(estate) XVIII co(n)s(ul) IIII burgos et praesidia ob tutelam provin(ciae) / Thraciae fecit curante C(aio) Iu/lio Commodo Orfitiano leg(ato) / Aug(usti) pr(o) pr(aetore) per fin(es) col(oniae) Fl(aviae) Deult(ensium) burg[o]s / [e]t praesidium.*

210. Voir Mihailov 1961.

211. *CIL* XIII, 6509.

212. *CIL* III, 3385.

213. *CIL* VIII, 3 ; 2494 ; 2495.

214. *CIL* VIII, 22629.

215. *CIL* XIII, 11537 ; 11538 ; *ILS* 762 ; *CIL* III, 10596 ; 3653.

voisins [216]. Mais H. Jouffroy souligne à quel point ce mode de financement est contraire à toute la pratique du Haut-Empire. Des exemples de construction de défenses aux frais des collectivités locales sont en effet connus, mais ils n'ont jamais constitué la règle. Même pour le IVᵉ siècle, au cours duquel se manifeste une évolution sensible vers l'imbrication des fonctions civiles et militaires, H. Jouffroy n'a relevé dans tout le corpus des inscriptions africaines qu'une seule inscription incontestable qui pourrait illustrer la recommandation de l'Anonyme. Il s'agit d'un texte indiquant qu'un particulier a élevé et dédié un *centenarium* à ses propres frais (*CIL* VIII, 9010).

On voit que, si nous reprenons l'ensemble de ces mesures, l'innovation n'est jamais absolue. Elle se trouve dans des précisions ou des détails que, dans l'état actuel de nos connaissances, nous ne trouvons que chez l'Anonyme – ou pour la première fois chez lui – : concentrer les ateliers de monnayage sur une île ; donner congé aux soldats dès que le niveau de leur traitement est arrivé à cinq annones ; limiter chaque colonne de soldats à 2 000 hommes ; faire construire, entretenir et fonctionner les forts des frontières par les propriétaires terriens eux-mêmes. Dans l'armement : équiper les pièces d'artillerie de systèmes de pointage à engrenages ; utiliser des boucliers et des mantelets à pointes ; munir les traits plombés de chausse-trapes ; réhabiliter les chars à faux [217] en rendant les faux relevables, en plaçant les

216. *CIL* VIII, 22774 ; VIII, 9725 ; VIII, 19328 ; VIII, 21531 ; VIII, 8209. Voir Johnson 1979.

217. Voltaire tentera la même réhabilitation auprès de Catherine II, l'impératrice ce Russie, en 1769. Voir à ce sujet l'analyse de Giardina 1989, IX-XVI.

conducteurs sur les chevaux et en concevant des systèmes de fouet automatique ; généraliser l'emploi de sous-armures pour le confort des soldats ; concevoir des ponts gonflables et transportables ; équiper des liburnes de systèmes de propulsion animale. C'est dans cette partie sur les machines qu'apparaît peut-être le plus clairement le concept d'innovation dans le *De rebus bellicis* : l'innovation ne se situe pas au niveau de la machine dans sa globalité [218], mais au niveau des détails ou des perfectionnements. Pour reprendre les mots de Wiedemann, le *De rebus bellicis* n'est pas un plaidoyer pour l'adoption de nouvelles armes, c'est un plaidoyer pour utiliser de façon plus efficace les ressources fiscales de l'État [219]. Mais l'innovation est peut-être aussi dans l'état d'esprit du texte, dans l'attitude à adopter face aux barbares. Quand l'Anonyme écrit « des nations de ce type [= des nations barbares], qui sont défendues soit par les moyens dont je viens de parler, soit par les murs de leurs villes et de leurs forteresses, doivent être pourchassées par divers nouveaux systèmes d'armement », il se démarque de la politique défensive de son époque, de la politique du *limes*. Même s'il évoque lui-même la nécessité de construire des forts régulièrement espacés, il propose aussi d'aller attaquer les barbares sur leur territoire, de les pourchasser, y compris dans leurs cités fortifiées. C'est, pour H. Jouffroy, un retour à la vieille tradition romaine : celle des guerres offensives de la République et de la plupart des empereurs du Haut-Empire. Il s'agirait donc là d'une véritable révolution stratégique [220].

---

218. Nous ne partageons pas le point de vue d'Oliver 1955, qui considère que l'artillerie du *De rebus bellicis* abandonne le principe de la torsion de faisceaux de nerfs pour passer à celui de la flexion d'arcs métalliques.
219. Wiedemann 1979, 146.
220. Jouffroy 1991, 375.

La postérité du De rebus bellicis

La question de la postérité du *De rebus bellicis* est étroitement liée, dans le détail, à celle de sa datation. Ce qui est sûr, c'est que nous n'en trouvons aucune trace – ni mention ni emprunt – dans la littérature de l'Antiquité tardive. A-t-il seulement été lu par au moins un des empereurs auquel il est adressé ? F. Paschoud a sur le sujet une opinion très arrêtée : « Il est [...] évident que ce libelle insolite ne traversa pas l'épreuve de la voie de service ; écarté par un sous-ordre, il alla dormir dans un fonds d'archives dont nos manuscrits donnent un fidèle reflet. L'empereur dédicataire dut ignorer, comme nous, jusqu'au nom du génie fantasque et solitaire qui en était l'auteur »[221]. Nous ne sommes pas aussi catégorique. Il est un fait que l'intérêt de Valentinien Ier pour les armes nouvelles[222], que les lois de Valens et Valentinien qui, à partir de 366, centraliseront la production de la monnaie d'or autour des *comitatus* impériaux[223], que leur politique de construction de forts sur le Rhin et le Danube[224] forment d'étonnants échos au *De rebus bellicis*. Il est un fait aussi que les préfaces du *Code Justinien* reprennent, pour justifier la réalisation de cet ouvrage, les mots utilisés par l'Anonyme dans son chapitre 21 (« il faut que tu dissipes par les lumières de ton Auguste Fonction la confusion et les contradictions des lois »[225]) :

221. Paschoud 1967, 131.

222. Amm. 30, 9, 4 ; Ps. Aur. Vict., *Epit.* 45, 6.

223. Callu 1978, 106. Pour Liebeschuetz 1994, 123 n. 17, la proposition de l'Anonyme de concentrer les monnayeurs sur une seule île est de l'humour, en référence à la politique de Valens et Valentinien.

224. Amm. 28, 2, 1.

225. 21, 1 : *ut confusas legum contrariasque sententias, improbitatis reiecto litigio, iudicio Augustae dignationis illumines.*

« Nous [...] avons spécialement permis de supprimer les préambules inutiles, les répétitions et les contradictions (*contrariis*), [...] ; de réduire plusieurs constitutions en une seule loi, et de les éclaircir (*sensum earum clariorem efficientes*) » [226]. Ces rapprochements ne prouvent pas naturellement que Valentinien Ier, Valens ou Justinien ont lu le *De rebus bellicis*, mais ils ne l'interdisent pas non plus.

Il faut attendre le XIIIe siècle pour trouver des traces plus sûres de lecture du *De rebus bellicis,* bien qu'il ne soit jamais mentionné explicitement [227]. C'est d'abord, vers 1260, Roger Bacon qui écrit dans son *Epistola de secretis operibus naturae et artis et de nullitate magiae* : « On peut fabriquer des embarcations sans rameurs de telle sorte que de très grands navires de rivière et de mer soient menés sous la conduite d'un seul homme avec une vitesse plus grande que s'ils étaient pleins d'hommes à la manœuvre » [228]. Certes, il n'est question

226. *Cod. Just. praef. prima*, 2 (trad. P.-A Tissot, p. 10). Neher 1911 utilise ce rapprochement comme un argument supplémentaire pour dater le *De rebus bellicis* de l'époque de Justinien.

227. D'après Neher 1911, 1-2, la première mention explicite du *De rebus bellicis* se trouve en 1530 chez Andrea Alciati, qui le connaissait à partir d'un manuscrit de la *Notitia Dignitatum* : *Plumbatarum ictus. Sunt plumbatae iaculi genus, cum directa uirga in capite ferrum apponitur, dein undique tribuli plumbo affixi, unde nomen datum, iaciuntur manu. Earum duo genera, tribulatae et mamillatae : quarum formam diffusius leges in Theodosii officiis* (*Praetermissorum lib. I*, Lyon, S. Gryphe, 1530).

228. Ed. Froben., Hambourg, 1618, p. 37 : [...] *instrumenta navigandi possunt fieri sine hominibus remigantibus, ut naves maximae, fluviales et marinae, ferantur unico homine regente, majori velocitate quam si plenae essent hominibus navigantibus* (= *Fr. Rogeri Bacon Opera quaedam hactenus inedita*, J.S. Brewer (éd.), Vol. I, Appendix, I, Londres, Longman, Green, Longman, and Roberts [*Rerum Britannicarum medii aevi scriptores*], p. 533) ; Neher 1911, 43, avait déjà fait le rapprochement.

ni des bœufs ni des roues à aubes dans cette brève allusion, mais la mention de la rapidité du navire et de son économie de main-d'œuvre rappelle la préface du *De rebus bellicis* (12) : « Nous montrerons [...] que, par la maîtrise de l'ingéniosité, un type de liburne très rapide surpasse dix navires, si bien qu'elle les anéantit sans le secours d'une chiourme nombreuse ». Ensuite des chars à faux et des mantelets armés de pointes, des ponts démontables décrits et dessinés dans le *Bellifortis* écrit entre 1395 et 1405 par Conrad Kyeser d'Eichstätt, pourraient avoir été inspirés par le *De rebus bellicis* [229]. Il en est de même pour un navire à roues à aubes, à cette différence près que, chez C. Kyeser, le mécanisme est actionné par des hommes, non par des bœufs. À la Renaissance, plusieurs dessins de Léonard de Vinci semblent également avoir été influencés par le *De rebus bellicis* : il s'agit encore de chars à faux avec pointes et d'un dessin représentant un jeune homme traversant une rivière sur un petit radeau formé d'un assemblage d'outres. Sur la rive est représenté un soufflet, exactement comme sur l'illustration du *De rebus bellicis* figurant le pont d'outres (planche X) [230]. Au XVIIIᵉ siècle, plusieurs articles de l'*Encyclopédie* semblent se référer au *De rebus bellicis* : à l'article « Art militaire », l'illustration intitulée « Baliste dont il est parlé dans la Notice du Bas-Empire » est manifestement inspirée de la baliste à quatre roues du *De rebus bellicis*, et à l'article « Char », on lit : « Dans la suite on ajouta à l'extrémité du timon deux longues pointes, et l'on garnit le derrière du char de couteaux qui

229. Conrad Kyeser aus Eichstätt, *Bellifortis* : Facsimile-Ausgabe der Pergamenthandschrift, Cod. MS philos. 63 der Universitätsbibliothek, Göttingen, G. Quarg (éd.), Düsseldorf, V.D.I. Verlag, 1967. Voir Berthelot 1900a, notamment p. 300-305.

230. Berthelot 1902, 118 ; Reinach 1922, 254-255 ; Hodges 1979.

empêchaient qu'on n'y montât »[231]. Bien qu'il n'y ait pas de référence au *De rebus bellicis*, il ne peut s'agir que d'une allusion au passage concernant les chars à faux. De même l'article « Ponts sur des peaux de bouc enflées » ne fait référence qu'à Xénophon, mais on y retrouve la même technique et la même argumentation sur la facilité de transport que celle exposée dans le *De rebus bellicis* à propos de l'*ascogefyrus* : « Les outres présentent en effet légèreté et commodité dans le transport, célérité dans l'établissement et dans le déploiement de l'appareil, économie dans les frais de construction, certitude de trouver partout à s'approvisionner de matériaux nécessaires »[232]. Enfin, quand Voltaire conseille à Catherine II de Russie d'utiliser des chars à faux, il a peut-être été influencé par la lecture des articles de l'*Encyclopédie* ou par celle du *De rebus bellicis* lui-même[233].

Les manuscrits

Le texte du *De rebus bellicis* nous est parvenu par l'intermédiaire d'un unique manuscrit aujourd'hui perdu, le *codex Spirensis*, ainsi appelé parce qu'il fut longtemps conservé dans la bibliothèque de la cathédrale de Spire (Speyer) en Allemagne[234]. Le contenu de

231. Vol. 3, p. 184
232. Vol. 4, supplément, p. 832-833.
233. Reinach 1922, 246-249 ; Giardina 1989, IX.
234. Sur l'histoire de la transmission du texte, voir Seeck 1875, 217-228 ; Neher 1911, 8-14 ; Schnabel 1926 ; Thompson 1952a, 6-11 ; Maier 1968 et 1969 ; Ireland 1979a, 39-75 ; Reynolds 1983, 254 ; Ireland 1984, X-XVI ; Neira Faleiro 2005, 47-69. Sur la possibilité d'une ou plusieurs « copies de sauvegarde » du *codex Spirensis* au sein même de la cathédrale de Spire, voir Maier 1968, 132, et Neira Faleiro 2005, 111.

ce manuscrit nous est connu par une quinzaine de descendants complets ou partiels. Le *De rebus bellicis* y était transmis avec quinze autres « textes »[235] dans une étonnante compilation de sujets divers, autour de deux thématiques principales : une thématique géographique (textes 1 à 10 ci-dessous) et une thématique administrative et militaire (textes 11 à 16). L'ordre conservé dans les copies est le suivant :

1. *Cosmographia*
2. Paraphrase d'Orose, *Historiae aduersus paganos* 1, 2
3. *Itinerarium prouinciarum Antonini Augusti*
4. *Itinerarium maritimum Antonini Augusti*
5. *Septem montes urbis Romae* (3 lignes seulement)
6. *Aquae urbis Romae* (1 colonne avec les noms des aqueducs)
7. *Liber de Mensura orbis terrae* de Dicuil
8. [*Notitia Galliarum*] : *Annuntiationes prouinciarum urbium Graecarum et pinnarum uel Gallicanarum cum priuilegiis suis* (2,5 folios)
9. *Laterculus Polemii Siluii* (5 colonnes)
10. *De montibus, portis et uiis urbis Romae* (3 listes distinctes sur 3,5 colonnes)
11. **De rebus bellicis**
12. *Disputatio Hadriani Augusti et Epicteti philosophi*
13. *Notitia urbis Romae* (description par régions)
14. *Notitia urbis Constantinopolitanae nouae Romae* (description par régions)
15. *De gradibus (cognationum)*
16. *Notitia dignitatum omnium tam ciuilium quam militarium in partibus Orientis et in partibus Occidentis.*

Les chercheurs se sont naturellement interrogés sur la date et les motivations de cette compilation.

235. Ce que nous appelons « texte » est quelquefois une simple énumération de quelques lignes.

P. Schnabel y voyait la fusion de trois manuscrits indé-
pendants transmis entre le IXe siècle et 1100, époque à
laquelle ils auraient été réunis. Le *De rebus bellicis*
aurait formé à lui seul un de ces trois manuscrits, et il
n'aurait pas été copié avant 1100[236]. E.A. Thompson et
A.E. Astin, reprenant une suggestion déjà faite par
G. Panciroli, un des premiers éditeurs du *De rebus
bellicis* au XVIe siècle, pensent qu'il peut s'agir d'une
collection de documents qui était en possession d'un
haut fonctionnaire de l'Empire tardif[237]. La thèse
récente de C. Neira Faleiro est que le *codex Spirensis* est
la réunion de cinq manuscrits d'époque carolingienne,
dont la compilation correspond à la tendance médiévale
de regrouper des sources antiques d'époques diverses et
de les classer en fonction de leur contenu. Cette réunion
se serait progressivement opérée entre 846 et 1076. Le
De rebus bellicis ferait partie d'un ensemble, constitué
sous le règne de Charles le Chauve, comprenant également la *Notitia Dignitatum*, le *Laterculus Polemii Siluii*
et le *De montibus, portis et uiis urbis Romae*[238].

La première copie directe que nous connaissions du
codex Spirensis est le *Londiniensis (Fitzw. Mus.* 86-
1972, *olim Phillippsianus* 16397*)*, aujourd'hui au Fitz-
william Museum de Cambridge. La date de la copie
nous est connue par la souscription finale du manuscrit : 1427. Le manuscrit porte au premier feuillet les
armes du Cardinal Giovanni Battista Orsini auquel il a
appartenu. Le *De rebus bellicis* n'y apparaît pas : ne
sont conservés dans ce manuscrit que trois chapitres de
la *Notitia Orientis* et quatre de la *Notitia Occidentis*. La
deuxième copie directe conservée a été exécutée en

---

236. Schnabel 1926, 257.
237. Thompson 1952a, 14 ; Astin 1983, 391.
238. Neira Faleiro 2005, 62.

1436, lors du concile de Bâle, et elle est complète (*Oxoniensis Canonicianus class. lat. misc.* 378). C'est une commande de Pietro Donato, l'évêque de Padoue, qui présidait alors le concile. En 1552, le duc de Neubourg, Ottheinrich, qui avait déjà obtenu une copie (ou la copie d'un double, cf. *infra*) du *codex Spirensis* datée de 1542 (= *Monacensis latinus* 10291, *olim Palatinus* 291), réussit à se procurer le manuscrit original : celui-ci apparaît dans une liste d'ouvrages de sa bibliothèque écrite de sa propre main en 1556 [239]. À la mort d'Ottheinrich, en 1559, le *codex Spirensis* est encore dans la bibliothèque du prince : dans un catalogue de cette bibliothèque réalisé en 1566, il apparaît sous le nom d'*Itinerarius Antonini Pii*, en même temps que la copie de 1542 [240]. Il fut envoyé, avec d'autres manuscrits, au prince Wolfgang, héritier d'Ottheinrich, à Neubourg sur le Danube, et c'est là que nous perdons sa trace. Il ne semble pas avoir été rendu à la cathédrale de Spire. Il n'y est plus en tout cas en 1672, car le philologue Nicolas Heinsius l'y a cherché en vain [241]. Il a peut-être été démembré au début du XVIIe siècle. En effet, en 1906, A. Diemand a retrouvé dans les archives d'Öttingen-Wallerstein un *bifolium* contenant une partie de l'*Itinerarium Antonini,* utilisé

239. « Item ain pirmentin buech mit dem wappen und conterfet : Itinerarium Antonini. Item ain gar alt pirmentin buech lateinisch Itinerarium Antonini » (München, Geh. Hausarchiv. Akt N. 2388). Cité par Schottenloher 1927, 129.

240. « 1. Itinerarius Antonini Pii, das alt recht Exemplar uf Pirgament geschrieben, mit alten illuminirten Figuren, gebunden in Bretter, mit weißen Leder überzogen. 2. Bemellter Itinerarius Antonini uf Pirgament neu abgeschrieben und illuminirt, durch Dechant und Capitl zu Speyr Pfalzgraf Otthainrichen verehrt, in Bretter gebunden, mit golffarbem Leder überzogen, uf dem Schnitt und Leder vergult und mit messen Spangen beschlagen ». Cité par Schottenloher 1927, 9.

241. Schneider 1908, 40, n. 1.

dans la reliure d'un livre qui date des années 1602-1603 : ce *bifolium* a été identifié comme un fragment du *codex Spirensis* lui-même par K. Schottenloher en 1927[242]. La reliure a été réalisée à Wettersteten près de Pfalz-Neuburg. Ce *bifolium* est aujourd'hui conservé en Allemagne, au château de Harburg[243].

Depuis l'édition fondatrice d'E.A. Thompson en 1952, toutes les éditions modernes du *De rebus bellicis* sont établies d'après quatre manuscrits seulement : *C* (*Oxoniensis Canonicianus class. lat. misc.* 378), la seconde copie directe du *codex Spirensis, M* (*Monacensis latinus* 10291, *olim Palatinus* 291), la copie envoyée au comte Ottheinrich, *P* (*Parisinus latinus 9661*) et *V* (*Vindobonensis olim 3103, nunc Tridentinus*), considérés comme très proches du *codex Spirensis*. R.I. Ireland, dans ses éditions de 1979 et de 1984, pense que l'édition de Ghelen en 1552 peut constituer un cinquième témoignage, car le texte de l'édition princeps ne dérive d'aucune des copies actuellement connues du *codex Spirensis* (cf. *infra*). Mais I.G. Maier avait déjà montré en 1969 que le *Barberin(ian)us lat.* 157 (nous le désignerons par *B* dans cette édition[244]), toujours considéré depuis Pertz 1853[245] comme une copie de *M*, est en fait un « jumeau » de celui-ci[246]. I.G. Maier

242. En dernier lieu, voir Neira Faleiro 2005, 124.

243. Fürstlich Öttingen-Wallersteinsche Bibliothek, Ms. HS. I, 2, 2°, 37.

244. Neira Faleiro 2005, 137, bien qu'elle reconnaisse qu'il s'agit d'un apographe direct du manuscrit carolingien, maintient la minuscule *b,* du fait que c'est une copie parallèle de *M*.

245. Bien que K.A.F. Pertz semble avoir été le premier à faire cette suggestion (cf. Pertz 1853,67), pratiquement tous les auteurs renvoient seulement à Seeck 1875 ou à Neher 1911, qui développent l'un et l'autre l'idée que *B* est une copie de *M*.

246. Nous devons à Michel Festy et à Olivier Desbordes d'avoir attiré notre attention sur l'importance de *B*. Michel Festy a fait une comparaison entre *M* et *B* pour ce qui concerne le *De rebus bellicis*.

montre en outre qu'ils dérivent tous deux d'un exemplaire commun qui n'est pas l'ancêtre commun de *CPV*.
Donc *M* ne peut être une copie directe du *codex
Spirensis* si celui-ci est bien l'ancêtre commun de *CPV*.
D'où l'idée exprimée par I.G. Maier, dans un article
précédent [247], que la bibliothèque de Spire a possédé
plus d'un exemplaire de ce qu'il appelle la *collectio
Spirensis*. L'un de ces exemplaires pourrait être celui
qui est généralement considéré comme le *codex
Spirensis*, le prototype de *CPV*, l'autre une copie de ce
codex qui serait le modèle commun de *M* et de *B*. La
présente édition repose donc sur une nouvelle collation
des quatre manuscrits traditionnels, avec des lectures
souvent différentes de celles proposées par R.I. Ireland,
dernier éditeur à avoir conféré *C*, *P*, *V* et *M*, et sur une
collation inédite de *B*.

C : **Oxford, Bodleian Library, Canon. Misc. 378** (le *De
rebus bellicis* y occupe les f. 67ʳ-77ᵛ). Ce manuscrit, copié
pour Pietro Donato en 1436 et conservé aujourd'hui à la
Bodleian Library d'Oxford, est, nous l'avons dit, la plus
ancienne copie complète du *codex Spirensis* que nous
connaissions. Il comprend 173 folios. Les trois derniers
folios contiennent deux textes qui n'appartenaient pas
au *codex Spirensis* (*quae non era[n]t in praecedente
codice, sed de antiquissimo excerpta*) : *Demensuratio
prouinciarum* et *Cyriaci Anconitani opusculum de septem
mundi spectaculis*. La souscription indiquant que le
manuscrit est une copie du *codex Spirensis* demandée
par Pietro Donato apparaît, en effet, au f. 171ʳ,

Ce travail confirme les conclusions d'I.G. Maier pour la *Notitia
Dignitatum*. Olivier Desbordes a fait la collation complète de *B*
présentée dans cette édition.

247. Maier 1968, 131-141.

après la *Notitia Dignitatum : Exemplata est hec cosmo-grafia que Scoti dicitur cum picturis ex uetustissimo codice quem habui ex Spirensi bibliotheca. Anno domini MCCCCXXXVI mense Ianuario dum ego, Petrus Donatus, Dei pacientia episcopus Paduanus, uice Sanctis-simi Domini Eugenii pape IV Generali Basiliensi Concilio presiderem.* Ce manuscrit a huit descendants connus *: cod. Monacensis lat. 794* (incomplet), *cod. Parisinus nouv. acquis. lat. 1424, cod. Parmensis Palatinus 1280, cod. Matritensis Q 129, cod. Florentinus Laurentianus 913, cod. Vaticanus latinus 3715* (incomplet), *cod. Leidensis Vossianus lat. 44, cod. Gottorpiensis 498* (ne contient que les figures). Au XVᵉ siècle, le manuscrit de P. Donato vint en possession d'A. Maffei à Rome ; il entra ensuite dans la collection du jésuite vénitien Matteo Luigi Canonici (1727-1805). Cette collection fut achetée en 1817, après la mort de Canonici, par la Bodleian Library.

M : **München, Bayerische Staatsbibliothek, Clm. 10291** (le *De rebus bellicis* y occupe les f. 66ᵛ-77ᵛ). Ce manuscrit comprend en fait deux parties, de dates diffé-rentes, reliées ensemble en 1551. La première partie (*M¹* : f. 2-169) est une copie du *codex Spirensis* lui-même ou de l'une de ses « copies de sauvegarde », réalisée à partir de 1542. Cette date est en effet inscrite sur deux illustrations : en chiffres arabes au f. 78 et en chiffres romains au f. 81. Cette première partie comprend tous les textes transmis par les manuscrits principaux, et elle est illustrée dans le style de la Renaissance germanique. La deuxième partie (*M²* : f. 171-222) ne comprend qu'un nouveau jeu d'illustra-tions, réalisé à partir de calques sur le *codex Spirensis*. L'histoire de ce manuscrit, nous l'avons vu plus haut, est étroitement liée à celle du *codex Spirensis*. Nous pouvons la suivre grâce aux comptes rendus des réunions du chapitre de la cathédrale de Spire (*Proto-colla conclusionum actuum dominorum capitularium ecclesiae spirensis*), qui sont conservés aux archives de Karlsruhe [248]. En 1548, le duc de Neubourg, Ottheinrich, qui deviendra comte palatin du Rhin et prince électeur du Saint-Empire en 1556, avait demandé aux autorités de Spire communication du *codex Spirensis*. Le duc avait insisté pour obtenir le « vieil exemplaire » (« sonderlich das alt Exemplar ») : cela signifie qu'il connaissait l'existence d'au moins une copie plus récente. Cet envoi lui fut refusé en raison du mauvais état du manuscrit [249]. Suite à ce refus, le duc écrivit de nouveau au chapitre de la cathédrale pour dire qu'il accepterait une copie, qui serait faite à Spire, à la condition expresse que les figures du *codex Spirensis* – qui semblaient l'intéresser tout particulièrement – fussent reproduites le plus soigneusement possible. Le doyen de Spire ordonna l'exécution de cette copie au vicaire Tymenick [250]. En décembre 1549, presque deux ans après la commande, la copie de Tymenick était, semble-t-il, terminée, mais pas encore illustrée. Le chapitre de Spire proposa alors à Ottheinrich, pour

248. *Generallandesarchiv, Sitzungsprotokolle des Speyerer Domka-pitels* section 61 (*Protokollsammlung*), vol. 10929-11094. Ces comptes rendus ont été publiés par M. Krebs, *Die Protokolle des Speyerer Domkapitels, 1500-1531* (2 vol.), Stuttgart, Kohlhammer, 1968-1969. Pour la partie qui nous intéresse (années 1548-1551, voir Preisendanz 1924 et surtout le site d'I.G. Maier, « The compilatio *Notitia Dignitatum* », Appendix 1, « Speyer archives », members.ozemail.com.au/~igmaier [dernière révision 21.2.2015].

249. Preisendanz 1924, 15 : séance du 26 janvier 1548 (*General-landesarchiv, Sitzungsprotokolle des Speyerer Domkapitels* 61/10936, p.208).

250. Preisendanz 1924, 16 : séance du 3 février 1548 (*Generallan-desarchiv, Sitzungsprotokolle des Speyerer Domkapitels* 61/10936, p. 209).

calmer son impatience, de lui prêter une copie du *codex Spirensis* déjà réalisée avec des illustrations dans le style contemporain (« ein exemplar uf die newe handt gemalet ») [251]. Il s'agit du manuscrit *M¹*. Ottheinrich ne fut apparemment pas satisfait de cet exemplaire et il renouvela sa demande que le manuscrit copié par Tymenick soit illustré avec une reproduction soigneuse des illustrations du « vieil exemplaire ». Le chapitre de la cathédrale avait alors, semble-t-il, du mal à trouver un illustrateur [252]. En juin 1550, il n'y a toujours pas de solution pour les illustrations et il est décidé d'offrir au duc le manuscrit (*M¹*) qui lui avait été précédemment prêté et qu'apparemment il avait rendu entre-temps [253]. Mais l'insatiable duc renouvelle sa demande de copie des figures de l'original et propose d'envoyer à Spire un de ses propres artistes pour effectuer ce travail en utilisant du papier huilé. Le chapitre décide de demander l'avis de son peintre, Hans, pour savoir si la demande d'Ottheinrich peut être acceptée sans que cela provoque des dommages sur le *codex Spirensis* [254]. La réponse fut positive, car ces calques sont mentionnés dans un inventaire des illustrations possédées par Ottheinrich dans son château de Neubourg [255]. Les

251. Preisendanz 1924, 16 : séance du 5 décembre 1549 (*Generallandesarchiv, Sitzungsprotokolle des Speyerer Domkapitels* 61/10936, p. 438).

252. Preisendanz 1924, 16 : séance du 20 mars 1550 (*Generallandesarchiv, Sitzungsprotokolle des Speyerer Domkapitels* 61/10937, p. 42).

253. Preisendanz 1924, 16 : séance du 2 juin 1550 (*Generallandesarchiv, Sitzungsprotokolle des Speyerer Domkapitels* 61/10937, p. 78).

254. Preisendanz 1924, 16 : séance du 19 juin 1550 (*Generallandesarchiv, Sitzungsprotokolle des Speyerer Domkapitels* 61/10937, p. 90).

255. München, Geheimes Hausarchiv, Neuburger Akten Nr. 2690, f. 1r : Inventarium vber meins gnedigisten hern Schreibstubln

calques furent recopiés sur parchemin entre juin 1550 et fin 1551 (= M^2). M^1 et M^2 furent reliés ensemble après cette copie. Mais cette solution ne comblera pas les exigences du comte palatin puisque, nous l'avons vu, il finira par obtenir en 1552 le *codex Spirensis* lui-même. *M* restera dans sa bibliothèque en même temps que le *codex Spirensis* – l'original et la copie sont référencés séparément dans la liste de ses livres – et, après sa mort, les deux manuscrits seront envoyés ensemble à son héritier, à Neubourg, sur le Danube. En 1660, *M* fut emporté seul par le prince palatin Philipp Wilhelm à Düsseldorf. Il transita par Mannheim avant 1800, puis il fut finalement déposé au début du XIXe siècle à la Bibliothèque nationale de Munich, où il se trouve encore.

P : **Paris, BNF, lat. 9661** (le *De rebus bellicis* y occupe les f. 53^v-63^r). Ce manuscrit a été copié soit par l'humaniste lombard Pier Candido Decembrio lui-même [256], soit pour lui vers 1442-1443 [257]. Il a été illustré par le même artiste que *C* : le miniaturiste français Peronet Lamy [258]. Il contient les mêmes textes, dans le même ordre que les autres manuscrits, mais, à la différence de *C* ou de *M*, aucune mention au début du manuscrit, aucun colophon n'apporte la preuve que

zu Neuburg, Anno 1557 ; f. 2r : In meins gnedigsten herrn Schreibstublen – Gemeel [...] ; f. 2v : Item die figuren auf olgetrengkhts Papir aus dem Buch Antoninj durchgezaichnet (références données par I.G. Maier sur son site members.ozemail.com.au/~igmaier [dernière révision 21.2.2015]).

256. Neira Faleiro 2005, 104.

257. Alexander 1979, 14, n. 10, considère qu'un même copiste anonyme a copié *C* et *P* : cela ne nous paraît pas évident à la confrontation des deux écritures.

258. Edmunds 1964, 139.

c'est une copie directe du *codex Spirensis*[259]. Si ce n'est pas le cas, il n'y a probablement eu entre les deux manuscrits qu'un seul intermédiaire, aujourd'hui perdu, et ses leçons valent celles des copies directes[260]. La trace de *P* se perd à partir de 1442. On le retrouve en 1794. Il est alors en possession de la famille Lamoignon – référencé sous le n° 333 –, et il est acquis par la Bibliothèque nationale. Une copie tardive de *P*, exécutée au XVIIe ou XVIIIe siècle, est conservée dans la même bibliothèque : le *Parisinus latinus 5825 E*.

V : ***Trento, Biblioteca comunale, 3103*** (le *De rebus bellicis* y occupe les f. 53[r]-63[v]). Ce manuscrit porte sur le f. 108[v] la date de 1484. Il est encore à Spire en 1529, où il est copié pour le cardinal Cles (Clesius), archevêque de Trente. Cette copie est conservée : il s'agit du *Tridentinus-Vindobonensis 3102 (v)*. On suit le manuscrit *V* à la bibliothèque archiépiscopale de Salzbourg et plus tard, au début du XIXe siècle, à Vienne (*cod. Vindob. lat. 3103*). En 1919, il est transféré d'Autriche en Italie, et il est maintenant conservé à Trente. Il est très soigneusement écrit, mais il n'a jamais été illustré : les emplacements des figures sont laissés blancs aux endroits appropriés. De même, les initiales de couleur au début des chapitres et des paragraphes n'ont jamais été réalisées. Selon toute vraisemblance, *V* est la copie

260. Thompson 1952a, 8.

d'un apographe direct du *codex Spirensis* dont un folio, appartenant à la *Notitia Dignitatum,* est conservé à Francfort : le *Francofurtanus latinus qu. 76 (F).* Deux folios conservés à Leyde (*Ms. BPL 2869*) pourraient appartenir au même manuscrit. Ce manuscrit *F* était illustré. *V* fut peut-être copié pour conserver uniquement le texte de *F.* Cela expliquerait pourquoi il ne porte aucune illustration. La date de 1484 indiquée par *V* (et par *v*) est probablement celle de la transcription de *F. V,* lui, aurait été copié vers 1495, *v* vers 1529 [261].

B : **Vaticano, Biblioteca Apostolica Vaticana, Barb. lat. 157** (le *De rebus bellicis* y occupe les f. 68ᵛ-79ᵛ). Ce manuscrit est aujourd'hui conservé à la Bibliothèque Vaticane (*Cod. Vaticanus Barberin(ian)us*, 157). Il appartenait auparavant à la bibliothèque fondée par le cardinal Francesco Barberini (1597-1679), dans laquelle il portait le n° 809. Cette bibliothèque fut incorporée à la Bibliothèque Vaticane en 1902. Le manuscrit a été copié en entier par une seule main. Il contient tous les textes et toutes les illustrations des autres manuscrits. On n'y relève pas de corrections marginales ou interlinéaires. On ignore tout de son histoire avant son entrée dans la bibliothèque Barberini : aucun colophon, aucune dédicace. Il a long-temps été considéré comme une copie de *M* (cf. *supra*), c'est encore l'opinion exprimée par Ireland 1979, 40, et 1984, X. L'étude minutieuse réalisée par I.G. Maier [262] a permis à la fois de démontrer son indépendance par

261. Sur cette ascendance de *V,* voir en dernier lieu la synthèse de Neira Faleiro 2005, 111-116. Les travaux qui ont profondément renouvelé, dans la seconde moitié du XXᵉ siècle, le stemma des manuscrits issus du *codex Spirensis* sont Maier 1968 et 1969.

262. Maier 1969, 981-999.

rapport à *M* et de poser une hypothèse quant à son origine. En effet les parchemins de *B* et de *M¹* semblent avoir été préparés dans le même atelier. Les deux manuscrits ont donc peut-être été réalisés dans le même scriptorium et à des dates proches. Et si *B* était l'exemplaire qui avait été promis à Ottheinrich et qui n'a pas été réalisé à temps pour les illustrations [263] ? Si cette hypothèse est correcte, il a été copié à Spire entre février 1548 et décembre 1549 par le vicaire Tymenick et a été illustré vers juin 1550 par un artiste inconnu.

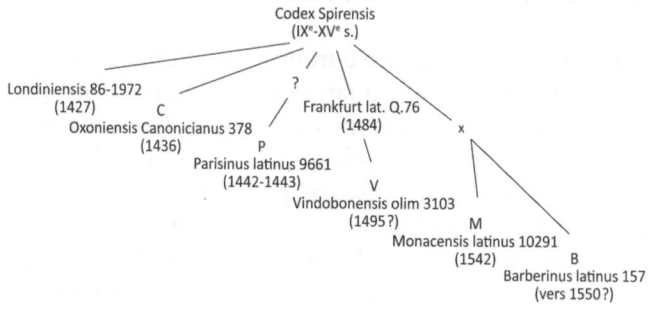

Remarques sur la rédaction de l'apparat critique :

Les variantes suivantes ne sont pas signalées :

— graphies *e*/*ae*/*oe* (ex. *felicis* / *foelicis* ; *uestrae* / *uestre*)

— graphies *ti* / *ci* (ex. *largitionum* / *largicionum* ; *sentiat* / *senciat*)

— graphies *i* / *y* (ex. *imaginem* / *ymaginem* ; *tirones* / *tyrones*)

— graphies *mn* / *mpn* (ex. *sollemnia* / *so(l)lempnia* ; *damnis* / *dampnis*)

263. Maier 1969, 999.

— graphies *mpt*/*nt* (ex. *temptauerit* / *tentauerit*)

— graphies *xs*/*x* (ex. *exstantibus* / *extantibus*)

— variante *mihi* / *michi*

— omission ou présence d'un *h* initial (ex. : *abunde* / *habunde*) ou intérieur (ex. : *simulacris* / *simulachris* ; *scholis* / *scolis*)

— haplographie de consonne double (ex. *commoditas* / *comoditas*) sauf pour le mot *reperio*.

Les illustrations des manuscrits

Le *De rebus bellicis* a été transmis avec douze illustrations reproduites dans quatre des cinq manuscrits que nous avons utilisés (les illustrations de *P* sont reproduites à la fin de cette édition). Le manuscrit *V*, nous l'avons vu plus haut, n'est pas passé entre les mains de l'illustrateur : ni les figures ni les initiales n'ont été réalisées, mais les légendes des illustrations sont en place (sauf pour la première illustration). Le manuscrit *M*, en revanche, possède deux jeux de figures. Un premier jeu a été réalisé au moment de la copie en 1542 et un second jeu a été exécuté à partir de calques effectués sur le *codex Spirensis* lui-même, à la demande du comte palatin Ottheinrich, en 1550-1551 [264]. Le premier jeu est inséré dans le texte, aux mêmes emplacements que dans *C*, *P* et *B* (cf. tableau 1) ; le second jeu occupe les f. 171^r-176^r, ajoutés quand la reliure du manuscrit a été refaite – les f. 176^v à 222 contiennent les autres figures du *codex Spirensis*, notamment celles de *la Notitia Dignitatum*.

264. Contrairement à ce que l'on pourrait penser, les calques du *codex Spirensis* effectués en 1550 paraissent moins précis que les dessins à main levée effectués un siècle plus tôt sur le manuscrit *P* (cf. *infra*). C'est pourquoi nous avons préféré reproduire les dessins de *P* sur les planches I à XII.

	Position de la figure dans le texte	Légende transmise par les manuscrits [265]	Objet de la figure
1	Avant le chap. 1 *CPMB*	COMMODAE AVCTORITATIS VARIAE (VARIO *P*) PRISCORVM MONETAE *CPM¹B*	Anciennes monnaies
2	Avant le chap. 4 *CPMB*	FELIX INCHOATIO SACRAE DIVINAEQVE MONETAE (MONOTAE *P*) *CPVM¹B*	Nouvelles monnaies proposées par l'Anonyme
3	Avant le chap. 7 *CPMB*	BALISTA QVADRIROTIS *CPVM¹B*	Baliste de campagne
4	Avant le chap. 8 *CPMB*	TICHODEFRVS CLIPEO CENTRVS *C* TICHODIFRVS CLIPEOCENTRVS (CLIPEO CENTRVS *P*) *PVM¹B*	Mantelet et bouclier à pointes
5	Avant le chap. 10 *CPMB*	PLVMBATA ET TRIBOLATA (TRIBVLATA *P*). PLVMBATA MAMILLATA (MAMILIATA *V*) *CPVM¹B*	Trait plombé à pointes et trait plombé à fer conique

265. Les légendes ne remontent peut-être pas à l'auteur lui-même. Elles peuvent avoir été introduites au cours de la transmission du texte : voir à ce sujet Ireland 1979a, 103-108. Pour les légendes du deuxième jeu de figures du manuscrit *M* (= *M²*), voir les *Planches*.

	Position de la figure dans le texte	Légende transmise par les manuscrits [265]	Objet de la figure
6	Avant le chap. 12 *CPMB*	CVRRVS DREPANVS (DRIPANVS *P*) *CPVM¹B*	Char à faux double
7	Avant le chap. 13 *CPB* Avant le chap. 14 *M¹*	CVRRODREPANVS (CVRRO D. *P* CVRRVS D. *B*) SINGVLARIS *CPM¹B* – *V non leg.*	Char à faux simple
8	Avant le chap. 14 *CPB* Avant le chap. 13 *M¹*	CVRRODREPANVS CLIPEATVS *CVM¹* CVRRO DREPANVS CLIPEATI *P*	Char à faux avec fouet automatique
9	Avant le chap. 15 *CPMB*	TORACOMACHVS *C* THORACOMACHVS *PVM¹B*	Sous-armure
10	Avant le chap. 16 *CPMB*	ASCOGEFRVS *CPM¹B* ASCOREFRVS *V*	Pont d'outres
11	Avant le chap. 17 *CPMB*	LIBVRNA *CPVM¹B*	Liburne à bœufs
12	Avant le chap. 18 *CPMB*	BALISTA FVLMINALIS *CPVM¹B*	Baliste de rempart

Tableau 1 : Positionnement et légendes des figures dans les manuscrits

L'auteur mentionne lui-même ces illustrations à quatre reprises (cf. tableau 2). Ces quatre passages nous fournissent plusieurs indications intéressantes :

— Les figures que nous possédons aujourd'hui correspondent à celles annoncées par l'auteur : les anciennes monnaies (fig. 1, annoncée en 1, 10), les nouvelles monnaies proposées (fig. 2, annoncée en 3, 4), les machines (fig. 3 à 12, annoncées globalement en 6, 5, avec un rappel particulier pour la fig. 3 en 7, 1). Il est donc probable que le *codex Spirensis* a transmis toutes les figures de l'édition originale, voulues par l'auteur lui-même, et qu'il n'y a pas eu d'ajout d'images après le IVe siècle.

— Les figures ont été sinon réalisées par l'auteur lui-même, du moins commandées par lui (1, 10 : *properaui*).

— Les figures ont été exécutées avec finesse et réalisme (7, 1 : *subtilis* ; 6, 5 : *nihil a uero distantem*).

— Les figures étaient en couleur (1, 10 : *colorum qualitatibus* ; 6, 5 : *coloribus adumbratam*).

Le *codex Spirensis*, qui est le « père » de toutes les figures que nous possédons aujourd'hui, n'a pas reproduit avec exactitude les dessins originaux. L'indice le plus frappant est la déformation des machines affectant tous les jeux de figures conservés (y compris celui de M^2) : il n'y a pas de doute que les figures commandées ou réalisées par l'auteur présentaient des machines dont le fonctionnement et le détail étaient directement compréhensibles ; il le dit lui-même à deux reprises : « pour qu'il n'y ait pas de difficulté à construire ces types d'armement, j'ai mis à la suite de mon texte des figures en couleur de ces engins, sans m'éloigner de la réalité, afin qu'il soit facile de s'en inspirer » (6, 5) et « Voici un modèle de baliste, dont la construction se voit sur le dessin détaillé placé devant vos yeux » (7, 1)[266]. Nous ignorons naturellement le nombre de copies qui séparent l'exemplaire du

---

266. Liebeschuetz 1994, 132, ne prend pas en compte ces déclarations de l'auteur : il estime que l'Anonyme ne décrit pas les machines militaires pour que le lecteur les construise ou les utilise, mais pour l'émerveiller. Nous pensons qu'il s'agit là d'une vision faussée par le décalage temporel. Déjà au XVIe siècle le duc Ottheinrich est émerveillé par les figures du *De rebus bellicis*, mais nous avons vu plus

IVᵉ siècle d'un côté et le *codex Spirensis* de l'autre, mais il est évident qu'un dessin se « dégrade » plus vite qu'un texte dans le processus de transmission. Malgré tout, ces figures sont indispensables à la compréhension du développement. Elles ont été conçues pour aider le lecteur à qui le texte ne suffit pas pour comprendre ce qui est décrit de façon souvent très succincte [267]. L'auteur le dit luimême, et pour proposer les restitutions des machines présentées dans le *Commentaire*, nous nous sommes appuyé sur certains détails des figures. Nous avons considéré celles-ci comme une source complémentaire au texte, et elles nous ont aidé dans les choix techniques quand le texte laissait le champ libre à plusieurs possibilités.

Le nom de l'illustrateur de *C* en 1436 est connu : il s'agit d'un Français, Peronet Lamy [268]. Cet artiste, qui était employé à cette époque par Amadeus VIII, duc de Savoie, a aussi exécuté le frontispice d'un livre de lectures liturgiques (lectionnaire) pour Pietro Donato [269] et les illustrations d'une édition de Térence [270]. D'après J.J.G. Alexander, c'est aussi Peronet Lamy qui aurait réalisé les illustrations de *P*. Le premier jeu d'illustrations de *M* (nous l'appelons *M¹*) a été réalisé vers 1542 par un artiste dont le nom nous est resté inconnu. Nous avons vu plus haut qu'Ottheinrich avait fait refaire, en

haut que c'était à cause de leur ancienneté (à tel point qu'il a fait refaire les figures de la copie qu'on lui avait envoyée parce qu'elles étaient trop « modernisées »…). Les contemporains du *De rebus bellicis* ne partageaient probablement pas le même émerveillement : ils devaient y voir plutôt des dessins techniques.

267. On remarquera que les deux figures correspondant aux monnaies sont annoncées à la fin du développement, alors que les figures correspondant aux machines sont annoncées au début.

268. Alexander 1979, 11-13 ; Edmunds 1964, 138-140.

269. New York, Morgan Library, *M. 180.*

270. Vatican, *Ottob. Lat. 1368.*

Fig. 1	1, 10	[...] *ut uera fides dicta facilius prosequatur, formas et species commodas atque pro temporibus diuersas uariasque ueterum prouisiones exprimi colorum qualitatibus properaui.*	[...] pour que l'on soit plus facilement convaincu par ce que j'ai dit, je n'ai pas attendu pour représenter en couleur les formes et les types d'usage courant, qui varient selon les époques, ainsi que les différents systèmes des anciens.
Fig. 2	3, 4	[...] *ut qualitas futurae discussionis appareat, formas et magnitudinem tam aereae quam aureae figurationis pictura praenuntiante subieci.*	[...] pour faire apparaître les caractéristiques de la future émission, j'ai joint ci-dessous une illustration montrant les types et les tailles des pièces de bronze comme ceux des pièces d'or.
Fig. 3-12	6, 5	[...] *ne qua difficultas in excitandis armorum generibus oriatur, imaginem tormentorum nihil a uero distantem coloribus adumbratam orationi subieci, ut sit facilis imitandi confectio.*	[...] pour qu'il n'y ait pas de difficulté à construire ces types d'armement, j'ai mis à la suite de mon texte des figures en couleur de ces engins, sans m'éloigner de la réalité, afin qu'il soit facile de s'en inspirer.
Fig. 3	7, 1	*Exemplum ballistae, cuius fabricam ante oculos positam subtilis pictura testatur.*	Voici un modèle de baliste, dont la construction se voit sur le dessin détaillé placé devant vos yeux.

Tableau 2 : Annonces des figures dans le texte

1550-1551, un deuxième jeu de figures à partir de calques du *codex Spirensis* (nous l'appelons M^2)[271]. *B* semble avoir été illustré vers juin 1550 par un artiste également inconnu.

La confrontation des cinq séries de figures[272] nous conduit aux conclusions suivantes :

— Ottheinrich avait raison d'être mécontent des illustrations de M^1[273]. Ce sont probablement celles qui sont les plus éloignées du *codex Spirensis* dans le style. L'artiste a beaucoup « enjolivé » les dessins. Il donne plus de mouvement aux hommes et aux chevaux, il met des moustaches aux soldats, recouvre l'armure des chevaux d'un tissu, détaille beaucoup l'armure des soldats, ajoute des arbres dans le décor du pont d'outres et figure des piquets supplémentaires... Il est le seul aussi à représenter le câble de relevage de gauche dans le char à faux double : ce n'est pas faux, mais il aurait fallu aussi représenter celui de droite...

— *C* et *P* sont dans un style très proche, mais sur *P* l'artiste a ajouté des éléments de décor : arbres et collines. Pour l'œil, les dessins de *P* sont dans l'ensemble plus beaux que ceux de *C*. En ce qui concerne le contenu, sur les quatre premières figures,

271. Tout cela nous est connu par le livre des minutes de la cathédrale de Spire, dont les extraits concernant les échanges entre Ottheinrich et le chapitre de la cathédrale sont reproduits par Ireland 1979a, 67, n. 4.

272. Pour une confrontation détaillée des figures représentant les machines de *P*, M^1, M^2 et celles de l'édition princeps de Ghelen en 1552, voir Berthelot 1900c.

273. Voici ce qui est écrit sur le f. 1-1ᵛ de *M* : *Caeterum quia eiusdem libri picturae, ut prim(um) erant informatae, praesentis aetatis habitum, ac nouitatis forma(m) quandam pre se ferebant, ueterisq(ue) atq(ue) archetypi exemplaris* ‖ *schematibus ac lineamentis non ita exactae atq(ue) per omnia respondebant* [...].

C et P forment clairement un groupe à part face à M^1, M^2 et B.

— M^2 se distingue par un style beaucoup plus épuré, apparemment demandé par Ottheinrich. Par rapport aux trois autres, il lui manque des détails. Par exemple, ce qui est probablement le système de pointage de la baliste à quatre roues (planche III) est moins clair que sur P, les pendeloques à l'extrémité des « ailes » des cavaliers sur le char à faux avec fouet automatique ne sont pas représentées, il manque les pattes arrière des chevaux sur les figures des chars à faux (planches VII et VIII). Ce peut être un effet de l'utilisation des calques : les détails sont moins visibles à travers le papier huilé qu'en vision directe, et l'artiste a pu oublier de compléter ensuite. Ce peut être aussi parce que le *codex Spirensis* était beaucoup plus dégradé au moment de la copie de M^2 qu'à l'époque des copies de C et de P, un siècle plus tôt. Dans ce cas, pourquoi M^1 a-t-il vu ces détails ? J.J.G. Alexander suppose que les illustrations de M^1 n'ont pas été copiées directement sur le *codex Spirensis*, mais sur un manuscrit intermédiaire influencé par C[274]. Mais peut-être faut-il admettre, comme I.G. Maier [275] ou C. Neira Faleiro [276], qu'il y eut dans la cathédrale de Spire plusieurs « copies de sauvegarde » du *codex Spirensis* et que l'artiste de M^1 – comme le copiste du reste – soit s'est servi d'une de ces copies, soit a confronté plusieurs manuscrits pour faire ses dessins. La question est aussi de savoir si les dessins de M^2 ont été « décalqués » à proprement parler, c'est-à-dire reproduits sur le support définitif en suivant les tracés du calque fait sur

274. Alexander 1979, 12.
275. Maier 1968, 132.
276. Neira Faleiro 2005, 111.

l'original (Berger 1981, 11), ou reproduits à main levée (Maier 1969, 1026). R. Grigg s'est livré à une comparaison minutieuse des dimensions des dessins sur nos cinq jeux d'illustrations (*C, P, M¹, M²* et *B*) en ce qui concerne la *Notitia Dignitatum*[277]. Si *M²* a reproduit le *codex Spirensis* avec un procédé de véritable décalque, on doit retrouver dans ce manuscrit les dimensions exactes des dessins perdus du manuscrit original, s'il a reproduit les calques à main levée, il a pu adapter les dimensions à son nouveau support. Or il apparaît que les illustrations de *M²* varient clairement en taille (de 175 à 252 mm en hauteur), que ces variations ne sont pas dues au hasard et qu'elles correspondent à la présence ou non de texte dans le *codex Spirensis*. Donc, si les dessins de *M²* n'ont pas été décalqués à proprement parler, l'illustrateur a au moins reproduit fidèlement leur dimension originale.

Il est également intéressant de confronter les illustrations du *De rebus bellicis* avec celles des autres textes contenus dans le *codex Spirensis*, notamment avec celles de la *Notitia Dignitatum*. J.J.G. Alexander a noté, à juste titre, qu'alors que la plupart des illustrations de la *Notitia* sont des miniatures en pleine page, celles du *De rebus bellicis* sont des peintures rectangulaires insérées dans le texte et que, dans un certain nombre de cas, les objets dépassent le cadre comme si la composition originale n'était pas destinée à être enfermée dans ces limites. Il en tire la conclusion suivante sur l'origine du manuscrit primitif : le IVe siècle est l'époque où la nature de l'illustration des livres commence à changer pour prendre en compte le remplacement du *uolumen* par le *codex* comme le type normal de livre[278]. Les

277. Grigg 1987.
278. Weitzmann 1969.

miniatures sans cadre, insérées dans les colonnes de texte, sont la forme normale d'illustration dans les rouleaux de papyrus. Les illustrations originales de l'Anonyme, que l'archétype soit un rouleau ou un *codex*, pourraient donc avoir été des illustrations du type rouleau, insérées dans le texte et sans cadre – en supposant que le dépassement du cadre ne soit pas dû au copiste carolingien. Si l'hypothèse est correcte, on peut supposer que les illustrations viennent d'un milieu hellénistique ou oriental – ce qui va dans le sens d'un traité adressé à Valens, empereur d'Orient – plutôt que d'un milieu occidental. Le texte de l'Anonyme avec ses illustrations pourrait avoir été incorporé dans un *codex* du début du Ve siècle, dont l'élément majeur était la *Notitia Dignitatum*, avec des illustrations en pleine page correspondant à ce type de format. Les cadres peuvent avoir été ajoutés à cette étape pour rendre l'ensemble plus cohérent [279].

Les éditions

Le *De rebus bellicis* fut publié pour la première fois à Bâle en 1552 par Sigismond Ghelen [280], à l'intérieur d'une édition du contenu du *codex Spirensis* avec un titre très long :

— S. Ghelen, *Notitia utraque cum Orientis tum Occidentis ultra Arcadii Honoriique Caesarum tempora, illustre uetustatis monumentum, imo thesaurus prorsum incomparabilis. Praecedit autem D. Andreae Alciati*

279. Alexander 1979, 13. J.J.G. Alexander est l'auteur d'une étude sur l'ensemble des illustrations de la *Notitia* : Alexander 1976.
280. Sur l'édition Ghelen, voir l'avant-propos de L. Borhy, dans Neira Faleiro 2005, 19-23.

libellus, De magistratib(us) ciuilibusq(ue) ac militaribus officiis, partim ex hac ipsa Notitia, partim aliunde desumptus. Cui succedit descriptio urbis Romae, quae sub titulo Pub(lii) Victoris circumfertur et altera urbis Constantinopolitanae incerto autore, nunqua(m) antehac typis excusa, Imperialium uidelicet ac primariaru(m) sedium utriusq(ue) Reipub(licae). Subiungitur Notitiis uetustus liber **DE REBVS BELLICIS** *ad Theodosium Aug(ustum) et filios eius Arcadium atq(ue) Honorium, ut uidetur, scriptus, incerto autore. Item, ne quid de antiquo exemplari omitteretur, Disputatio Adriani Aug(usti) et Epicteti philosophi*, Bâle, Froben, 1552. Bien que S. Ghelen ne mentionne qu'un seul « ancien exemplaire », il n'est pas impossible qu'il ait utilisé plusieurs manuscrits, peut-être même un manuscrit qui n'est pas actuellement conservé. Contrairement à ce que pensait Neher 1911, le texte établi par S. Ghelen ne peut dériver de *C*. Il ne dérive pas non plus de la descendance de *CMPV*. Rien ne prouve que S. Ghelen a contrôlé son texte avec une source indépendante de la tradition du *codex Spirensis*, mais il aurait pu avoir accès à une copie directe de ce manuscrit, aujourd'hui perdue. Cette édition pourrait donc être utilisée comme un témoin de la transmission du texte [281]. I.G. Maier, sur son site Internet « The compilation *Notitia Dignitatum* (Cnd) », au § 3, estime qu'il faudrait parler d'une édition de Beatus Rhenanus, Gelenius n'ayant sans doute rédigé que l'épître dédicatoire.

Jusqu'à S. Reinach en 1922, les éditions suivantes ont toutes été réalisées à partir de l'édition de Ghelen :

— G. Panciroli, *Notitia utraque dignitatum cum Orientis, tum Occidentis ultra Arcadii, Honoriiq(ue)*

---

281. Sur le(s) manuscrit(s) utilisés par S. Ghelen, voir notamment Ireland 1979a, 43-52 et Reeve 1983, 255.

tempora [...], Venise, apud Franciscum de Franciscis Senensem, 1593. En fait cette édition ne contient qu'un résumé du *De rebus bellicis*. Parmi les éditions posthumes [282] suivantes : Venise 1602, Lyon 1608 et Genève 1623, les deux dernières donnent, outre le résumé, le texte complet du *De rebus bellicis*, repris de l'édition de Ghelen, avec de nombreuses fautes.

— [P. Schrijver], *V. Inl. Fl. Vegetii Renati comitis, aliorumque aliquot ueterum de re militari libri. Accedunt Frontini Strategematibus eiusdem auctoris alia opuscula*, Leyde, Raphelengius, 1607. Le *De rebus bellicis* occupe les pages 81 à 102.

— Ph. Labbe, *Notitia Dignitatum imperii Romani* [...], Paris, e Typographia Regia, 1651. Le *De rebus bellicis* occupe les pages 164 à 189.

— R. Schneider, *Anonymi de rebus bellicis. Text und Erläuterungen*, Berlin, Weidmann, 1908. Il s'agit de la première édition isolée du *De rebus bellicis* ; elle suit de très près le texte de l'édition princeps.

S. Reinach est le premier à tenter d'améliorer le texte de l'édition princeps en collationnant celle-ci avec l'état du texte que présente le manuscrit *P* :

— S. Reinach, « Un homme à projets du Bas-Empire », *Revue Archéologique*, 5e série, t. 16, juillet-décembre 1922, p. 205-265 (reproduit dans *Amalthée. Mélanges d'Archéologie et d'Histoire*, t. II, Paris, Ernest Leroux, 1930, p. 214-281). Le texte du *De rebus bellicis* est donné en appendice d'un long article dans lequel de nombreux passages sont traduits en français.

L'édition fondatrice de toutes les éditions modernes est celle d'E.A. Thompson en 1952 :

— E.A. Thompson, *A Roman Reformer and Inventor : Being a New Text of the Treatise* De rebus

282. Guido Panciroli en mort en 1599.

bellicis, Oxford, Clarendon Press, 1952. Le texte, commenté et traduit, repose sur une collation – imparfaite – des manuscrits *CMPV* par E.A. Thompson lui-même.

— S. Condorelli, *Riforme e tecnica nel* De rebus bellicis *(testo con commento e versione)*, Messine, Sortino, 1971.

— R. Ireland *in* M.W.C. Hassall, R. Ireland, *De Rebus Bellicis*, Part II : *Anonymi Auctoris Libellus* De rebus bellicis, *A Treatise by an Unknown Author*, On Military Matters, *edited, translated and presented, with commentaries on text, language and style*, by R. Ireland, Oxford, British Archeological Reports, International Series, 63, 1979. Le recueil tout entier fournit une documentation irremplaçable sur le *De rebus bellicis* – beaucoup plus complète que celle donnée dans l'édition Teubner publiée par R. Ireland quelques années après.

— R.I. Ireland, *Anonymi auctoris De rebus bellicis*, Leipzig, B.G. Teubner (BT), 1984. Texte seul.

— A. Giardina, *Le cose della guerra*, Milan, Mondadori (Fondazione Lorenzo Valla), 1989 (2e éd. : 1996). Le texte, commenté et traduit, est précédé d'une longue et savante introduction. Cette publication fait suite à une série de séminaires organisés de 1980 à 1986 par l'institut Gramsci sur la société romaine à l'époque tardive et dont les travaux ont été publiés sous la direction d'A. Giardina : *Società Romana e impero tardoantico*, Rome, Laterza, 1986 (4 vol.).

— H. Jouffroy, « Le *De rebus bellicis*, source d'histoire militaire », in *L'armée romaine de Dioclétien à Valentinien Ier*. Actes du Congrès de Lyon (12-14 septembre 2002), éd. par Y. Le Bohec et C. Wolff, Paris, 2004, 59-67. À la fin de son article, H. Jouffroy donne la première traduction française complète du *De* *rebus bellicis.* Ce texte, ainsi que les commentaires de l'auteur, dans cette publication et dans d'autres articles, s'appuie sur le travail effectué pendant plusieurs années par le Groupe d'Histoire Romaine de l'Université de Strasbourg.

— Á. Sánchez-Ostiz, *Anonimo sobre asuntos militares*, Pampelune, EUNSA, 2004 (avec une traduction espagnole).

— A.R. Menéndez Argüín, « *Traducción y comentario del anónimo* De rebus bellicis », *Aquila legionis*, 12, 2009, 101–124 (traduction espagnole du texte établi par Thompson).

Les études

C'est la recherche allemande qui a ouvert la voie des études sur le *De rebus bellicis.* O. Seeck, qui avait déjà publié une étude sur les manuscrits contenant la *Notitia Dignitatum* – et donc le *De rebus bellicis*[283] – ainsi qu'une édition de la *Notitia* elle-même[284], fut le premier à attirer l'attention sur le petit traité anonyme dans un court article de la *Real Encyclopädie* de Pauly-Wissowa paru en 1894[285]. Il y eut ensuite l'édition de Schneider de 1908, suivie d'un article intitulé « Von Büchlein *De rebus bellicis* » en 1910. Mais l'étude fondatrice est celle de R. Neher en 1911. Il est le premier à s'intéresser non seulement à la question de la transmission du texte, commune à la *Notitia Dignitatum,* mais aussi au texte du

283. Seeck 1875.
284. *Notitia Dignitatum, Accedunt Notitia urbis Constantinopolitanae et Laterculi prouinciarum*, ed. O. Seeck, Berlin, Weidmann, 1876 ; voir *Praef.*, p. X, sur le *De rebus bellicis.*
285. Seeck 1894.

De rebus bellicis lui-même. La recherche française a commencé en 1900 avec les articles de M. Berthelot dans le *Journal des Savants* et les *Annales de Chimie et de Physique* (Berthelot 1900a, b, et c), et surtout en 1922 avec la belle étude de S. Reinach que nous avons déjà citée parmi les éditions. Il faudra ensuite attendre l'ouvrage de S. Mazzarino en 1951 et l'édition d'E.A. Thompson en 1952 pour voir un véritable renouveau des études sur le *De rebus bellicis* et le point de départ d'une abondante bibliographie. Outre les éditions citées ci-dessus, accompagnées souvent d'un abondant commentaire, on retiendra, parmi les études focalisées sur le *De rebus bellicis*, les articles de B. Baldwin[286], G. Bonamente[287], A.E. Astin[288], et l'ouvrage controversé mais stimulant et très documenté d'H. Brandt[289]. Récemment, c'est la recherche espagnole qui a montré un intérêt particulier pour le *De rebus bellicis* avec, par exemple, une étude comme celle de D. Sanchèz Vendramini[290], qui complète les éditions d Á. Sánchez-Ostiz et d'A.R. Menéndez Argüín.

———

Je tiens à remercier d'abord mon collègue Olivier Desbordes à qui cette édition doit beaucoup. Depuis son arrivée à l'Université de Caen en 1994, il a suivi mon travail commencé en 1992. Régulièrement il me remettait de petites fiches bibliographiques sur ce qu'il

286. Baldwin 1978.
287. Bonamente 1981.
288. Astin 1983.
289. Brandt 1988.
290. Sánchez Vendramini 2009.

avait trouvé de nouveau, et j'ai plusieurs fois fait appel à sa grande expertise en codicologie pour telle ou telle lecture difficile d'un manuscrit. Avant même que je lui demande d'être mon relecteur « officiel », il avait de lui-même vérifié toute ma collation de *V*. Il a fait le travail de relecture avec un soin prodigieux en corrigeant des erreurs et en faisant d'utiles suggestions. C'est lui aussi qui m'a mis en relation avec Michel Festy, fin spécialiste des textes de l'Antiquité tardive, éditeur notamment de l'*Abrégé des Césars* du Pseudo Aurélius Victor, qui m'a beaucoup aidé en me fournissant nombre de documents électroniques, en me faisant des suggestions bibliographiques, en rectifiant certains points et en faisant la comparaison des manuscrits *B* et *M* pour confirmer leur indépendance en ce qui concerne le *De rebus bellicis*. Merci à lui, et merci encore à mon autre collègue caennais, Antoine Foucher, pour sa généreuse et savante analyse métrique de la préface. L'équipe du Centre Interdisciplinaire de Réalité Virtuelle de l'Université de Caen Normandie, qui m'entoure depuis plusieurs années, a été un soutien fort pour ce travail : merci à Charlie Morineau, infographiste, pour sa patience et sa compétence dans la réalisation infographique des dessins de machines, et un merci particulier à Sophie Madeleine, ingénieur de recherche en analyse de sources anciennes, pour son aide dans la lecture des manuscrits, la réunion de la documentation, ses relectures, son assistance de tous les instants dans l'achèvement de l'édition.

In memoriam meae filiae

BIBLIOGRAPHIE

ALEXANDER J.J.G. (1976), « The Illustrated Manuscripts of the *Notitia Dignitatum* », *in* R. Goodburn, P. Bartholomew, *Aspects of the* Notitia Dignitatum. *Papers presented to the conference in Oxford December 13 to 15, 1974*, Oxford, British Archaeological Reports, Suppl. Ser. XV, p. 11-50.

ALEXANDER J.J.G. (1979), « The illustrations of the Anonymus », in HASSALL & IRELAND 1979, I, p. 11-15.

ASTIN A.E. (1983), « Observations on the *De rebus bellicis* », in *Studies in Latin Literature and Roman History,* III, C. Deroux (dir.), Bruxelles (Coll. Latomus ; 180), p. 388-439.

AUBIN G. (1990), « Les moules monétaires de Corseul (Côtes d'Armor) et la date de fabrication des faux deniers en Gaule », *Gallia*, 47, p. 257-263.

BAATZ D. (1978), « Recent Finds of Ancient Artillery », *Britannia*, 9, p. 1-17.

BAATZ D., FEUGÈRE M. (1981), « Éléments d'une catapulte romaine trouvée à Lyon », *Gallia*, 39, p. 201-209.

BABELON E. (1901), *Traité des monnaies grecques et romaines*, Première partie : *Théorie et doctrine*, Paris, Ernest Leroux.

BALDWIN B. (1978), « The *De rebus bellicis* », *Eirene*, 16, p. 23-39.

BARKER P., MUSTY J. (1974), « Three plumbatae from Wroxeter, Shropshire », *The Antiquaries Journal*, 54, p. 275-277.

BARKER P. (1979), « The *plumbatae* from Wroxeter », in HASSALL & IRELAND 1979, I, p. 97-99.

BASTIEN P. (1988), *Monnaie et* donativa *au Bas-Empire*, Wetteren, Éditions Numismatique romaine (Numismatique romaine. Essais, recherche et documents ; 17).

BENNETT J. (1991), « Plumbatae from Pitsunda (Pityus), Georgia, and some Observations on their Probable Use », *Journal of Roman Military Equipment Studies*, 2, p. 59-63.

BÉRANGER J. (1976), « La terminologie impériale : une application à Ammien Marcellin », in *Mélanges d'histoire ancienne et d'archéologie offerts à Paul Collart*, Lausanne, Bibliothèque historique vaudoise – Paris, Diff. De Boccard (Cahiers d'archéologie romande ; 5), p. 47-60.

BERCHEM D. van (1952), *L'armée de Dioclétien et la réforme constantinienne*, Paris, Imprimerie nationale – P. Geuthner (Institut français d'archéologie de Beyrouth, Bibliothèque archéologique et historique ; 56).

BERGER P.C. (1981), *The insignia of the* Notitia Dignitatum, New York, Garland.

BERTHELOT M. (1900a), « Histoire des machines de guerre et des arts mécaniques au Moyen Âge. Le livre d'un ingénieur militaire à la fin du XIVᵉ siècle », *Annales de chimie et de physique*, 7ᵉ série, 19, p. 289-420.

BERTHELOT M. (1900b), « Le livre d'un ingénieur militaire à la fin du XIVᵉ siècle, [...] d'après un ouvrage de Conrad Kyeser, intitulé *Bellifortis* », *Journal des Savants*, p. 1-15 ; 85-94.

BERTHELOT M. (1900c), « Sur le traité *De rebus bellicis* qui accompagne la *Notitia Dignitatum* dans les manuscrits », *Journal des Savants*, p. 171-177.

BERTHELOT M. (1902), « Les manuscrits de Léonard de Vinci et les machines de guerre », *Journal des savants*, p. 116-120.

BISHOP M.C. (1995), « Aketon, thoracomachus, and lorica segmentata », *Exercitus : the Bulletin of the Ermine Street Guard*, 3, 1, p. 1-3.

BISHOP M.C., COULSTON J.C.N. (2006), *Roman Military Equipment From the Punic Wars to the Fall of Rome*, Second Edition, Oxford, Oxbow Books (1re éd. : Londres, Batsford, 1993).

BONAMENTE G. (1981), « Considerazioni sul *De rebus bellicis* », *Annali della Facoltà di Lettere e Filosofia, Università di Macerata*, 14, p. 11-49.

BONNER S.F. (1965), « The Edict of Gratian on the Remuneration of Teachers », *The American Journal of Philology*, 86, p. 113-137.

BORCA F. (1996), « *Adversus ipsam rerum naturam* : Note on Tacitus, *Agricola* 33 », *Britannia*, 27, p. 337-340.

BRANDT H. (1987), « P. Rein. I 56 (= W. Chrest. 419) : Die diadotai und das Problem der Adäration », *Zeitschrift für Papyrologie und Epigraphik*, 68, p. 87-97.

BRANDT H. (1988), *Zeitkritik in der Spätantike. Untersuchungen zu den Reformvorschlägen des Anonymus* De rebus bellicis, Munich, C.H. Beck (Vestigia ; 40).

BUORA M. (1997), « Nuovi studi sulle « plumbatae » (= « mattiobarbuli » ?) : a proposito degli stanziamenti militari nell'Illirico occidentale e nell'Italia orientale nel IV e all'inizio del V secolo », *Aquileia Nostra*, 68, p. 237-246.

CALLU J.-P. (1976), « La circulation monétaire de 313 à 348 », in *Actes du VIIIᵉ Congrès international de numismatique* (New York-Washington, septembre 1973), H.A. Cahn, G. Le Rider (éd.), Paris-Bâle, Association internationale des numismates professionnels, p. 227-242.

CALLU, J.-P. (1978), « Problèmes monétaires du quatrième siècle (311-395) », in *Transformation et conflits au IVᵉ siècle ap. J.-C.* (Actes du colloque organisé par la Fédération Internationale des Études Classiques, Bordeaux 7-12 septembre 1970), Bonn, Habelt (Antiquitas. Abhandlungen zur alten Geschichte, 29. Reihe 1), p. 103-126.

CALLU J.-P. (1986), « *Symmachus Nicomachis filiis* : vouvoiement ou discours familial ? », in F. Paschoud, G. Frey, Y. Rütsche (éd.), *Colloque genevois sur Symmaque à l'occasion du mille six centième anniversaire du conflit de l'autel de la Victoire, Genève, 1984*, Paris, Les Belles Lettres, p. 17-40.

CAMERON A. (1970), *Claudian : Poetry and Propaganda at the Court of Honorius*, Oxford, Clarendon Press.

CAMERON A. (1979), « The Date of the Anonymus *De rebus bellicis* », in HASSALL & IRELAND 1979, I, p. 1-10.

CARRIÉ J.-M. (1986), « L'esercito. Trasformazioni funzionali ed economie locali », in GIARDINA 1986 (dir.), p. 449-488.

CARRIÉ J.-M. et JANNIARD S. (2000), « L'armée romaine tardive dans quelques travaux récents. 1 : L'institution militaire et les modes de combat », *Antiquité tardive,* 8, p. 321-341.

CASCARINO G., SANSILVESTRI C. (2009), *L'esercito romano. Armamento e organizzazione*, Vol. 3 : *Dal III secolo alla fine dell'impero romano d'Occidente*, Rimini, Il Cerchio (Gli archi).

CASSON L. (1971), *Ships and Seamanship in the Ancient World*, Princeton, Princeton University Press.

CATAUDELLA M.R. (1992), « *Aurum pro aere* nella politica di Costantino », in *Costantino il Grande : dall'antichità all'umanesimo : Colloquio sul cristianesimo nel mondo antico* : Macerata, 18-20 dicembre 1990), G. Bonamente & F. Fusco (dir.), Macerata, Univ. degli Studi di Macerata (Publ. della Facoltà di Lettere e Filosofia dell'Univ. degli Studi di Macerata ; 67).

CERATI A. (1970a), *Pour la datation classique du De rebus bellicis*, in *Études offertes à Jean Macqueron*, Aix-en-Provence, Faculté de Droit et des Sciences économiques d'Aix-en-Provence, 1970, p. 159-167.

CERATI A. (1970b), « À propos de la *conlatio equorum* dans le Code Théodosien », *Latomus*, 29, p. 988-1025.

CERATI A. (1975), *Caractère annonaire et assiette de l'impôt foncier au Bas-Empire*, Paris, Librairie générale de droit et de jurisprudence (Bibliothèque d'histoire du droit et droit romain ; 20).

CHASTAGNOL A. (1966), « Zosime II, 38 et l'Histoire Auguste » in *Bonner Historia-Augusta-Colloquium 1964-1965*, Bonn, Habelt (Antiquitas. Reihe 4. Beiträge zur Historia-Augusta-Forschung ; 3), p. 43-78.

CHASTAGNOL A. (1977), « L'impôt payé par les soldats au IVe siècle », in CHASTAGNOL *et al.* 1977, p. 279-301 (reproduit dans A. Chastagnol, *Aspects de l'Antiquité tardive*, Rome, « L'Erma » di Bretschneider (Saggi di storia antica ; 6), p. 349-372).

CHASTAGNOL A. (1985), « Autour du thème du *princeps clausus* », in *Bonner Historia-Augusta-Colloquium 1982-1983*, Bonn, Habelt (Antiquitas.

Reihe 4. Beiträge zur Historia-Augusta-Forschung ; 17), p. 149-161.

CHASTAGNOL A. (éd.) (1994), *Histoire Auguste. Les empereurs romains des IIe et IIIe siècles*, Paris, Laffont.

CHASTAGNOL A., NICOLET C., VAN EFFENTERRE H. (dir.) (CHASTAGNOL *et al.* 1977), *Armées et fiscalité dans le monde* antique (Actes du colloque de Paris, 14-16 octobre 1976), Paris, Éditions du CNRS.

CHAUVOT A. (1999), « Les formulaires des dédicaces du *De Rebus Bellicis* et de l'*Epitoma rei militaris* », in *Urkunden und Urkundenformulare im klassischen Altertum und in den orientalischen Kulturen,* R. G. Khoury (dir.), Heidelberg, Winter (Bibliothek der klassischen Altertumswissenschaften. Neue Folge. 2. Reihe ; 104), p. 103-112.

CHEVEDDEN P.E. (1995), « Artillery in Late Antiquity : Prelude to the Middle Age », in *The Medieval City Under Siege*, Woodbridge, Boydell & Brewer (Medieval Archaeology Series), p. 131-176.

CHRISTOL M., MAGIONCALDA A. (1996), « Continuités dans la vie municipale à l'époque tardive d'après l'épigraphie de Canusium », in *La fin de la cité antique et le début de la cité médiévale : de la fin du IIIe siècle à l'avènement de Charlemagne* (Actes du colloque de Paris X-Nanterre, 1-3 avril 1993), C. Lepelley (dir.), Bari, Edipuglia (Studi storici sulla tarda antichità ; 8), p. 25-42.

CICHORIUS C. (1896), *Die Reliefs der Trajanssäule : Taf. I-LVII*, Berlin, G. Reimer.

COADIC S. (2009), *Les machines d'élévation dans le monde romain, du IIe s. a.C. au VIe p.C.*, Thèse de doctorat, Université Bordeaux Montaigne.

CONDORELLI S. (1967), « La *plumbata tribulata* », *Helicon,* 7, 1967, p. 443-448.

CONDORELLI S. (1971), *Riforme e tecnica nel* De rebus bellicis (*testo con commento e versione*), Messine, Sortino.

CRAWFORD M.H. (1970), « Money and Exchange in the Roman World », *The Journal of Roman Studies*, 60, p. 40-48.

CURLE J. (1911), *A Roman Frontier Post and its People. The Fort of Newstead in the Parish of Melros*e, Glasgow, J. Maclehose and Sons.

D. S. : DAREMBERG C., SAGLIO E. et POTTIER E., *Dictionnaire des antiquités grecques et romaines*, Paris, Hachette, 1875-1907, 5 vol.

DE GIOVANNI L. (2010), « Il « problema giustizia » nel Tardoantico », in *Istituzioni, carismi ed esercizio del potere (IV-VI secolo d.C.)*, G. Bonamente & R. Lizzi Testa (dir.), Bari, Edipuglia (Munera : Studi storici sulla Tarda Antichità ; 31), p. 171-181.

DELMAIRE R. (1977), « La caisse des Largesses sacrées et l'armée au Bas-Empire », in CHASTAGNOL *et al.* 1977, p. 311-329.

DELMAIRE R. (1989), *Largesses sacrées et* res priuata. *L'*aerarium *impérial et son administration du IVe au VIe siècle*, Rome, École française de Rome (Collection de l'École française de Rome ; 121).

DELMAIRE R. (1992), Compte rendu de Brandt 1988, *Revue des Études Latines*, 70, p. 368-370.

DEPEYROT G. (2006), *La monnaie romaine : 211 av. J.-C.-476 apr. J.-C.*, Paris, Errance.

EAGLE J. (1989), « Testing Plumbatae », in *Roman Military Equipment : the source of Evidence*, Proceedings of the Fifth Roman Military Equipment Conference, C. Van Driel-Murray (dir.), Oxford, British Archaeological Reports (International Series ; 476), p. 247-253.

EDMUNDS S. (1964), « The Missals of Felix V and Early Savoyard Illumination », *The Art Bulletin*, 46, 2, p. 127-141.

EMERY J. (2010), *Experimenting with* Plumbatae *and Observations on their Behavior*, University of Wisconsin-La Crosse.

ESTIOT S. (2008), « *Sine arcu sagittae* : la représentation numismatique de *plumbatae / mattiobarbuli* aux IIIᵉ-IVᵉ siècles (279-307 de n. è.) », *Numismatische Zeitschrift*, 116-117, p. 177-201.

FESTY M. (2004), « Les Nicomaques, auteurs de l'*Histoire Auguste*. La jalousie des méchants », *Comptes rendus des séances de l'Académie des Inscriptions et Belles-Lettres*, 148, p. 757-767.

FEUGÈRE M. (2012-2013), « Tra Costantino e Teodosio (IV-V secolo d.C.). Osservazioni sui militaria di Aquileia », *Aquileia Nostra*, 83-84, p. 317-344.

FLEURY Ph. (1981), « Vitruve et la nomenclature des machines de jet romaines », *Revue des Études Latines*, 59, p. 216-234.

FLEURY Ph. (1993), *La mécanique de Vitruve*, Caen, Presses Universitaires de Caen.

FLEURY Ph. (1994), « Le *De architectura* et les traités de mécanique ancienne », in *Le projet de Vitruve. Objet, destinataires et réception du* De architectura (Actes du colloque international organisé par l'École française de Rome, l'Institut de recherche sur l'architecture antique du CNRS et la Scuola normale superiore de Pise, Rome, 26-27 mars 1993), Rome, École française de Rome (Collection de l'École française de Rome, 192), p. 187-212.

FLEURY Ph. (1996), « Traités de mécanique et textes sur les machines », in *Les littératures techniques dans l'Antiquité romaine. Statut, public et destination, tradition*, Vandœuvres-Genève, Fondation Hardt (Entretiens sur l'Antiquité classique ; 42), p. 45-75.

FLEURY Ph. (2007), « Machines de guerre et puissance dans la littérature latine », in *Les armes dans l'Antiquité. De la technique à l'imaginaire* (Actes du colloque tenu à l'Université Paul-Valéry, Montpellier 3, 20-22 mars 2003), P. Sauzeau & T. Van Compernolle (dir.), Montpellier, Presses Universitaires de la Méditerranée, p. 367-388.

FLEURY Ph. (2011), « Vitruve et le métier d'ingénieur », *Cahiers d'Études Anciennes,* 48, p. 7-34.

FLEURY Ph. (2015), « La liburne automotrice du *De rebus bellicis* », in *La technologie gréco-romaine entre restitution et reconstitution. Lire entre les lignes, mettre entre les mains* (Actes du colloque tenu à l'Université de Caen Basse-Normandie, 10-12 mars 2010), Ph. Fleury, C. Jacquemard, S. Madeleine (dir.), Caen, Presses Universitaires de Caen, p. 77-96.

FLEURY Ph. (2017), « L'invention du moulin à eau », in *Autour des machines de Vitruve. L'ingénierie romaine : Textes, Archéologie et Restitution* (Actes du Colloque organisé par l'ERLIS à l'Université de Caen, 3-4 Juin 2015), S. Madeleine, Ph. Fleury (dir.), Caen, Presses Universitaires de Caen, p. 97-112.

FORABOSCHI D. (1987), « Economia e guerra nel *De rebus bellicis* », in *Studi di Antichità in memoria di Clementina Gatti*, Milan, Cisalpino-Goliardica (Università degli studi di Milano, Facoltà di Lettere e Filosofia. Quaderni di Acme ; 9), p. 111-127.

FORBES R.J. (1956), *Studies in Ancient Technology*, Leyde, Brill, 9 vol., 1956-1971.

FORMISANO M. (2003), « *Auctor, utilitas, princeps. L'Epitoma rei militaris* e il *De rebus bellicis* tra tecnica e letteratura », *Voces*, 14, p. 155-164.

FOUCHER A. (2008), « La *conclusio uerborum* chez Salluste : quelques observations sur les clausules du genre historique », in *Commencer et finir : débuts et fins dans les littératures grecque, latine et néolatine* (Actes du colloque organisé les 29 et 30 septembre 2006 par l'Université Jean-Moulin-Lyon 3 et l'ENS-LSH), B. Bureau, C. Nicolas (dir.), Lyon, Éditions CERGR – Paris, de Boccard (Collection du Centre d'études et de recherches sur l'Occident romain. Nouvelle série, 31).

FOUCHER A. (2013), *Lecture « ad metrum », lecture « ad sensum »* : *études de métrique stylistique*, Bruxelles, Éditions Latomus (Collection Latomus ; 341).

FRASCHETTI A. (1986), « Costantino e l'abbandono del Campidoglio, II », *in* GIARDINA 1986, p. 59-98.

FREU C., JANNIARD S. et RIPOLL A. (dir.) (2016), « Libera curiositas ». *Mélanges d'histoire romaine et d'antiquité tardive offerts à Jean-Michel Carrié*, Turnhout, Brepols.

GABBA E. (1974), *Per la storia dell'esercito romano in età imperiale*, Bologne, Pàtron (« Il mondo antico ». Studi di storia e di storiografia ; 3).

GAUDEMET J. (1956), « Le partage législatif dans la seconde moitié du IVe siècle », in *Studi in onore di Pietro de Francisci,* Volume secondo, Milan, Giuffrè, p. 319-354.

GHELEN S. (1552), *Notitia utraque cum Orientis tum Occidentis* […]. *Subiungitur* Notitiis *uetustus liber* De rebus bellicis […], Basileae, Froben.

GIARDINA A. (1977), « Aspetti del fiscalismo tardoantico », *Studi Storici*, 18, 3, p. 151-161.

GIARDINA A. (dir.) (1986), *Società romana e impero tardoantico*, Rome-Bari, Laterza (4 vol.).

GIARDINA A. (1989), *Le cose della guerra*, Milan, Mondadori (Fondazione Lorenzo Valla).

GIARDINA A., GRELLE F. (1983), « La Tavola di Trinitapoli : una nuova costituzione di Valentiniano I », *MÉFRA*, 95, p. 249-303.

GIUFFRÈ V. (1974), *La letteratura « de re militari »*. *Appunti per una storia degli ordinamenti militari*, Naples, Jovene.

GRIFFITHS W.B. (1995), « Experiments with *plumbatae* », *The Arbeia Journal*, 4, p. 1-11.

GRIGG R. (1987), « Illustrations and Text in the lost *Codex Spirensis* », *Latomus*, 46, p. 204-210.

GRUBAUGH C. (2015), « The Anonymus *De Rebus Bellicis* and the Ethics of Empire in Late Antiquity », *Clio's Scroll*, 17, 1, p. 3-25.

GUDEA N., BAATZ D. (1974), « Teile spatrömischer Ballisten aus Gornea und Orsova (Rumänien), mit einem Anhang : Herons Cheiroballistra (Uebersetzung) », *Saalburg Jahrbuch*, 31, p. 50-72.

HASSALL M.W.C (1979), « The Inventions », in HASSALL & IRELAND 1979, I, p. 77-95.

HASSALL M.W.C. (dir.), IRELAND R.I. (1979), De rebus bellicis. *Part I : Aspects of the De rebus bellicis. Papers presented to Professor E.A. THOMPSON. Edited by M.W.C. Hassall. Part II : De rebus bellicis : The text edited by Robert Ireland*, Oxford, British Archaeological Reports, International Series, 63.

HEINRICHS J. (2008), « Zwischen *falsum* und *(laesa) maiestas* : Münzdelikte im römischen Recht », *Zeitschrift für Papyrologie und Epigraphik*, 166, p. 247-260.

HENIG M. (1979), « Late Antique Book Illustration and the Gallic Prefecture », *in* HASSALL & IRELAND 1979, I, p. 17-37.

HODGES H. (1979), « The Anonymous in the Later Middle Ages », *in* HASSALL & IRELAND 1979, I, p. 119-126.

HOWGEGO C.J. (1990), « Why did Ancient States strike Coins ? », *The Numismatic Chronicle*, 150, p. 1-25.

IRELAND R. (1979a), « The Transmission of the Text », in HASSALL & IRELAND 1979, II, p. 39-92.

IRELAND R. (1979b), « Translation of the *De rebus bellicis* », in HASSALL & IRELAND 1979, II, p. 23-36.

IRELAND R. (1979c), « Language and Style », in HASSALL & IRELAND 1979, II, p. 113-150.

IRELAND R. (1984), *Anonymi auctoris De rebus bellicis*, Leipzig, Teubner (BT).

JACQUEMARD C. (éd.) (1994), *Querolus (Aulularia)*, París, Les Belles Lettres (CUF ; 319).

JANNIARD S. (2008), « Végèce et les transformations de l'art de la guerre aux IVe et Ve siècles après J.-C. », *Antiquité Tardive*, 16, p. 19-36.

JANNIARD S. (2016), « Le maniement des armes offensives dans l'infanterie romaine tardive », in FREU C., JANNIARD S. et RIPOLL A. (dir.) (2016), p. 43-54.

JOHNSON S. (1979), « Frontier Policy in the Anonymus », in HASSALL & IRELAND 1979, I, p. 67-75.

JONES A.H.M. (1953a), Compte rendu de Mazzarino 1951, *The Classical Review*, New Series, 3, 2, p. 113-115.

JONES A.H.M. (1953b), « Inflation under the Roman Empire », *The Economic History Review*, 5, 3, p. 293-318.

JONES A.H.M. (1959), « Over-Taxation and the Decline of the Roman Empire », *Antiquity*, 33, p. 39-43.

JONES A.H.M. (1964), *The Later Roman Empire, 284-602 : A Social, Economic and Administrative Survey*,

Oxford, Basil Blackwell – Norman (Okla.), University of Oklahoma Press.

JOUFFROY H. (1991), « La défense des frontières : le point de vue du *De rebus bellicis* », in *Roman Frontier Studies* (Proceedings of the XVth International Congress of Roman Frontier Studies held at Canterbury, 2-10 September 1989), V.A. Maxfield, M.J. Dobson (dir.), University of Exeter Press, p. 373-375.

JOUFFROY H. (2004), « Le *De rebus bellicis*, source d'histoire militaire ? Traduction française du *De rebus bellicis* », in Le Bohec & Wolff (dir.) 2004, p. 55-67.

KOLB F. (1980a), « Eine moderne Imperialismus-Theorie im Anonymus *De rebus bellicis* ? », in *Φιλίας Χάριν. Miscellanea di studi classici in onore di Eugenio Manni*, M.J. Fontana, M.T. Piraino, F.P. Rizzo (dir.), Rome, G. Bretschneider, vol. IV, p. 1255-1263.

KOLB F. (1980b), « Finanzprobleme und soziale Konflikte aus der Sicht zweier spätantiker Autoren (*Scriptores Historiae Augustae* und *Anonymus de rebus bellicis*) », in *Studien zur antiken Sozialgeschichte, Festschrift Friedrich Vittinghoff*, W. Eck, H. Galsterer, H. Wolff (dir.), Cologne-Vienne, Bölhau (Kölner historische Abhandlungen ; 28), p. 497-525.

KOLB F. (1982), « Die Adäration als Korruptionsproblem in der Spätantike », in *Korruption im Altertum* (Actes du Colloque tenu à l'Université de Constance du 9 au 10 octobre 1979), W. Schuller (dir.), Munich-Vienne, Oldenbourg, p. 163-173.

LABBE Ph. (1651), *Anonyme. De rebus bellicis*, Paris, e Typographia Regia.

LABORY N. (2005), « À propos de la signification du mot *propugnaculum* utilisé en architecture militaire », *Latomus,* 64, p. 318-324.

LANG K. (1885), *Flavi Vegeti Renati Epitoma rei militaris,* Leipzig, B.G. Teubner (BT), editio altera.

LEBEUF J.-P. (1970), « Monnaies archaïques africaines de terre cuite », *Revue européenne des sciences sociales,* 21, p. 67-92.

LEBEUF J.-P., MASSON DETOURBET A. (1950), *La civilisation du Tchad,* Paris, Payot.

LE BOHEC Y., WOLFF C. (dir.) (2004), *L'armée romaine de Dioclétien à Valentinien Ier* (Actes du congrès de Lyon, 12-14 septembre 2002), Lyon, Université Jean-Moulin / Paris, De Boccard (Collection du Centre d'études romaines et gallo-romaines, nouvelle série ; 26).

LEJAY P. (1909), Compte rendu de Schneider 1908 in *Revue critique d'histoire et de littérature,* Nouvelle Série 68, p. 289-291.

LIEBESCHUETZ J.H.W.G. (1994), « Realism and Phantasy. The Anonymus *De Rebus Bellicis* and its Afterlife », in *The Roman and Byzantine Army in the East* (Colloque Univ. Cracovie 1992, éd. par E. Dabrowa), p. 117-139.

LIPPOLD A. (1992), « Der Anonymus *De rebus bellicis* und die *Historia Augusta* », *Historia : Zeitschrift für Alte Geschichte,* 41, p. 253-255 (reproduit in *Die Historia Augusta. Eine Sammlung römischer Kaiserbiographien aus der Zeit Konstantins,* G.H. Waldherr (Hrsg.), Stuttgart, Franz Steiner Verlag, 1998, p. 79-81).

MACMULLEN R. (1962), « Roman Bureaucratese », *Traditio,* 18, p. 364-378.

MACMULLEN R. (1964), « Social Mobility and the Theodosian Code », *The Journal of Roman Studies,* 54, p. 49-53.

MAIER I.G. (1968), « The Giessen, Parma and Piacenza Codices of the *Notitia Dignitatum* with Some Related Texts », *Latomus*, 27, p. 96-141.

MAIER I.G. (1969), « The Barberinus and Munich Codices of the *Notitia Dignitatum omnium* », *Latomus*, 28, p. 960-1035.

MARSDEN E.W. (1971), *Greek and Roman Artillery. Technical Treatises*, Oxford, Clarendon Press.

MATTHEWS J. (1975), *Western Aristocracies and Imperial Court A.D. 364-425*, Oxford, Clarendon Press.

MAZZARINO S. (1951), *Aspetti sociali del quarto secolo. Ricerche di storia tardo-romana*, Rome, "L'Erma" di Bretschneider (Problemi e ricerche di storia antica ; 1).

MAZZARINO S. (1971), « Il *De rebus bellicis* e la *Gratiarum actio* di Claudio Mamertino », in *Studi di storiografia antica in memoria di Leonardo Ferrero*, Turin, Bottega d'Erasmo, p. 209-214.

MAZZARINO S. (1978), « Interpretazioni della *adaeratio* e problemi di datazione nel *CTh* con un'appendice sulla data del *De rebus bellicis* », in *Transformation et conflits au IV\u1d49 siècle ap. J.-C.* (Actes du Colloque organisé par la Fédération internationale des études classiques, Bordeaux, 7-12 septembre 1970), Bonn, R. Habelt (Antiquitas. Reihe 1, Abhandlungen zur alten Geschichte ; 29), p. 209-216.

MICKWITZ G. (1932), *Geld und Wirtschaft im römischen Reich des vierten Jahrhunderts n. Chr.*, Helsingfors, Centraltryckeri och Bokbinderi Aktiebolag – Leipzig, Otto Harrassowitz (Societas Scientiarum Fennica. Commentationes humanarum litterarum ; 4, 2).

MICKWITZ G. (1934), « Le problème de l'or dans le monde antique », *Annales d'histoire économique et sociale*, 6, p. 235-247.

MIHAILOV G. (1961), « La fortification de la Thrace par Antonin le Pieux et Marc Aurèle », *Studi Urbinati di storia, filosofia e letteratura*, Nuova Serie B, 35, p. 5-19.

MÜLLER B.A. (1918), « *Utriclarii* », *Glotta*, 9, p. 202-208.

NEHER R. (1911), *Der Anonymus* De rebus bellicis, Tübingen, J.J. Heckenhauer.

NEIRA FALEIRO C. (2004), « El Parisinus 9661 y la *Notitia Dignitatum* : nuevas aportaciones », *Latomus*, 63, p. 425-449.

NEIRA FALEIRO C. (2005), *La* Notitia dignitatum *: nueva edición crítica y comentario histórico*, Madrid, Consejo Superior de Investigaciones Científicas (Nueva Roma – Bibliotheca Graeca et Latina Aevi Posterioris ; 25).

NENCI G. (1974), « Considerazioni sulle monete di cuoio e di ferro nel bacino del Mediterraneo e sulla convenzionalità del loro valore », *Annali della Scuola Normale Superiore di Pisa. Classe di Lettere e Filosofia*, ser. 3, 4, p. 639-657.

NOETHLICHS K.L. (1985), « Spätantike Wirtschaftspolitik und *Adaeratio* », *Historia : Zeitschrift für Alte Geschichte*, 34, p. 102-116.

NÖRR D. (1963), « Zu den geistigen und sozialen Grundlagen der spätantiken Kodifikationsbewegung (Anon. *De rebus bellicis* XXI) », *Zeitschrift der Savigny-Stiftung für Rechtsgeschichte. Romanistische Abteilung*, 80, p. 109-140.

NOVARA A. (1994), « Faire œuvre utile : la mesure de l'ambition chez Vitruve », in « *Le projet de Vitruve : objet, destinataires et réception du* De architectura » (Actes du colloque international organisé par l'École française de Rome, l'Institut de recherche sur l'architecture antique du CNRS et la Scuola normale superiore de Pise, Rome, 26-27 mars 1993), Paris, de

Boccard (Collection de l'École française de Rome ; 192), p. 47-61.

OBERHELMAN S.M., HALL R.G. (1984), « A New Statistical Analysis of Accentual Prose Rhythms in Imperial Latin Authors », *Classical Philology*, 79, p. 114-130.

OBERHELMAN S.M., HALL R.G. (1985), « Meter in Accentual Clausulae of Late Imperial Latin Prose », *Classical Philology*, 80, p. 214-227.

OBERHELMAN S.M. (1987), « The Provenance of the Style of Ammianus Marcellinus », *Quaderni Urbinati di Cultura Classica*, 27/3, p. 79-89.

OBERHELMAN S.M. (1988a), « The Cursus in Late Imperial Latin Prose. A Reconsideration of Methodology », *Classical Philology*, 83, p. 136-149.

OBERHELMAN S.M. (1988b), « The History and Development of the *Cursus Mixtus* in Latin Literature », *Classical Quarterly*, 38, p. 228-242.

OLIVER R.P. (1955), « A Note on the *De Rebus Bellicis* », *Classical Philology*, 50, p. 113-118.

ORS A. d' (1963), « Un arbitrista del siglo IV y la decadencia del imperio romano », *Cuadernos de la Fundación Pastor*, 7, p. 40-69.

PALLOTTINO M. (1997), « Servius Tullius à la lumière des nouvelles découvertes archéologiques et épigraphiques », *Comptes rendus de l'Académie des Inscriptions et Belles-Lettres*, 121, p. 216-235.

PANCIERA S. (1956), « Liburna. Rassegna delle fonti, caratteristiche della nave, accezioni del termine », *Epigraphica*, 18, p. 130-156.

PASCHOUD F. (1967), Roma aeterna. *Études sur le patriotisme romain dans l'Occident latin à l'époque des grandes invasions*, Neuchâtel, Paul Attinger S.A. – Rome, Institut suisse de Rome (Bibliotheca Helvetica Romana ; 7), p. 118-132 : Les écrivains militaires : l'*Anonymus De rebus bellicis*.

PASCHOUD F. (éd.) (1996), *Histoire auguste. Tome V. 1re partie, Vies d'Aurélien, Tacite*, Paris, Les Belles Lettres (CUF ; 335).

PASCHOUD F. (éd.) (2001), *Histoire Auguste. Tome V. 2e partie, Vies de Probus, Firmus, Saturnin, Proculus et Bonose, Carus, Numérien et Carin*, Paris, Les Belles Lettres (CUF ; 365).

PEDRONI L. (1995), « Censo, moneta e "rivoluzione della plebe" », *MÉFRA*, 107, p. 197-223.

PERGAMI F. (1993), *La legislazione di Valentiniano e Valente (364-375)*, Milan, Giuffrè (Accademia romanistica costantiana).

PERTZ K.A.F. (1853), *De Cosmographia Ethici libri tres (dissertatio)*, Berlin, Friedrich Nicolai.

PETERSEN A. (dir.) (1896), *Die Marcus-Säule auf Piazza Colonna in Rom*, Munich, F. Bruckmann.

PHARR C. (1952), *The Theodosian Code and Novels and the Sirmondian Constitutions*, A Translation with Commentary, Glossary, and Bibliography, Princeton, Princeton University Press (The Corpus of Roman Law ; *Corpus Iuris Romani* ; 1).

PIGANIOL A. (1945), « Le problème de l'or au IVe siècle », *Annales d'histoire sociale*, 8, p. 47-53.

PIGANIOL A. (1947), *L'Empire chrétien (325-395)*, Paris, Presses Universitaires de France (Histoire romaine, Tome IV, 2e partie) (2e éd., *ibid.* [Collection Hier], 1972).

PREISENDANZ K. (1924), « Ottheinrichs Itinerarium », *Zeitschrift für Buchkunde*, 1, p. 15-16.

R. E. : Pauly A.F., Wissowa G., Kroll W., *Realencyclopädie der classischen Altertumswissenschaft*, Stuttgart, J.B. Metzler, 1893-1978.

REDDÉ M. (1986), *Mare Nostrum. Les infrastructures, le dispositif et l'histoire de la marine militaire sous l'Empire romain*, Rome, École française de Rome (BEFAR ; 260).

REDDÉ M. (éd.) (2005), « Oedenburg : une agglomération d'époque romaine sur le Rhin supérieur », *Gallia*, 62, p. 215-277.

REECE R. (1979), « The Anonymus : a Numismatic Commentary », *in* HASSALL & IRELAND 1979, I, p. 59-66.

REEVE M.D. (1983), « Notitia Dignitatum », in *Texts and Transmission. A Survey of the Latin Classics*, L.D. Reynolds (éd.), Oxford, Clarendon Press, p. 253-257.

REEVE M.D. (2004), *Vegetius, Epitoma rei militaris,* Oxford, Clarendon Press (Oxford Classical Texts).

REINACH S. (1922), « Un homme à projets du Bas-Empire », *Revue Archéologique*, 5e série, 16, p. 205-265. Le même article a été repris dans *Amalthée. Mélanges d'Archéologie et d'Histoire*, tome 2, Paris, E. Leroux, 1930, p. 214-281. Les pages auxquelles nous renvoyons sont celles des *Mélanges d'Archéologie et d'Histoire*.

REYNOLDS L.O. (1983), *Texts and Transmission*, Oxford, Clarendon Pr.

RICHARDOT P. (1998), « La datation du *De Re Militari* de Végèce », *Latomus*, 57, 1, p. 136-147.

RÖSCH G. (1978), *Onoma Basileias : Studien zum offiziellen Gebrauch der Kaisertitel in spätantiker und frühbyzantinischer Zeit*, Vienne, Verlag der Österreichischen Akademie der Wissenschaften (Byzantina Vindobonensia ; 10).

ROUGÉ J. (1959), « *Utricularii* », *Cahiers d'Histoire,* 4, p. 285-306.

ROUGÉ J. (1966), « L'Histoire Auguste et l'Isaurie au IVe siècle », *Revue des Études Anciennes*, 68, p. 282-315.

SABBAH G. (1980), « Pour la datation théodosienne du *De re militari* de Végèce », *Mémoires du Centre J. Palerne* II, p. 131-155.

SABBAH G. (2004), « L'armée romaine de Dioclétien à Valentinien Ier. Les sources littéraires », in Le Bohec & Wolff (dir.) 2004, p. 31-41.

SAINTY J., MARCHE J. (2006), « Pointes de flèche en fer forgé du Moyen Âge : recherche expérimentale sur leur technique de fabrication », *Revue Archéologique de l'Est*, 55, p. 323-338.

SÁNCHEZ-OSTIZ Á. (2003), « El *De rebus bellicis* y la *Gratiarum actio* de Claudio Mamertino : ¿dependencia o patrones comunes? », in *Vrbs aeterna* (Actas y colaboraciones del coloquio internacional « Roma entre la literatura y la historia »), C. Alonso del Real (dir.), Pampelune, EUNSA (Mundo antiguo. Nueva serie, 9), p. 721-735.

SÁNCHEZ-OSTIZ Á. (2004), *Anonimo sobre asuntos militares*, Pampelune, EUNSA (Mundo antiguo. Series minor).

SÁNCHEZ VENDRAMINI D.N. (2006), « Die „Münzgeschichte" in der spätantiken Schrift *De rebus bellicis* », *Historia : Zeitschrift für Alte Geschichte*, 55, p. 125-128.

SÁNCHEZ VENDRAMINI D.N. (2009), « Consideraciones sobre el autor del *De Rebus Bellicis* y su valoración en la historiografía contemporanea », *Temas Medievales*, 17, p. 139-163.

SANTINI C. (1992), « La *praefatio* del *De rebus bellicis* », in *Prefazioni, prologhi, proemi di opere tecnico-scientifiche latine*, vol. 2, C. Santini, N. Scivoletto (dir.), Rome, Herder (Biblioteca del "Giornale Italiano di Filologia" ; 7), p. 991-999.

SCHNABEL P. (1926), « Der verlorene Speirer Codex des *Itinerarium Antonini*, der *Notitia Dignitatum* und anderer Schriften », Sitzungsberichte *der Preussischen Akademie der Wissenschaften, Phil.-hist. Klasse,* 29, p. 242-257.

SCHNEIDER R. (1908), *Anonymi De rebus bellicis liber. Text und Erläuterungen,* Berlin, Weidmann.

SCHNEIDER R. (1910), « Von Büchlein *De rebus bellicis* », *Neue Jahrbücher für das klassische Altertum, Geschichte und Deutsche Litteratur und für Pädagogik,* 13. Jahrg., 25. Bd., p. 327-342.

SCHÖNBERGER H. (1969), « The Roman Frontier in Germany : An Archaeological Survey », *The Journal of Roman Studies,* 59, p. 144-197.

SCHOTTENLOHER K. (1927), *Pfalzgraf Ottheinrich und das Buch,* Münster, Verlag der Aschendorffschen Verlagsbuchhandlung (Reformationsgeschichtliche Studien und Texte).

[SCHRIJVER P.] (1607), *V. Inl. Fl. Vegetii Renati Comitis aliorumque aliquot ueterum de re militari libri* [...], Lugduni Batauorum, Raphelengius.

SEECK O. (1875), « Zur Kritik der *Notitia Dignitatum* », *Hermes,* 9, p. 217-242.

SEECK O. (1894), « *s.u.* ANONYMI (3) », in *R.E.* I, 2, c. 2325.

SESTON W. (1955), « Du *comitatus* de Dioclétien aux *comitatenses* de Constantin », *Historia : Zeitschrift für Alte Geschichte,* 4, p. 284-296 (= *Scripta varia. Mélanges d'histoire romaine, de droit, d'épigraphie et d'histoire du christianisme,* Rome, École française de Rome (Collection de l'École française de Rome ; 43), p. 483-495).

SHERLOCK D. (1979), *Plumbatae – A Note on the Method of Manufacture,* in HASSALL & IRELAND 1979, I, p. 101-102.

SPEIDEL M.P. (1984), « *Catafractarii clibanarii* and the Rise of the Later Roman Mailed Cavalry : a Gravestone from Claudiopolis in Bithynia », *Epigraphica Anatolica,* 4, p. 151-156.

SPEIDEL M.P. (2007), « The Missing Weapons at Carlisle », *Britannia,* 38, p. 237-239.

STARR C.G. (1960), *The Roman Imperial Navy. 31 B.C. – A.D. 324,* Cambridge, W. Heffer (1re éd. : Ithaca, Cornell University Press [Cornell studies in classical philology ; 26], 1941).

STEVENS C.E. (1955), « Hadrian and Hadrian's Wall », *Latomus,* 14, p. 384-403.

STEVENSON D.A. (ed. by) (1946), *English Lighthouse Tours (1801, 1813, 1818). From the Diaries of Robert Stevenson with his Drawings of Lighthouses,* Londres, Th. Nelson.

STRAUB J. (1972), Regeneratio imperii. *Aufsätze über Roms Kaisertum und Reich im Spiegel der heidnischen und christlichen Publizistik,* Darmstadt, Wissenschaftliche Buchgesellschaft, p. 195-219 (reprise dans cet ouvrage de l'article « Die Wirkung der Niederlage bei Adrianopel auf die Diskussion über das Germanenproblem in der spätrömischen Literatur », *Philologus,* 95, 1943, p. 255-286).

SYME R. (1968), *Ammianus and the Historia Augusta,* Oxford, Clarendon Press.

THOMPSON E.A. (1952a), *A Roman Reformer and Inventor : Being a New Text of the Treatise* De rebus bellicis, Oxford, Clarendon Press.

THOMPSON E.A. (1952b), « Peasant Revolts in Late Roman Gaul and Spain », *Past & Present,* 2, p. 11-23.

TOMLIN R. (1972), « *Seniores-Iuniores* in the Late Roman Field Army », *The American Journal of Philology,* 93, p. 253-278.

TONDO L. (1976), « Il *De rebus bellicis* e la politica monetaria », *Rivista italiana di numismatica*, 78, p. 201-207.

VANAGS P. (1979), « Taxation and Survival in the Late Fourth Century : the Anonymus' Programme of Economic Reforms », *in* HASSALL & IRELAND 1979, I, p. 47-57.

VOGLER C. (1979), *Constance II et l'administration impériale*, Strasbourg, A.E.C.R. (Études et travaux ; 3).

VÖLLING T. (1991), « *Plumbata – Mattiobarbulus –* Μαρτζοβάρβουλον ? Bemerkungen zu einem Waffenfund aus Olympia », *Archäologischer Anzeiger*, 1, p. 287-298.

VÖLLING T. (1991-1992), « *Plumbatae sagittae* ? Anmerkungen zu Waffenfunden aus dem augusteischen Lager von Haltern », *Boreas : Münstersche Beiträge zur Archäologie*, 14-15, p. 293-296.

VUJOVIC M.B. (2009), « The *plumbatae* from Serbia », *Glasnik Srpskog arheoloskog drustva – Journal of the Serbian Archaeological Society*, 25, p. 203-218.

WEITZMANN K. (1969), « Book Illustration of the Fourth Century. Tradition and Innovation », in *Akten des VII. Internationalen Kongresses für christliche Archäologie* (Trier, 5-11 september 1965), Città del Vaticano, Pontificio Istituto di archeologia cristiana, p. 257-281 (= *Studies in Classical and Byzantine Illumination*, edited by H.L. Kessler, Chicago – Londres, University of Chicago Press, 1971, p. 96-125).

WHITE K.D. (1979), « Harvesting Machines, Palladius and Technology in the Later Roman Empire », *in* HASSALL & IRELAND 1979, I, p. 39-45.

WIEDEMANN T. (1979), « Petitioning a Fourth-Century Emperor. The *De rebus bellicis* », *Florilegium*, 1, p. 140-150.

WILD J.P. (1979), « Fourth-Century Underwear with Special Reference to the *Thoracomachus* », *in* HASSALL & IRELAND 1979, I, p. 105-110.

WOLFF Ph. (1986), « Premières recherches sur l'apparition du vouvoiement en latin médiéval », *Comptes rendus de l'Académie des Inscriptions et Belles-Lettres*, 130, p. 370-383.

SIGLA

1) *Libri manuscripti*

C	Oxoniensis Canonicianus class. lat. misc. 378 (a. 1436), f. 67^r-77^v
P	Parisinus Latinus 9661 (c. a. 1443), f. 53^v-63^r
V	Vindobonensis Latinus 3103 olim, nunc Tridentinus (c. a. 1495), f. 53^r-63^v
M	Monacensis Latinus 10291 (a. 1542), f. 66^v-77^v
B	Vaticanus Barberin(ian)us Latinus 157 (c. a. 1550), f. 68^v-79^v

2) *Editiones et uaria*

Condorelli	Éd. S. Condorelli, *Riforme e tecnica nel* De rebus bellicis, Messine, Sortino, 1971.
Desbordes	Corrections d'O. Desbordes, réviseur de l'édition.
Flower	Correction de Barbara Flower indiquée par E.A. Thompson dans l'apparat de son édition, p. 96, 24.
Ghelen	Éd. S. Ghelen, Bâle, Froben, 1552.
Giardina	Éd. A. Giardina, *Le cose della guerra*, Milan, Mondadori, 1989

Gundermann Corrections de G.E. Gundermann indiquées par R. Neher, *Der Anonymus* De rebus bellicis, Tübingen, J.J. Heckenhauer, 1911, p. 48, n. 1 et p. 59, n. 1.

Ireland Éd. R. I. Ireland, Leipzig, B.G. Teubner, 1984.

Labbe Éd. Ph. Labbe, Paris, e Typographia Regia, 1651.

Maas Corrections de P. Maas indiquées par E.A. Thompson dans l'apparat de son édition (cf. Thompson 1952a, PREFACE, p. V).

Maguiness Correction de W.S. Maguiness indiquée par E.A. Thompson dans l'apparat de son édition, p. 99, 22-23.

Reinach « Un homme à projets du Bas-Empire », *Revue Archéologique*, 5ᵉ série, 16, juillet-décembre 1922, p. 205-265.

Schneider Éd. R. Schneider, Berlin, Weidmann, 1908.

Scriverius [P. Schrijver], *V. Inl. Fl. Vegetii Renati comitis, aliorumque aliquot ueterum de re militari libri. Accedunt Frontini Strategematibus eiusdem auctoris alia opuscula*, Leyde, Raphelengius, 1607.

Smith Correction de W. R. Smith indiquée par E.A. Thompson dans l'apparat de son édition (cf. Thompson 1952a, PREFACE, p. VI ; p. 97, *ad* VII *tit.*).

Thompson E.A. Thompson, *A Roman Reformer and Inventor*, Oxford, Clarendon Press, 1952, p. 91-105 (texte et apparat sélectif), p. 124-125 (« Critical Appendix »).

SUR LES AFFAIRES MILITAIRES

DE REBVS BELLICIS

Préface

1 Princes très sacrés[1], le bonheur[2] de votre État, toujours heureux grâce à l'inspiration divine[3], doit être soutenu[4] au bon moment pour que vos projets divins se réalisent en succès divins. **2** J'ai donc composé dans ce petit traité[1], à la mesure de mon intelligence, un premier chapitre[2] sur l'usage des largesses[3], non parce que ce chapitre suffit à une si vaste fonction, mais pour pouvoir gagner votre confiance sur l'utilité de mes autres propositions à partir de cet exemple de mes modestes compétences[4]. **3** Par conséquent, afin que le crédit accordé à ma promesse ne fasse pas peser sur moi le poids d'un mensonge pour l'avenir, conscient de dire la vérité, je réclame moi-même un châtiment au lieu d'une récompense si ma promesse aboutit autrement ; ou du moins que la louange ne me soit pas accordée puisque, dans cette partie, c'est bien assez d'éviter l'indignation pour mon audace[1]. **4** Ainsi, il sera permis au Chef de l'État[1] de connaître les propositions venant d'un particulier[2], étant donné que parfois l'utilité des choses échappe à son enquête[3]. **5** Il faut donc quelquefois

Praefatio

1 Caelesti semper instinctu felicis rei publicae uestrae commoditas, sacratissimi principes, opportunis est suggerenda temporibus, ut diuina consilia diuinis successibus conualescant. **2** Vnde pro ingenii facultate unum capitulum de largitionum utilitate in hoc libello composui, non quod istud tam inmensae utilitati sufficiat, sed ut ex hoc mediocritatis meae documento praemisso in reliquis utilitatis possit fides ostendi. **3** Proinde, ne promissioni fides accommodata uelut fallacem in posterum grauet, pro conscientia ueritatis ipse mihi poenam praemii loco, si promissio secus cesserit, posco ; aut ne me laus prosequatur, cum abunde sit in hac parte indignationem pro audacia declinare. **4** Sed fas erit rei publicae praesulem a priuato desiderata cognoscere, cum rerum utilitas interdum eum lateat inquirentem. **5** Ergo nonnumquam inuitandi sunt qui

Praef. 1 caelesti *CPMB* : -tis *V* ‖ principes *CPVM* : -pis *B* ‖ **2** capitulum *post* utilitate *transt.* *M* ‖ libello *CPMB* : bello *V* ‖ **3** pro conscientia — praemii loco *post* cesserit *transt. Maas* ‖ promissio *CPVM* : -so *B* ‖ *ante* posco *add.* etiam si bene cesserit *Maas* ‖ aut *huc transtuli post* laus *habent codd. exp.* *P²* *del. Ghelen* ‖ ne *codd.* : nec *Ireland* ‖ *ante* prosequatur *add.* praemium *Ireland praeeunte Maas* gratia *Giardina lac. ind. Thompson* ‖ indignationem *CPB* : -one *VM* ‖ **4** fas *om. V* ‖ a *om. V* ‖ priuato *CPVB* : -ta *M* ‖ **5** inuitandi *CPMB* : imitandi *V.*

inviter ceux qui ont fait preuve d'un bon discernement, car, comme le dit un excellent orateur[1], la plupart des hommes se rangent à l'avis de celui que la nature a doué d'intelligence. **6** Sur ce point, il est possible de toujours considérer ce que chacun pense plutôt que ce qu'il dit. Il est en effet évident pour chacun que ce ne sont ni une très haute noblesse, ni une abondance des richesses, ni les pouvoirs liés aux magistratures ou une éloquence littéraire qui ont apporté quelque chose aux techniques, y compris même à l'invention des armes, mais seulement la puissance de l'intelligence, qui est la mère de toutes les qualités et qui repose sur une heureuse prédisposition naturelle. **7** Nous voyons bien que cela se produit sans choix des personnes, car, alors que les nations barbares n'ont pas la puissance de l'éloquence ni l'éclat des fonctions officielles, ces gens, la nature aidant, ne sont pourtant pas du tout considérés comme étrangers aux inventions pratiques[1]. **8** C'est pourquoi, Princes très cléments[1], vous qui appréciez, dans une perpétuelle félicité, la gloire d'un bon renom, vous qui transmettez à vos fils[2] l'affection due au nom romain[3], daignez regarder les suggestions pratiques que nous a inspirées la providence divine[4]. **9** Donc, tandis que tous se réjouissent de la félicité de votre siècle, soit en gérant une charge de votre Clémence, soit en se satisfaisant d'un loisir privé, soit en gérant des bénéfices issus de la culture de la terre ou du commerce des marchandises, en vous inspirant de mon livre, vous irez dans le sens des intérêts[1] de chacun ; ce que sont ces intérêts, le texte suivant en traitera dans différents chapitres, à chaque endroit opportun. **10** Nous exposerons en effet comment maintenir le cultivateur des provinces dans la force qui le caractérise en réduisant de moitié les impôts ; pourquoi l'habitant sécurisé par l'implantation

*r*ecte quicquam sentire fuerint approbati : nam, ut ait optimus orator, ad illum maior pars hominum decurrit quem ingenio natura donauerit. **6** In qua re est considerare semper quid unusquisque magis sentiat quam loquatur. Constat enim apud omnes quod nec summa nobilitas nec opum affluentia aut subnixae tribunalibus potestates aut eloquentia litteris acquisita consecuta est utilitates artium, in quibus etiam armorum continetur inuentio, sed ingenii tantummodo magnitudo, quae uirtutum omnium mater est, naturae felicitate subnixa. **7** Quod quidem sine personarum electione uidemus accidere : nam cum barbarae nationes neque facundia polleant aut dignitatibus illustrentur, minime tamen a rerum inuentione, natura opitulante, habentur alieni. **8** Quamobrem, clementissimi principes, qui gloriam bonae opinionis perpetua felicitate diligitis, qui Romano nomini debitos affectus propagatis in filios, respicere dignemini quae nostris sensibus commoda prouidentia diuinitatis intulerit. **9** Vniuersis igitur seu militiam clementiae uestrae tractantibus seu otio priuato contentis uel terrae cultoribus siue negotiatoribus mercium lucra tractantibus pro saeculi uestri felicitate gaudentibus, consequemini ex hoc opere commoda singulorum, quorum species diuersis titulis, opportunis quibusque locis, oratio subiecta testabitur. **10** Referemus enim quemadmodum, remissa tributorum medietate, in robur proprium prouinciarum cultor habeatur ; unde

---

5 recte *Maas* : nec te *codd.* ‖ **6** opum *CPMB* : opium *V* ‖ **7** nationes *CP²VMB* : -nis *P¹* ‖ alieni *codd.* : -nae *Ghelen* ‖ **8** nomini *CVMB* : -ne *P* ‖ affectus *CPMB* : ef- *V* ‖ respicere *CPMB* : pros- *V* ‖ commoda *CPMB* : -do *V* ‖ **9** tractantibus *CPVM* : tractibus *B* ‖ mercium *CPMB* : -cum *V* ‖ consequemini *CMB* : -quimini *PV* ‖ **10** referemus — habeatur *om. M* ‖ enim *CPB* : igitur *V* ‖ tributorum *CPˣVMB* : retri- *P¹*.

de camps fortifiés met en valeur les confins désertiques, si l'on supprime les abus dans le système de taxations ; de quelle manière doubler la quantité d'or et d'argent sans pénaliser les contribuables ; ou encore comment le soldat s'enorgueillit d'être comblé d'honneurs venant s'ajouter aux largesses habituelles. **11** À cela, nous avons cru devoir ajouter ce que les guerres maritimes ou terrestres exigent pour obtenir la victoire ; dans ce domaine, pour ne pas vous ennuyer, nous n'exposerons que quelques inventions de machines[1]. **12** Nous montrerons donc que, par la maîtrise de l'ingéniosité, un type de liburne très rapide surpasse dix navires, si bien qu'elle les anéantit sans le secours d'une chiourme nombreuse. **13** Pour les affrontements terrestres, on a imaginé un ingénieux système : un cheval lancé pour rompre une ligne de bataille ou jeté sur des fugitifs est équipé de façon à causer beaucoup de pertes à l'ennemi, se fouettant lui-même sans être conduit par quelqu'un[1]. **14** Pour faire face également à l'obstacle des rivières, on a imaginé l'invention d'un nouveau pont, très peu lourd à transporter ; en effet un très petit nombre d'hommes ou[1] une cinquantaine de bêtes environ porteront ce pont nécessaire pour franchir les cours d'eau et les marais. **15** Donc, après cet exposé – je pense[1] avoir annoncé maintenant le plan des développements à venir –, permettez-moi de vous dire que je vous apporte, avec l'assentiment de la divinité, un grand présent[2], en affirmant que, grâce à la providence de votre Piété, la vigueur des armes et l'État tout entier seront aidés par les remèdes précités ; ceux-ci ne sont certes pas ignorés des plus proches[3] de votre Clémence, préoccupés par bien d'autres problèmes qui nous sont étrangers. **16** Mais parce que beaucoup de choses échappent à ces

etiam, <in> ratione exactionum cessante contumelia, limitum solitudinem erectis castrorum munitionibus incola securus illustret ; quo etiam pacto auri argentique modus sine dantium poena duplicetur ; uel quo argumento extra solitam largitatem cumulatus honoribus miles exultet. **11** His etiam adnectenda credidimus quae bellorum necessitatibus terra uel mari in acquirendis uictoriis procurentur ; ex quibus fastidii leuandi gratia pauca machinarum inuenta referemus. **12** Docebimus igitur uelocissimum liburnae genus decem nauibus ingenii magisterio praeualere, ita ut hae per eam sine auxilio cuiusquam turbae obruantur. **13** In terrenis uero congressibus talis est excogitata sollertia, ut equ*us*, siue aciem rupturus inuadat siue fugientibus ingerat se, tali arte muniatur, ut semetipsum uerberans sine cuiusquam magisterio efficiat magnas hostium strages. **14** In fluuiorum quoque difficultatibus exquisita est noui pontis inuentio minime subuectioni onerosa ; hunc enim pontem amnibus paludibusque necessarium perpauci homines aut quinquaginta fere numero iumenta portabunt. **15** Ex his igitur quae retulimus, iam futuris ut arbitror designatis, pace uestra dixerim, magnum uobis munus concessu diuinitatis apporto, asserens prouidentia pietatis uestrae armorum uigorem et cunctam rem publicam praedictis remediis subleuandam ; quae quidem non ignota sunt proximis uestrae clementiae, quos alia plura sollicitant a nobis aliena. **16** Verum quia

---

10 *ante* ratione *add.* in *Ireland* ‖ exactionum *CPMB* : -ne *V* ‖ *post* exactionum *lac. susp. Maas* deminuta *supplens* ‖ argumento *VMB* : -ta *P* argento *C* ‖ **11** credidimus *CPMB* : credimus *V* ‖ **12** cuiusquam *CPMB* : cuiquam *V* ‖ turbae *om. C* ‖ **13** equus *Reinach* : eques *codd.* ‖ cuiusquam *CPMB* : cuiquam *V* ‖ **14** exquisita *CPMB* : exquesita *V* ‖ perpauci *PVMB* : pauci *C* ‖ aut *om. M* ‖ **15** *post* ut *add.* ego *Ireland* ‖ nobis *PVMB* : uobis *C*.

gens occupés, inspiré par le loisir et pas trop étranger au côté pratique des choses, j'ai été impatient de rassembler des éléments utiles à votre Félicité en allant les chercher de toutes parts[1]. **17** Mais si, à cause de la nécessité du sujet, j'avance quelque chose avec trop de liberté, j'estime devoir être protégé par votre indulgence, car je dois, pour remplir ma promesse, bénéficier de la liberté de pensée[1].

I

La maîtrise des dépenses

1 L'intérêt du trésor public va toujours de pair avec la gloire militaire et l'honneur des triomphes, à condition que la profusion des dépenses ne suscite pas de nouveaux germes de conflits[1]. Si, dans sa prévoyance, la majesté impériale maîtrise ces dépenses, le fléau de la guerre ne se développera pas davantage, mais les ressources déficientes des contribuables reprendront plutôt vigueur. **2** Si des dépenses immodérées dilapident ce qui doit être conservé, les richesses dans lesquelles nous nous complaisons[1] ne pourront plus subvenir à nos besoins, comme cela s'est passé dans l'ancien temps. **3** C'est pourquoi nous devons rappeler un peu la prévoyance dont ont fait preuve nos ancêtres dans des situations de pénurie[1] ou celle qu'on devrait voir dans ces temps de si grande abondance de moyens[2]. **4** Les dirigeants des époques précédentes

illos multa occupatos effugiunt, otio persuasus, non adeo
a rerum commoditatibus peregrinus, utilia uestrae felicitati
undique redacta conferre gestiui. **17** Si quid uero liberius
oratio mea pro rerum necessitate protulerit, aestimo uenia
protegendum, cum mihi promissionis implendae gratia
subueniendum est prop*ter* philosophiae libertatem.

I

De inhibenda largitate

1 Bellicam laudem et gloriam triumphorum utilitas
semper imitatur aerarii, ne profusa largitio semina
magis excitet proeliorum. Quae si prouidentia maiestatis imperatoriae reprimatur, non amplius bellorum
florebit improbitas, sed collatorum potius defecta
subsidia recreantur. **2** Quod si largitio immoderata
seruanda profuderit, opum delectabilitas nullo uetustatis more poterit iam necessitatibus subuenire.
3 Quamobrem patrum nobis est paulisper prouidentia
referenda quam in rebus egenis habuerint, uel quae
nunc in tanta facultatum licentia uideatur. **4** Rectores

---

16 multa *CPMB* : multum *V* ‖ utilia *PVMB* : italia *C* ‖ undique
CPMB : cordique *V* ‖ **17** mihi *CPMV* : multi *B* ‖ implendae *CPMB* :
-di *V* ‖ propter *Ghelen* : prope *codd.*

    I. 1 imitatur *CPMB* : mutatur *V* intueatur *Ireland* ‖ *post* aerarii
lac. ind. Thompson praeeunte Reinach ‖ bellorum *post* florebit *transt.*
M ‖ florebit *CVMB* : floruit *P* ‖ **2** delectabilitas *codd.* : defectibilitas
coni. Scriverius ‖ necessitatibus *CPVM* : -ati *B* ‖ **3** *post* nunc *add.* ita
Ireland ‖ uideatur *codd.* : -antur *Maas.*

n'aimaient pas les richesses oisives et ils préféraient fonder des villes[1], à l'ornement desquelles ils consacraient la totalité de leur masse d'or et d'argent[2]. **5** Avec leurs ressources en bronze, ils faisaient faire aussi, pour témoigner de leur valeur, des représentations de leur propre image. **6** Pour permettre[1] la pratique de l'achat et de la vente et pour que les disponibilités répondent aux dépenses royales, ils laissèrent de côté l'or et l'argent et utilisèrent, au lieu du bronze[2], de la terre[3] assez finement travaillée, durcie au feu, frappée aussi de motifs définis. **7** Leurs successeurs, dédaignant cette humble invention des temps anciens, frappèrent avec une fine couche d'or des ronds de cuir[1], grâce auxquels on pourvoyait à la munificence royale et à la nécessité des échanges sans toucher aux contribuables. **8** Quant aux gens de l'époque suivante, devant l'abondance du bronze, matériau désormais exclu de l'ornementation publique des villes, et après une réflexion sur les moyens de laisser, comme auparavant, des marques durables, ils frappèrent des pièces en bronze massif, plus précieuses du fait de leur poids même ; ce type fut plus durable en raison de son poids, comme nous l'avons dit, mais la puissance royale, selon son bon vouloir, ne frappa son effigie que sur l'or et l'argent, type qui, en raison du respect de la personne représentée, resta consacré à l'honneur royal sans aucun usage pratique. **9** Le bronze, qui désormais était plus commun en raison de son abondance, était frappé pour les récompenses militaires[1] et les diverses transactions civiles[2]. **10** Mais, pour que l'on soit plus facilement convaincu par ce que j'ai dit, je n'ai pas attendu pour représenter en couleur[1] les formes et les types d'usage courant, qui varient selon les époques, ainsi que les différents systèmes des anciens.

superioris uitae non otiosis opibus sed condendis
potius moenibus laetabantur, in quorum decorem uni-
uersam auri argentique materiam conferebant. **5.** Aeris
quoque copiam in simulacris propriis ad uirtutis suae
testimonia figurabant. **6** Vt uero emendi et uendendi
utilitas et ut facultas regiae largitati suppeteret, in aeris
usum excultam politius terram et igne solidatam, certis
quoque expressionibus figuratam, auro argentoque
reposito, usui habuerunt. **7** Sed posteriores, fastidientes
priscae uilitatis inuentum, formatos e coriis orbes auro
modico signauerunt, quibus regum munificentia et
commutationum necessitas, intactis collatoribus,
utebatur. **8** Sequentior uero aetas, aeris redundante
materia, quam publicus iam moenium recusabat
ornatus, diuturna ut prior monumenta meditata, aes
ualidum ipso pondere pretiosius figurauit ; cuius
species pro qualitate, ut diximus, ponderis diuturnior
fuit, sed potentia regalis pro licentia speciem suam
tantum in auro argentoque signauit, quae pro reuerentia figurae nullis usibus proficiens ad honorem
regium sacrata permansit. **9** Aeris autem materia, quae
iam pro copia uilior erat, ad dona militaria et uaria
populorum commercia signabatur. **10** Sed ut uera fides
dicta facilius prosequatur, formas et species commodas
atque pro temporibus diuersas uariasque ueterum
prouisiones exprimi colorum qualitatibus properaui.

---

4 condendis *CPMB* : condensis *V* ‖ **6** *post* utilitas *lac. ind. Ireland.*
‖ **7** uilitatis *CPMB* : utilitatis *V* ‖ **8** suam speciem *transt.* *P* ‖ **9** aeris
CMPV : aris *B* ‖ pro *codd.* : prae *Ghelen* ‖ **10** colorum *PVMB* :
cul- *C*.

II

À partir de quelle époque sont apparues la prodigalité et l'avidité

1 À l'époque de Constantin, la profusion des dépenses[1] a entraîné l'adoption de l'or pour le commerce courant, à la place[2] du bronze, qui[3] avait auparavant une grande valeur ; on pense que c'est de là que l'avidité dont je parle a tiré son origine. **2** En effet lorsque l'or, l'argent et la grande quantité de pierres précieuses qui étaient depuis longtemps en dépôt dans les temples sont parvenus au public[1], ils enflammèrent les passions de tout le monde pour donner et posséder. **3** Alors que la dépense du bronze lui-même – lequel, nous l'avons dit, avait été frappé à l'effigie des rois – paraissait déjà excessive et difficile à supporter, une sorte d'aveuglement fit néanmoins qu'on s'empressa encore davantage de dépenser de l'or, qui est considéré comme plus précieux. **4** Grâce à cette abondance de l'or[1], les maisons privées des puissants furent rendues encore plus éclatantes, au grand dam des pauvres, car les gens de peu furent opprimés par la force[2]. **5** Ainsi les pauvres, dans leur désespoir[1], s'enflammèrent pour différentes entreprises criminelles, et n'ayant sous les yeux ni respect du droit ni sentiments de loyauté, ils assouvirent leur vengeance dans le crime. **6** En effet ils posèrent souvent de très graves problèmes aux autorités, dévastant les champs, troublant sans cesse le calme par des actes de brigandage[1], attisant les haines ; par l'escalade des crimes, ils encouragèrent l'apparition d'usurpateurs[2], que l'audace a plus suscités pour la gloire de ton[3] Courage qu'elle ne les a enflammés[4]. **7** Il appartiendra donc au soin de ta

II

Ex quibus temporibus profusio
uel auaritia coeperit

1 Constantini temporibus profusa largitio aurum pro aere, quod antea magni pretii habebatur, uilibus commerciis assignauit ; sed huius auaritiae origo hinc creditur emanasse. **2** Cum enim antiquitus aurum argentumque et lapidum pretiosorum magna uis in templis reposita ad publicum peruenisset, cunctorum dandi habendique cupiditates accendit. **3** Et cum aeris ipsius – quod regum, ut diximus, fuerat uultu signatum – enormis iam et grauis erogatio uideretur, nihilominus tamen a caecitate quadam ex auro, quod pretiosius habetur, profusior erogandi diligentia fuit. **4** Ex hac auri copia priuatae potentium repletae domus in perniciem pauperum clariores effectae, tenuioribus uidelicet uiolentia oppressis. **5** Sed afflicta paupertas, in uarios scelerum conatus accensa, nullam reuerentiam iuris aut pietatis affectum prae oculis habens, uindictam suam malis artibus commendauit. **6** Nam saepe grauissimis damnis affecit imperia populando agros, quietem latrociniis persequendo, inflammando odia ; et per gradus criminum fouit tyrannos, quos ad gloriam uirtutis tuae produxit magis quam succendit audacia. **7** Erit igitur

II. 1 sed *CVMB* : sub *P* ‖ **2** et *PVMB* : ad *C* ‖ accendit *CPVM* : accepit *B* ‖ **3** pretiosius quod *transt.* *M* ‖ **4** priuatae *CPMB* : prauitate *V* ‖ **5** affectum *CPMB* : ef- *V* ‖ **6** imperia *CPMB* : -ritia *V* ‖ produxit *CPMB* : perd- *V ut uid.* ‖ *post* produxit *add.* fortuna *Maas* inopia *Ireland*.

Prudence, excellent Empereur, en réduisant les dépenses, à la fois de veiller sur le contribuable et de répandre la gloire de ton Nom pour la postérité. **8** Enfin, repasse un peu dans ton esprit le souvenir des temps heureux et considère quel titre d'honneur cette frugalité sans corruption a donné pour l'éternité aux règnes fameux de l'antique pauvreté, qui savaient cultiver les champs et s'abstenir des richesses. **9** En fait nous appelons « d'or » des âges qui n'avaient pas d'or du tout[1].

III

Fraude et réforme de la monnaie

1 Parmi les préjudices insupportables que subit l'État, il y a la dégradation de l'image des *solidi*[1] par la fraude de certains[2] : elle trouble les peuples de diverses manières et affaiblit l'image de la majesté impériale du fait que celle-ci est rejetée[3] par la faute de la monnaie. En effet l'habileté frauduleuse de l'acheteur dudit *solidus* en même temps que le besoin pernicieux du vendeur ont introduit une certaine complexité dans les contrats eux-mêmes, si bien qu'il ne peut pas y avoir de loyauté dans les affaires. **2** Votre Majesté[1] doit donc faire dans ce domaine aussi, comme dans tous, une réforme : que les monnayeurs[2] soient recherchés de partout et rassemblés dans une seule île[3], au service du monnayage et des *solidi*, coupés pour toujours, il va sans dire, de tout contact avec une terre proche, afin que la possibilité d'échanges, opportunité pour les fraudes[4], ne ternisse

curae prudentiae tuae, optime imperator, repressa largitate, et collatori prospicere et in posterum nominis tui gloriam propagare. **8** Denique paulisper felicium temporum reuolue memoriam, et antiquae paupertatis famosa regna considera quae agros colere et abstinere opibus norant, qua haec honoris laude per omne aeuum frugalitas incorrupta commendet. **9** Certe aurea nuncupamus quae aurum penitus non habebant.

III

De fraude et correctione monetae

1 Inter damna rei publicae non ferenda solidorum figura aliquantorum fraudibus deprauata diuersa populos ratione sollicitat et regiae maiestatis imaginem, dum per monetae culpam refutatur, inminuit. Ementis enim eundem solidum fraudulenta calliditas et uendentis damnosa necessitas difficultatem quandam ipsis contractibus intulerunt, ne rebus possit interesse simplicitas. **2** Ergo huic quoque parti maiestatis uestrae est ut in omnibus adhibenda correctio, ita ut opifices monetae redacti undique in unam insulam congregentur, nummariis et solidorum usibus profuturi, a societate uidelicet in perpetuum contiguae terrae prohibiti, ne commixtionis licentia fraudibus opportuna integritatem publicae

---

9 habebant *CVMB* : habeant *P*.

III. 1 non ferenda *PVMB* : conseruanda *C* ‖ calliditas *codd.* : cupiditas *Reinach* ‖ **2** profuturi usibus *transt. B* ‖ opportuna *CPMB* : -nam *V.*

pas l'intégrité d'un service public. **3** Dans ces conditions en effet, grâce à l'isolement, l'intégrité de la monnaie sera garantie et il n'y aura pas de place pour la fraude là où il n'y a pas d'occasion de commercer. **4** Mais pour faire apparaître les caractéristiques de la future émission, j'ai joint ci-dessous une illustration montrant les types et les tailles des pièces de bronze comme ceux des pièces d'or[1].

IV

Corruption des gouverneurs

1 À ces inconvénients donc, qui affligent les provinces avec les machinations de l'avidité, s'ajoute encore l'exécrable cupidité des gouverneurs[1], nuisible aux intérêts des contribuables. **2** Car ces hommes, au mépris de la dignité de leur fonction, se considèrent envoyés dans les provinces comme des marchands, et c'est d'autant plus pénible que le mal vient de ceux dont on aurait dû espérer un remède. **3** Et comme si leur propre iniquité n'était pas suffisante dans cette situation[1], chacun d'eux, pour achever le tout, envoie[2] des collecteurs d'impôt[3] tels qu'ils épuisent les contribuables par divers types d'extorsion[4] ; à l'évidence, ils se feraient trop peu remarquer, s'ils étaient seuls à fauter[5] ! **4** En effet, quelle occasion de lever des impôts[1] ont-ils laissé échapper ? Quelle citation en justice[2] s'est terminée sans profit ? **5** La levée des recrues[1], l'achat des chevaux[2] ou du blé[3] et même les sommes destinées

utilitatis obfuscet. **3** Illic enim, solitudine suffragante, integra fides monetae praestabitur nec erit fraudi locus ubi nulla est mercis occasio. **4** Verum ut qualitas futurae discussionis appareat, formas et magnitudinem tam aereae quam aureae figurationis, pictura praenuntiante, subieci.

IV

De iudicum prauitate

1 Ad haec igitur incommoda, quae prouincias auaritiae artibus uexant, accedit etiam iudicum execranda cupiditas, collatorum utilitatibus inimica. **2** Nam hi, despecta reuerentia dignitatum, uelut mercatores in prouincias se missos existimant, eo grauiores quod ab his procedit iniquitas unde debuit sperari medicina. **3** Et tamquam sua rebus sufficere non possit iniquitas, exactores in profligandis rebus huiusmodi dirigit unusquisque qui diuersis rapinarum artibus collatorum uires exhauriant ; uidelicet quasi parum notabiles haberentur si soli peccarent ! **4** Quae enim ab his occasio fiscalium titulorum inlibata peracta est ? Quae conuentio sine praeda discessit ? **5** Illis tironum comparatio, equorum uel frumenti coemptio, expensa quoque

4 aureae *CPMB :* aur(a)e *V.*

IV. 1 iudicum *CPVB* : iudicium et *M* ‖ execranda *CPVM* : exc- *B* ‖ **2** hi *CPMB* : in *V* ‖ existimant *CMB* : -mabant *P* -mauit *V* ‖ **3** rebus *secl. Thompson* ‖ profligandis *CPMB* : -gendis *V* ‖ huiusmodi *post* dirigit *transt. P.*

aux remparts[4] sont pour eux l'objet de bénéfices réguliers et de pillage sacré. **6** Quand des gens honnêtes et
avides d'intégrité administreront les provinces, il n'y
aura place nulle part pour la fraude et l'État enrichi de
moralité se portera mieux[1].

V

Réduction des dépenses militaires

1 Maintenant que nous avons fait le tour, à ce qu'il
m'a semblé, des problèmes de l'État qui sont à régler, à
juste titre, par la prévoyance impériale[1], venons-en à la
limitation, par un moyen approprié, des immenses
dépenses consacrées à l'entretien des soldats[2], à cause
desquelles l'ensemble du système d'imposition[3] est en
difficulté. **2** Mais, pour que l'empereur, au milieu de ses
occupations, ne se détourne pas d'une masse aussi
confuse, j'exposerai assez brièvement comment sortir
d'une erreur si durable. **3** Lorsqu'une catégorie de
soldats, après s'être acquittée d'un certain nombre
d'années de service, est arrivée à un niveau de traitement de cinq annones[1] ou plus, elle doit être gratifiée
d'un honorable congé[2] et, après sa libération, profiter
de son loisir afin de ne pas grever plus longtemps le
budget de l'État en percevant ce traitement ; la promo-
tion qui la suit, prenant sa place, soulagera l'ensemble
du corps de très lourdes dépenses pendant un certain
temps. **4** Et si les soldats des promotions suivantes qui
sont appelés à la place de ceux qui partent sont trop

moenibus profutura sollemnia lucra sunt et uotiua
direptio. **6** Quod si prouincias casti et integritatis cupidi
moderentur, nec fraudi usquam relinquetur locus et res
publica moribus ditata firmabitur.

V

De releuando militari sumptu

1 Relatis, ut uisum est, rei publicae incommodis,
Augustis prouisionibus merito repellendis, ad enormia
militum alimenta ratione non incongrua prohibenda
ueniamus, quorum causa totius tributariae functionis
laborat illatio. **2** Sed ne tantae confusionis molem occupatio Augusta fastidiat, breuius tam diuturni erroris
exitum declarabo. **3** Militaris ordo, stipendiis aliquot
peractis, ubi ad quinque uel eo amplius annonarum
emolumenta peruenerit, ne haec diutius percipiens rem
publicam grauet, honesta missione donatus uacans sibi
otio gaudeat absolutus ; in cuius locum posterior
succedens totum numerum per certa temporum spatia
expensis grauissimis releuabit. **4** Quod si numerosior
miles de sequentibus scholis in decedentium locum

---

6 cupidi *CPVB* : auidi *M* ‖ ditata *CPMB* : dicata *V.*

V. de — sumptu *om. P¹ : suppl. manus recentissima* ‖ releuando *Pˣ*
Ghelen : reuelando *CVMB.*
1 uisum *CP²VMB :* insum *P¹ ut uid.* ‖ merito repellendis
CPˣVMB : meritore pellendis *P¹* ‖ **3** releuabit *CP²VMB :* reuelabit
P¹‖ **4** in decedentium *CPˣB* : inde cedentium *P¹V* indecentium *M.*

nombreux, ils doivent eux aussi être gratifiés d'un congé[1] avec la même générosité ou bien rejoindre un autre corps dont l'effectif est incomplet pour le combler. **5** Ce système non seulement redonnera de la vigueur à l'État grevé de dépenses, mais réduira encore les soucis de la prévoyance impériale ; il poussera en outre vers le service militaire un plus grand nombre de gens que rebutait la longueur du service[1]. **6** L'intérêt d'une mesure de ce type est donc d'augmenter le nombre d'habitants des provinces avec des vétérans enrichis par les dons impériaux et des agriculteurs encore très vigoureux pour cultiver les champs : ils habiteront les frontières[1], ils laboureront[2] les lieux qu'ils défendaient[3] naguère et, ayant obtenu ce qu'ils avaient longtemps désiré en récompense de leurs peines[4], ils deviendront, de soldats qu'ils étaient, contribuables[5]. **7** Mais parce qu'il arrive que les désastres militaires ou les désertions[1] provoquées par le dégoût des corvées de la vie des camps réduisent l'effectif global, on remédiera à ces pertes en les comblant de la façon suivante : que cent ou cinquante jeunes[2], en plus de ceux qui sont compris dans l'effectif, moins payés en tant que nouvelles recrues, soient maintenus prêts et exercés au maniement des armes, disposés à prendre la place des manquants, si le besoin s'en fait sentir. **8** Avec de telles mesures, non seulement l'effectif global de l'armée sera assuré, mais surtout[1], on ne manquera pas de réserves aguerries et prêtes pour compenser les pertes.

uocatur, hic quoque pari liberalitate *oti*o donatus
abscedat uel ad alium ordinem cui miles deest locum
suppleturus accedat. **5** Quae res non solum expensis
grauidam rem publicam recreabit, sed etiam curas
imperatoriae prouisionis imminuet ; animabit etiam
plures ad militiam quos ab ea stipendiorum tarditas
prohibebat. **6** Huiusmodi igitur prouisionis utilitas in
augmentum prouincialium habet ueteranos regiis donis
opulentos et ad colendos agros adhuc praeualentes
agricolas : habitabunt limites, arabunt quae dudum
defenderant loca et, laborum desiderio potiti, erunt ex
milite collatores. **7** Verum quia nonnumquam bellorum
ruina aut fastidio castrensium munerum deserta militia
de summa integritatis intercipit, tali remedio huiusmodi damna supplenda sunt, scilicet ut centeni aut
quinquageni iuniores extra hos qui in matriculis conti-
nentur habeantur in promptu, armis exerciti et minor*e*,
utpote tirones, stipendio subleuati, in locum amis-
sorum, si res ita tulerit, subrogandi. **8** His ita prouisis,
et integritas secura manebit exercitus et damnis non
deerunt matura et parata in primis subsidia.

4 otio *Condorelli* : alio *codd.* alimonio *Flower* ‖ **5** militiam *CPMB :*
maliciam *V* ‖ **6** arabunt *CPM* : -bum *VB, Ghelen* ‖ defenderant
CPMB : deferendam *V* ‖ **7** damna *CPB* : -no *MV* ‖ ut *om. B* ‖ conti-
nentur *CVMB* : cominentur *P* ‖ habeantur *CPV²MB* : habebantur
V¹ ‖ exerciti *Ghelen* : -tii *CMB* -tu *P ut uid. V* ‖ minore *scripsi* :
minori *P², edd.* minori ut minori *CP¹VMB* ‖ **8** deerunt *CPMB* :
dederunt *V* ‖ in primis *secl. Thompson.*

VI

Les machines de guerre

1 Il faut d'abord savoir que l'Empire romain est assiégé par de furieuses nations qui aboient[1] partout autour de lui et que chaque frontière est menacée par la convoitise d'une barbarie perfide, dissimulée dans des abris naturels[2]. **2** En effet, les peuples auxquels nous venons de faire allusion sont ordinairement soit à l'abri des forêts, soit perchés sur des montagnes[1], soit préservés par les rigueurs du climat ; quelques-uns, qui sont nomades, sont protégés par les déserts et l'intensité du soleil. **3** Il y en a qui sont défendus par des marais et des fleuves et qui ne peuvent être facilement dénichés, et pourtant ils ruinent la tranquillité de l'état de paix par leurs incursions inopinées. **4** Donc des nations de ce type, qui sont défendues soit par les moyens dont je viens de parler, soit par les murs de leurs villes et de leurs forteresses[1], doivent être pourchassées par divers nouveaux systèmes d'armement. **5** Mais pour qu'il n'y ait pas de difficulté à construire ces types d'armement, j'ai mis à la suite de mon texte des figures en couleur de ces engins, sans m'éloigner de la réalité, afin qu'il soit facile de s'en inspirer[1].

VI

De bellicis machinis

1 In primis sciendum est quod imperium Romanum circumlatrantium ubique nationum perstringat insania et omne latus limitum tecta naturalibus locis appetat dolosa barbaries. **2** Nam plerumque memoratae gentes aut siluis teguntur aut extolluntur montibus aut uindicantur pruinis ; nonnullae uagae solitudinibus ac sole nimio proteguntur. **3** Sunt quae paludibus fluminibusque defensae nec inueniri facile queunt et tamen quietem pacis lacerant inopinatis incursibus. **4** Ergo huiusmodi nationes, quae aut talibus subsidiis aut ciuitatum castellorumque moenibus defenduntur, diuersis et nouis armorum sunt machinis prosequendae. **5** Verum, ne qua difficultas in excitandis armorum generibus oriatur, imaginem tormentorum nihil a uero distantem coloribus adumbratam orationi subieci, ut sit facilis imitandi confectio.

VI. 1 circumlatrantium *CPMB* : -latancium *V* ‖ perstringat *CPVB* : -git *M* ‖ **3** fluminibusque *CPVB* : -bus *M* ‖ defensae *CPMB* : -sa *V* ‖ queunt... lacerant *codd.* : queant... lacerent *Reinach* ‖ **4** castellorumque *PVMB* : castro- *C* ‖ nouis *CP²VMB* : nobis *P¹* ‖ **5** excitandis *CMB* : exercitandis *PV* excudendis *Reinach* ‖ a uero *CPMB* : auro *V* ‖ subieci *CP²VMB* : subiecti *P¹*.

VII

Description de la baliste à quatre roues

1 Voici un modèle de baliste, dont la construction se voit sur le dessin détaillé placé devant vos yeux. **2** Montée sur quatre roues[1], attelée à deux chevaux protégés par une armure, elle est facilement tirée là où on en a besoin au combat. Son perfectionnement technique la rend si pratique qu'elle lance des flèches sur l'ennemi de tous côtés avec la liberté et l'habileté d'un archer. **3** Elle a, aux quatre extrémités[1], des trous qui permettent de la faire tourner et de la diriger en fonction des circonstances et de la tenir ainsi prête très facilement pour toute attaque. **4** Elle est assez rapidement pointée vers le haut ou vers le bas grâce à un système de vis placé devant[1]. **5** Ainsi[1] son fût[2], qu'une rotation facile et rapide dirige dans n'importe quelle direction selon les nécessités, peut également être levé. **6** Il faut savoir que ce type de baliste, manœuvrée par deux hommes[1], lance ses flèches en étant bandée[2] non par des câbles, comme les autres, mais par des engrenages[3].

VII

Ex*positio* ballistae quadrirotis

1 Exemplum ballistae, cuius fabricam ante oculos positam subtilis pictura testatur. **2** Subiecta namque rotarum quattuor facilitas, duobus subiunctis et armatis equis, ad usus hanc bellicos trahit. Cuius tanta est utilitas pro artis industria ut omni latere in hostem sagittas impellat, sagittarii libertatem et manus imitata. **3** Habet foramina per quattuor partes quibus pro commoditate rerum circumducta et flexa facillime ad omnes impetus parata consistat. **4** Quae quidem a fronte cochleae machina et deponitur celerius et erigitur subleuata. **5** Sed huius temo in quamuis partem necessitas uocet cita et facili conuersione deflexus erigitur. **6** Sciendum est autem quod hoc ballistae genus duorum opera uirorum sagittas ex se non, ut aliae, funibus, sed radiis intorta iaculatur.

VII. expositio *Smith* : exemplum *codd.*
2 hostem *PVMB* : -tes *C* ‖ impellat *C post corr.* *PVMB* : -lit *C ante corr.* ‖ **4** erigitur *CPMB* : ereg- *V* ‖ **5** sed *codd.* : scilicet *Gundermann* ‖ **6** est *om.* *B* ‖ hoc (*post* ballistae *transt.* M) *CPMB* : huius *V* ‖ intorta *CP* : in auram *M* intexta *uel* intoxta *V* in totum *B om. Ghelen* ‖ iaculatur *codd.* : eiaculatur *Ghelen.*

VIII

Description du *tichodifrus*

1 Le *tichodifrus*[1] est un type de machine qui a tiré son nom – une appellation grecque – de l'usage qui en est fait, parce qu'il permet de préparer plus facilement l'escalade d'un rempart ; il faut toujours le faire avancer devant une baliste en mouvement, pour que celle-ci soit mieux protégée quand elle est en action[2]. **2** Son montage, ou plutôt sa fabrication, devra donc aussi être d'une conception efficace et pratique. **3** Il ne faut pas faire ce *tichodifrus* trop haut, mais il doit descendre assez bas pour pouvoir cacher les pieds de ceux qui avancent en se tenant à couvert derrière : avec ses deux claies superposées[1] et les pointes[2] qui sont fixées dessus, il défend contre toute attaque ceux qui se protègent derrière ; il est naturellement mis en branle à l'aide de deux roues qui permettent de faire avancer la machine sans qu'on les voie. **4** L'extrémité de leurs axes, le devant de la machine ainsi que le côté supérieur sont garnis de tridents[1] et de lances soigneusement fixés, afin de n'offrir à personne la possibilité d'attaquer par un endroit laissé sans défense, c'est-à-dire par l'avant[2].

VIII

Expositio tichodifri

1 Tichodifrus quod est genus machinae ex rei suae commoditate, Graeca appellatione, uocabuli sumpsit exordium, eo quod per hunc facilior in murum paretur ascensus, ante ballistae semper ducendus incessum, quo protectior eadem ballista operetur. **2** Erit ergo huius quoque compositio uel fabrica utili et commoda inuentione praeparanda. **3** Ergo hic idem tichodifrus non altior sed humilior fabricatur, ut intra se possit latenter incedentium celare uestigia : qui, duabus superimpositis cratibus fixoriisque confixis, intra se tectos ab omni incursione defendit, duabus sane rotis ad promouendam machinam latenter impulsus. **4** Cuius axium extremitate*s* et frons nec non et superior latitudo fuscinis et lanceis armatur diligenter aptatis, ne aggrediendi cuiquam per uacantia defensore loca, id est superiorem partem, tribuatur facultas.

VIII. 1 sumpsit *CPVB* : supersit *M* ‖ incessum *CPVB* : ascensus *M* ‖ protectior *PVMB* : protexior *C* ‖ **3** superimpositis *CP²VMB* : -tos *P¹* ‖ **4** extremitates *Pˣ, Scriverius* : -ate *CP¹VMB* ‖ et *post* non *om. C* ‖ et (lanceis) *CPVM :* ac *B* ‖ lanceis *CPˣVMB* : lancris *P¹ ut uid.* ‖ defensore *CPVM* : -ri *B.*

IX

Description du *clipeocentrus*[1]

Une parme – c'est-à-dire un bouclier de taille moyenne[2] – soigneusement garnie de petites pointes sur toute sa surface[3] est apte à des usages variés : parfois elle couvre celui qui la porte, parfois, placée à l'avant du *tichodifrus* ou accrochée au timon, elle protège ceux qui s'abritent en dessous des assauts d'un ennemi combattant de près.

X

Description de la *plumbata tribolata*[1]

1 Ce type de trait, qui est, comme on le voit, pourvu de pennes comme une flèche, n'est généralement pas envoyé par un arc ni par une baliste ; mais, projeté à la force du poignet[1], il va droit sur l'ennemi. On voit qu'il provoque la perte de sa victime de deux manières : en effet soit il la tue en se fichant <dans son corps>, soit, après être passé sans faire de blessure et s'être posé sur le sol, il se fiche dans le pied de celui qui marche dessus,

IX

Expositio clipeocentri

Parma – hoc est modicus clipeus –, fixoriis minutis
ad soliditatem sui diligenter munitus, uarie habetur
idoneus : interdum enim operit gestientem, nonnumquam in fronte tichodifri oppositus uel in temone
suspensus munit inferius latitantes ab incursu
comminus uenientum.

X

Expositio plumbatae [et] tribolatae

1 Hoc iaculi genus, quod in modum sagittae pennis
uidetur instructum, non arcus neque bal*l*istae pulsu
consueuit emitti, sed manus impetu et uiribus elisum in
hostem comminus uadit. Quod excipienti gemina
ratione uidetur afferre perniciem : aut enim perimit
infixum aut sine uulnere dilapsum et in terram positum

IX. clipeocentri *CVMB* : clipeo centri *P.*
gestientem *CP¹VMB* : gestantem *P²* ‖ uenientum *PVB* : -tium *CM.*

X. expositio — tribolatae *om. P* ‖ et *del. Ghelen* ‖ tribolatae
CVMB : tribulatae *Scriverius.*
1 sagittae *CVMB* : sagitie *P* ‖ terram *codd.* : terra *fort. legendum.*

car, quel que soit le côté sur lequel il est tourné, il inflige une blessure par la pointe en saillie sur le haut[2]. **2** On le fabrique en bois comme on fait une flèche, en lui adaptant[1] précisément un fer en forme d'arme de chasse[2] ; la hampe de ce fer est un peu élargie[3] et au-dessus, à de petits intervalles, des pointes fixées avec du plomb dépassent comme sur un *tribulus*[4]. **3** À l'extrémité de ce trait sont fichées des pennes pour qu'il prenne de la vitesse[1] ; il va de soi qu'on laisse au-dessus de ces pennes assez d'espace pour que les doigts de celui qui tient le trait puissent l'entourer[2].

XI

Description de la *plumbata mamillata*[1]

Une baguette de bonne longueur[2] et bien droite recevra à son extrémité un fer rond façonné en pointe, avec du plomb et des pennes fixées aux mêmes endroits que dans la *tribulata*[3], pour que la rotondité du trait, aidée par le poids du plomb et la vitesse due aux pennes, le rende capable de pénétrer plus facilement les boucliers de l'ennemi ou des obstacles similaires[4].

plantae calcantis infigitur, eo quod in partem quamlibet si fuerit conuersum, ex latere aculeo ex se eminente inferat uulnus. **2** Fit autem ex ligno in modum sagittae facto, cui ferrum subtiliter in formam uenabuli aptatum infigitur, fistula eiusdem ferri parumper extensa, supra quam, modico interiecto spatio, plumbo adhaerentes aculei uelut tribuli emergunt. **3** In summa autem parte eiusdem iaculi affiguntur pennae celeritatis causa, tanto uidelicet super easdem pennas relicto spatio quantum digiti potuerint tenentis amplecti.

XI

Expositio plumbatae mamillatae

Bene extensa et directa uirga accipiet in extremitate sui rotundum et in acumen deductum ferrum, similibus locis <ac> in tribulata plumbo et pennis adhaerentibus, ut plumbi pondere et pennarum celeritate adiuta rotunditas teli facilius clipeos aduersarii et similiter obstantia ualeat penetrare.

---

1 conuersum *CPMB* : concursum *V* ‖ **2** aptatum *CPMB* : aptutum *V.*

XI. mamillatae *PVMB* : mammil- *C.*
bene *CP²MB* : sene *P¹* [ene *V* ‖ ac *add. Ireland* ‖ in tribulata *CPVM* : meribula *B.*

XII

Description du char à faux[1]

1 Ce type de véhicule de combat, armé, comme on le voit, d'une façon sortant de l'ordinaire, est une invention répondant aux besoins de la guerre parthique[1]. **2** Deux hommes soigneusement protégés par du fer[1] – armes et armure –, montés chacun sur un cheval[2] <également> bien protégé, le lancent à vive allure au milieu de la mêlée ; sa partie postérieure, au-dessus du châssis, est équipée d'une rangée de couteaux en saillie afin évidemment que personne ne trouve là un accès facile par l'arrière. **3** Des faux très acérées sont fixées aux axes de ce châssis ; sur le côté, elles ont de petits anneaux[1], auxquels sont attachés des câbles ; lorsque ceux-ci sont relâchés, ils font descendre les faux, lorsqu'ils sont tirés, ils les font remonter, selon la volonté des deux cavaliers[2]. **4** Ceux qui connaissent la guerre pour l'avoir faite[1] diront mieux que moi quelles pertes les machines de ce type causent à l'ennemi et quels carnages elles provoquent dans les rangs qu'elles disloquent.

XII

Expositio currodrepani

1 Huiusmodi pugnacis uehiculi genus, quod armis praeter morem uidetur instructum, reperit Parthicae pugnae necessitas. **2** Sed hoc singulis bene munitis inuecti equis duo uiri, – uestitu et armis – ferro diligenter muniti, citato cursu in pugnam rapiunt ; cuius posterior supra currum pars cultris in ordinem exstantibus communitur, uidelicet ne facilis a tergo cuiquam praebeatur ascensus. **3** Falces uero acutissimae axibus eiusdem currus aptantur, in lateribus suis ansulas habentes quibus innexi funes pro arbitrio duorum equitum laxati quidem explicant, repressi autem erigunt falces. **4** Qualia uero huiusmodi machinae funera hostibus immittant uel quas turbatis ordinibus strages efficiant, dicent melius qui usu bella cognoscunt.

XII. currodrepani *CM :* curri drepani *PVB.*

1 reperit *codd.* : repperit *Schneider* ‖ **2** *post* armis *lac. susp. Condorelli* e *add. Ireland* ‖ ferro *codd.* **:** ferreo *coni. Maguiness post* uestitu *transferens* ‖ in cursu *transt. C* ‖ **3** erigunt *CP²VMB* : exi- *P¹* ‖ efficiant *CPVB* : effeciant *M.*

XIII

Description du char à faux
avec un seul cavalier

Sur ce petit char, qui est tiré par un seul cheval et qui est conduit par l'habileté et défendu par le courage d'un seul homme, l'arrangement de l'armement est le même que sur le char précédent, que ce soit pour repousser les traits ou pour porter le danger ; il ne se distingue de la machine vue ci-dessus que par le fait que le char ci-dessus, du fait de ses dimensions, est tiré par deux chevaux et aussi dirigé par deux guerriers.

XIV

Description du char
à faux avec boucliers[1]

1 Cette machine étonnante a quelque chose de nouveau ; en effet elle est différente en partie des chars précédents : de fait, dans le cas présent, la partie arrière du véhicule est équipée de fouets automatiques[1] pour exciter les chevaux, ainsi que de boucliers entourés de pointes de fer et placés comme sur un ouvrage de défense[2]. **2** Cette machine est encore différente du premier char pour la raison suivante : ici, les deux chevaux ne sont pas menés aussi, comme dans l'autre,

XIII

Expositio currodrepani singularis

In hoc curriculo, quod singularis equi tractu discurrit quodque unius hominis arte regitur et uirtute protegitur, eadem est quae in prior*e* curru armorum facies et ad repellenda tela et ad inferenda pericula ; nec distat a superiore quicquam machina, nisi quod superior currus pro magnitudine sui duobus equis tractus, a duobus etiam bellatoribus gubernatur.

XIV

Expositio currodrepani clipeati

1 Machinae huius admiratio habet nouitatis aliquid ; est enim a superioribus curribus quadam parte dissimilis : hic enim posterior uehiculi pars uerberibus spontaneis ad incitandos equos et clipeis acuto ferro circumdatis uelut in propugnaculo positis communitur. **2** Et est priori quidem currui hac ratione dissimilis, quod hic non, ut ibidem, duos equos duorum etiam

---

XIII. currodrepani *CVMB* : curro drepani *P.*
priore *scripsi* : priori *codd. edd.* ‖ a *ante* superiore *om. V.*

XIV. currodrepani *CVMB* : curro drepani *P.*
1 posterior *post* uehiculi *transt. V* ‖ uehiculi *CPVB* : ueheculi *M* ‖ **2** ut *om. P¹.*

par l'habileté de deux hommes, mais seulement par celle d'un seul[1]. **3** Elle se distingue du second char par la différence que voici : dans celui-là, un seul cheval supporte à la fois le poids du guerrier <...>, tandis qu'il porte le cavalier lui-même, et, puisque le timon qui porte le joug est caché, il a moins de prise[1]. **4** Sur cette machine aussi, il est possible de faire pivoter[1] les faux, qui, une fois les câbles relâchés, sont déployées et prolongent assez considérablement les axes pour le malheur de l'ennemi. **5** Quant au câble[1] qui permet, relâché, de déployer les faux et, tendu, de les dresser sur les axes, il est attaché, sur les flancs arrière et du côté extérieur, à un anneau, solidaire de l'armure[2] par laquelle les chevaux sont défendus contre toute pénétration de traits.

XV

Description du *thoracomachus*

1 Parmi tout ce que les Anciens ont imaginé pour l'usage militaire dans leur prévoyance pour les générations futures, il y a aussi le *thoracomachus*[1], qui se révèle d'une remarquable utilité pour soulager le corps du poids et des aspérités des armures. **2** C'est en effet la sollicitude, fille de la crainte, qui, avec l'habileté pour maîtresse, a créé à partir de laines douces ce type de vêtement, fabriqué en feutre[1] aux mesures et pour la protection de la poitrine humaine ; ainsi, une fois qu'on

hominum, sed unius tantum sagacitas regit. **3** A secundo uero curru hac diuersitate secernitur, quod in illo unus equus et pondus bellatoris subit <...> dum ipsum equitem portat et, occulto temone iugum trahente, minus amplectitur. **4** Hic etiam licet conuertere laxatis funibus explicatas falces et ad perniciem hostium longius ab axe porrectas. **5** Funis uero, quo laxato aut explicantur falces aut represso super eosdem axes eriguntur, ligatur circulo haerenti catafracto, in posterioris lateris parte exteriore, per quod uestiti equi ad omnes telorum muniuntur incursus.

XV

Expositio thoracomachi

1 Inter omnia, quae ad usum bellicum prouida posteritatis cogitauit antiquitas, thoracomachum quoque mira utilitate ad leuamen corporis armorum ponderi et asperitati subiecit. **2** Hoc enim uestimenti genus, quod de coactili ad mensuram et tutelam pectoris humani conficitur, de mollibus lanis timoris sollicitudo sollertia magistra composuit, ut hoc induct*o* primum lorica uel cliuanus aut his similia fragilitatem

---

3 *post* subit *lac. ind. Ireland* || dum — portat *ut glossema secl. Thompson* || *post* portat *lac. ind. Thompson* || **4** perniciem *CPMB* : -cies *V* || **5.** explicantur *CPMB* : -catur *V.*

XV. 2 pectoris *CP²VMB* : -ri *P¹* || inducto *Thompson* : -ta *codd.* || aut *CPMB* : et *V.*

l'a enfilé, d'abord la *lorica*, le *clibanus*[2] ou ce qui y ressemble ne blessent pas les parties sensibles du corps sous l'effet de leur poids et de leurs aspérités ; en outre, les membres de celui qui la porte peuvent résister à la fatigue, soulagés qu'ils sont par ce confort au milieu des difficultés causées par le combat et le froid. **3** Pour éviter que ce *thoracomachus*, battu par les pluies, n'affecte celui qui le porte d'un poids supplémentaire, il faudra naturellement le recouvrir du côté extérieur de peaux de Lybie bien travaillées et coupées à la taille du *thoracomachus* lui-même. **4** Donc équipé ainsi du *thoracomachus* tel que nous l'avons décrit – son nom lui vient d'une appellation grecque composée à partir de « protection du corps » –, équipé en plus de socques, c'est-à-dire de chaussures, et de jambières ferrées, avec un casque sur la tête, un bouclier et une épée sur le côté, avec des piques à la main, le soldat sera complètement armé pour affronter le combat d'infanterie.

XVI

Description du pont d'outres[1]

1 Pour que les armées ne soient pas arrêtées par les fleuves qui se trouvent sur le chemin qu'elles sont obligées de prendre – ce qui arrive souvent –, le besoin qui rend ingénieux a remédié à cette difficulté en faisant découvrir[1] une solution économique et particulièrement utile ; on la met en œuvre de la façon suivante.

corporis ponderis asperitate non laederent, membra quoque uestientis inter armorum hiemisque discrimen tali solacio adiuta labori sufficiant. **3** Sane ne idem thoracomachus pluuiis uerberatus ingrauescente pondere adficiat uestientem, de Libycis bene confectis pellibus ad instar eiusdem thoracomachi faciem conueniet superinducere. **4** Hoc igitur, ut diximus, thoracomacho inducto – qui Graeca appellatione ex tuitione corporis nomen assumpsit –, soccis etiam, hoc est calciamentis, et ferratis ocreis inductis, superposita galea et scuto uel gladio lateri aptato, arreptis lanceis, in plenum pedestrem subiturus pugnam miles armabitur.

XVI

Expositio ascogefyri

1 Ne interdum necessario itineri exercitus fluuiorum, quod plerumque euenit, occursus impediat, remedium ad hanc rem et compendio facile et usu praecipuum reperit ingeniosa necessitas, quod tali ratione componitur.

---

3 *post* armorum *add.* unquam *B* ‖ eiusdem *CPVM* : eiusmodi *B* ‖ **4** thoracomacho *CPVB* : -chus *M* ‖ appellatione *MB :* -tio *CPV* ‖ ex tuitione *CPMB* : executione *V* ‖ assumpsit *CPMB* : -psisti *V.*

XVI. ascogefyri *Thompson* : -fri *codd.* -furae *Scriverius.*
1 impediat *CVMB* : impendat *P, Reinach* ‖ reperit *codd.* : repperit *Schneider* ‖ quod *CPVB* : quid *M.*

2 On prend des peaux de veau préparées[1] à la manière arabique[2] – en effet, on met chez eux un soin particulier à leur fabrication, car ils en font des poches qui leur servent à tirer l'eau des puits – ; on les coud donc soigneusement, comme il a été dit, et on en fait des outres de trois pieds et demi de long, de sorte que[3], lorsque ces outres ont été gonflées d'air, elles ne forment pas un ventre, mais, par une sorte de répartition égale, une fois pleines, elles donnent une surface plane ; on les attache les unes aux autres côte à côte avec des courroies que l'on fait passer par dessous ; au-dessus, il y a d'un côté des crochets qui sont enfilés dans des anneaux qui dépassent de l'autre côté[4] ; ainsi, l'ensemble est déplié par parties dont l'association forme un pont. **3** Cet ouvrage sera plus facilement déployé jusqu'à l'autre rive en prenant le fleuve obliquement[1] à cause de la force du courant ; une fois que des pieux en fer auront été fixés sur chaque rive, qu'on aura tendu des câbles solides, au milieu certes, sous les outres mêmes, pour soutenir le poids de ceux qui marchent dessus, mais aussi sur les bords, au-dessus, pour renforcer la stabilité[2], l'ouvrage offrira la possibilité de franchir le fleuve en un bref espace de temps avec un système de cheminement nouveau et transportable[3]. **4** Nous devons en outre garder à l'esprit qu'il faut étendre sur l'assemblage des outres des cilices[1] sous les pieds de ceux qui marchent, pour que la finition glissante des peaux ne nuise pas à la stabilité de la marche. **5** Il faudra d'autre part[1] placer des manubalistes[2] sur les deux rives, afin qu'un détachement ennemi ne prenne pas position pour entraver l'action de ceux qui construisent le pont.

2 Vitulinis pellibus Arabica arte molitis – est enim apud eos praecipua confectionis cura propter aquam de puteis follibus hauriendam –, his igitur, ut dictum est, diligenter sutis, fiunt utres in magnitudinem trium et semis pedum, ita ut, cum idem utres spiritu inflati tumuerint, non extollant uterum, sed aequalitate quadam plenitudo ipsa utrium spatia plana perficiat, ex quorum lateribus loris subter adnexis inuicem colligantur ; desuper autem una parte circulis exstantibus ex altera inmittuntur uncini ; et ita, in formam pontis adsociata, partibus explicatur integritas. **3** Sed hoc idem opus obliquo fluuio propter impetum meatus facilius usque ad alteram explicabitur ripam ; quod, fixis in utraque ripa ferreis palis, et funibus ualidis in medio quidem sub ipsis utribus propter incedentium sustinendum pondus, in marginibus autem firmitatis gratia desuper extensis, transeundi per fluuium nouo quodam et peregrino itineris apparatu intra breue temporis spatium praebebit liberam facultatem. **4** Admonendi praeterea sumus quod super utrium compaginationem cilicia sunt incedentium substernenda uestigiis, ne lubrica pellium confectio insistendi deneget firmitatem. **5** In utraque tamen ripa erunt manuballistae dispositae, ne hostilis manus pontem operantibus impedimento consistat.

---

2 molitis *codd.* : mollitis *Labbe* ‖ puteis *CPMB* : -tris *V ut uid.* ‖ ita ut *om. B* ‖ cum *post* utres *transt. B* ‖ tumuerint *CPMB* : -runt *V* ‖ extollant *CPVM* : -lunt *B* ‖ perficiat *CPVM* : -cit *B* ‖ subter adnexis *CPVM* : subnexis *B* ‖ colligantur *CPVM* : -guntur *B* ‖ pontis *om. M* ‖ **3** spatium *CPVB* : statu *M* ‖ **5** erunt *CPVB* : erut *M*.

XVII

Description de la liburne

1 Une liburne[1] adaptée au combat naval, qu'en raison de sa taille, la faiblesse humaine empêchait d'une certaine manière d'être manœuvrée à bras d'hommes, est propulsée par la force animale secondée par l'intelligence humaine pour aller facilement[2] là où le besoin l'appelle. 2 Dans sa coque, c'est-à-dire l'espace libre intérieur[1], des paires de bœufs attelés à des machines[2] font tourner des roues fixées sur les flancs du navire ; sur leur pourtour, c'est-à-dire sur la circonférence, il y a des rayons en saillie[3] ; lorsque les roues tournent, ils sont mis en mouvement ; leur action chasse l'eau à la manière des rames et – effet étonnant de la technique – l'impulsion fait naître le déplacement. 3 D'autre part cette liburne, grâce à sa propre masse et grâce aux machines qui sont en fonctionnement à l'intérieur, engage le combat avec un tel débordement d'énergie[1] qu'elle vient facilement au contact[2] et met en pièces toutes les liburnes adverses qui s'approchent d'elle.

XVII

Expositio liburnae

1 Liburnam naualibus idoneam bellis, quam pro magnitudine sui uirorum exerceri manibus quodammodo imbecillitas humana prohibebat, quocumque utilitas uocet ad facilitatem cursus ingenii ope subnixa animalium uirtus impellit. **2** In cuius alueo uel capacitate bini boues machinis adiuncti adhaerentes rotas nauis lateribus uoluunt, quarum supra ambitum uel rotunditatem exstantes radii, currentibus iisdem rotis, in modum remorum aquam conatibus elidentes miro quodam artis effectu operantur, impetu parturiente discursum. **3** Haec eadem tamen liburna pro mole sui proque machinis in semet operantibus tanto uirium fremitu pugnam capescit, ut omnes aduersarias liburnas comminus uenientes facili at/ritu comminuat.

XVII. **1** facilitatem *CPVM* : facultatem *B* ‖ **3** attritu *Scriverius* : atritu *codd.*

XVIII

Description de la baliste foudroyante

1 Il a été prouvé par l'expérience que ce type de baliste, nécessaire pour la défense des remparts[1], est supérieur à tous les autres par sa portée et sa puissance : en effet on dresse un arc en fer[2] au-dessus du canal[3] d'où la flèche est éjectée, et un solide câble de nerf[4], tiré par une griffe en fer, une fois relâché, propulse cette flèche contre l'ennemi avec une grande puissance. **2** Cependant la taille même du système ne permet pas que ce câble soit tiré à la main et avec la force des soldats : deux hommes tendent le câble au moyen de deux roues placées à l'arrière, chacun faisant pression sur les rayons de l'une d'elles[1], la puissance de la mécanique venant s'ajouter à leurs forces en raison de la difficulté de la chose. **3** Pour diriger le tir vers le haut ou vers le bas, c'est un système de vis[1] qui tantôt élève, tantôt abaisse la baliste elle-même selon les besoins. **4** Preuve de son étonnante efficacité : ce système, composé de tant de pièces diverses, n'est contrôlé que par un seul homme[1] au repos, si je puis parler ainsi, dont l'unique travail consiste à présenter la flèche pour le tir ; il est bien évident que, si une foule d'hommes étaient affectés à son service, l'invention perdrait de sa valeur. **5** Un trait lancé de cette baliste construite avec des perfectionnements aussi nombreux et aussi ingénieux va si loin qu'il est capable de franchir même la largeur du Danube[1], fleuve fameux pour ses dimensions. **6** Appelée « foudroyante »[1], elle témoigne par son nom même de l'effet de sa puissance.

XVIII

Expositio ballistae fulminalis

1 Huiusmodi ballistae genus, murali defensioni necessarium, supra ceteras impetu et uiribus praeualere usu compertum est : arcu etenim ferreo supra canalem quo sagitta exprimitur erecto, ualidus nerui funis ferreo unco tractus eandem sagittam magnis uiribus in hostem dimissus impellit. **2** Hunc tamen funem non manibus neque uiribus militum trahi fabricae ipsius magnitudo permittit, sed retro duabus rotis uiri singuli radiorum nisibus adnitentes funem retrorsum tendunt, pro difficultate rei uiribus machinis adquisitis. **3** Ballistam tamen ipsam ad dirigenda seu altius seu humilius tela cochleae machina prout uocet utilitas nunc erigit, nunc deponit. **4** Hoc tamen mirae uirtutis argumentum : tot rerum diuersitate connexum unius tantum otiosi, ut ita dicam, hominis ad offerendam tantummodo inpulsioni sagittam opera gubernat ; uidelicet ne, si hominum turba huius ministerio inseruiret, minueretur artis inuentio. **5** Ex hac igitur bal*l*ista tot et tantis ingenii artibus communita expressum telum in tantum longius uadit ut etiam Danubii, famosi pro magnitudine <sui> fluminis, latitudinem ualeat penetrare. **6** Fulminalis etiam nuncupata, appellatione sua uirium testatur effectum.

XVIII. 1 defensioni *CPVB* : desensioni *M* ‖ **2** funem *CPMB* : finem *V* ‖ **3** dirigenda *CPVB* : -dam *M* ‖ **5** *post* magnitudine *add.* sui *Desbordes coll.* **IX, XI, XIII, XVII,1, XVII,3.**

7 Ainsi donc, Empereur invincible[1], en renforçant aussi ton armée invincible de ces inventions mécaniques, tu doubleras sa puissance : tu feras face aux incursions ennemies non seulement par la force et le nombre, mais également par le génie technique, surtout lorsque tu auras vu, grâce à la sagacité de ton esprit, que les machines sont efficaces en toute circonstance[2]. **8** En effet, s'il faut se battre sur terre contre l'audace d'un ennemi désespéré, tu poursuivras ses colonnes en fuite sur terrain découvert avec les chars à faux ; si, téméraire parce qu'il se croit à l'abri, il tente d'approcher un rempart, il fera l'expérience de la fiabilité de la baliste[1] avant d'arriver au but ; si, quelque part, le courant des fleuves arrête l'avance victorieuse de ton armée, l'invention originale du pont transportable[2] viendra à la rescousse. **9** Si l'ennemi, fuyant la terre, occupe les mers avec une guerre navale, la liburne, fendant les flots à une vitesse qui n'avait pas encore été imaginée, propulsée par des roues et des bœufs, un peu comme si elle était sur la terre ferme, rapportera la victoire sans délai. **10** En effet, qui résisterait à la puissance de cette machine, qui se déplace avec la stabilité d'un véhicule terrestre et qui a la liberté de mouvement d'un navire ? **11** Il y aura encore la baliste foudroyante, gardienne des heureuses frontières, qui demande aussi peu d'hommes pour la servir qu'elle est supérieure par la qualité de sa conception ; en effet tout ce qu'une troupe plus nombreuse avait pu lui apporter, elle se le fournit à elle-même grâce à l'ingéniosité des techniques mises en œuvre.

7 His igitur, inuicte imperator, machinarum quoque inuentionibus communit*am* potentiam inuicti duplicabis exercitus, hostium incursibus non ui solum et uiribus obuiando, sed etiam artis ingenio, maxime cum animi sagacitate per omnia elementa machinas repereris ualituras. **8** Nam siue terra sint subeunda discrimina contra desperati hostis audaciam, falcatis curribus per aperta camporum fugientium agmina persequeris ; siue murum subire temptauerit occulta temeritas, experietur ballistae fidem antequam ueniat ; aut si uictricem exercitus cursum fluuiorum uspiam meatus impediet, portan*di* pontis peculiaris succurret inuentio. **9** Quod si nauali bello terras fugiens maria hostis obsideat, nouo celeritatis ingenio terrestri quodammodo ritu rotis et bubus subacta fluctibus liburna transcurrens restituet sine mora uictoriam. **10** Quis enim huius uiribus resistet, quae et terrestris uehiculi nititur firmitate et habet de nauigii facilitate remedium ? **11** Erit praeterea fulminalis ballista felicium limitum custos, quae quanto minus ad armandam se uirorum ministerium quaerit, tanto est ingenii uirtute praestantior ; quicquid enim opis in ea numerosior manus afferre potuisset, id sibi artis ingenio dotata largitur.

---

7 communitam *Ghelen* : -tae *codd.* ‖ repereris *PVMB* : reppereris *C* ‖ **8** terra *CPVB* : -ae *M* ‖ impediet *CPMB* : -diat *V* ‖ portandi *ego* : portanti *codd.* portatilis *Ghelen* portati *dubit. Maas* ‖ pontis peculiaris *C* : ponti speculiaris *PVMB* ‖ **9** obsideat *PVMB* : -diat *C* ‖ bubus *CPV* : bobus *MB* ‖ fluctibus subacta *transt.* *B* ‖ **11** praestantior *PVMB* : praestatior *C ut uid.*

XIX

L'appareil militaire

1 Quand l'appareil militaire se prépare au combat, sa puissance ne doit pas être comprimée et, en conséquence, diminuée par la confusion des rangs résultant de la multitude des soldats ; il conviendra donc que le chef ménage de l'espace pour les trois colonnes en faisant en sorte que chaque colonne ne compte pas plus de deux mille hommes : on évitera ainsi que les soldats ne soient gênés par leur nombre et que l'abondance des moyens ne les conduise à leur propre perte. **2** Il conviendra que le soldat qui va dans les régions froides soit à la fois muni du *thoracomachus* et armé de tous les autres éléments de protection en tenant compte de l'usage de ses membres, afin qu'à la fois il résiste au froid et puisse faire face aux projectiles ; il recourra naturellement à des boucliers plus petits[1] pour éviter – ce qui se vérifie la plupart du temps à l'usage – que la largeur de son équipement ne lui interdise l'accès des forêts épaisses et qu'il doive renoncer à y trouver un refuge à cause de la taille de ses armes. **3** Pour toutes les interventions d'urgence, il faut faire accompagner les troupes en marche de l'*ascogefyrus* transporté sur des véhicules légers : ce moyen permettra de franchir plus facilement des fleuves trop larges et, si les circonstances le demandent, il offrira une possibilité de retraite facile de l'autre côté d'un cours d'eau. **4** Les Perses[1] en particulier, qui sont une nation au cœur plus rusé et au corps plus vigoureux[2] que toutes les autres, seront dominés en utilisant des colonnes formées en carré[3] et un matériel de guerre assez

XIX

De bellico apparatu

1 Cum bellicus apparatus prouocet certamina, ne turba militum confusis ordinibus uirtus compressa minuatur, conueniet ducem spatia ternis agminibus ordinare, ita ut singula quaeque agmina duobus tantum uirorum milibus instruantur, ne compressa populositas, in perniciem propriam auxiliis abundans, suis copiis opprimatur. **2** Conueniet tamen per glaciales euntem militem plagas et thoracomacho muniri et reliquis ad tutelam pertinentibus rebus prout membrorum poscit utilitas armari, ut et frigoribus sufficiat et telis possit occurrere ; minoribus sane clipeis assumptis, ne sit, quod usu plerumque euenit, pro armorum latitudine siluarum densitas inaccessa et amittatur armorum enormitate refugium. **3** Ad omnia tamen repentina subsidia militarem uiam leuibus portatum uehiculis ascogefyri comitetur auxilium, quo facilius et latior fluminum superetur occursus et effugiendi trans fluuium, si res ita tulerit, facilitas offeratur. **4** Persarum sane gens, cui praeter ceteras nationes et dolus cordi est et corpori suppetit uirtus, quadratis est agminibus et maiore bellorum apparatu superanda ; ubi etiam

XIX. de bellico apparatu *om. P^1 suppl. manus recentissima.*
1 conueniet *CPMB* : -iat *V* ‖ ducem *Thompson* : ducum *codd.* ‖
2 tamen *CPVB* : t(antu)m *M* ‖ sane *codd.* : sine *Ghelen* ‖ usu *om. B*
‖ amittatur *B, Ghelen :* amitatur *CPVM* ‖ enormitate *Ghelen* : incodd. ‖ **3** portatum *PVMB* : -arum *C* ‖ ascogefyri *B* : -gephyri *M*
-gefiri *PV* -gefrri *C* -gefurae *Scriverius* ‖ si res *CPVM* : syr *B* ‖
4 maiore *scripsi* : -ri *codd. edd.*

important ; là aussi, on mettra en avant tout le perfectionnement des machines que nous avons exposé pour
résister à leurs forces et pour déjouer les ruses de cette
nation habile. **5** Il faut donc, dans les affrontements de ce
genre, qu'un *tichodifrus*, manœuvré par deux hommes,
abrite la baliste, qui sera très utile pour les lignes de
réserve[1]. **6** C'est aussi sous le couvert du *tichodifrus* que
doivent se cacher des hommes avec bouclier et s'approcher de l'ennemi prêt à combattre : ensuite, lorsqu'ils se
découvriront, ils seront protégés de toute nuée de traits[1],
tandis que les planches du *tichodifrus* lui-même sont
défendues, comme nous l'avons rappelé, par des pointes
de fer. **7** Mais lorsque la masse ennemie fléchit et qu'elle
songe à trouver son salut dans la fuite, on achèvera la
victoire avec les chars à faux, avec lesquels on coupe les
jarrets des fuyards. **8** D'autre part, lorsque l'exiguïté des
lieux ne permettra en aucune manière à la colonne de se
déployer, une longue rangée de machines de protection
ou d'artillerie entourera l'armée resserrée, afin qu'un
ennemi plus libre de ses mouvements ne menace pas les
flancs compacts. **9** Ce sera encore une précaution bien
utile de doubler le nombre d'animaux pour transporter
les machines d'artillerie, afin qu'il soit possible, dans les
situations difficiles, de remplacer ceux qui sont fatigués
ou ceux qui ont été blessés.

XX

La défense des frontières[1]

1 Parmi les mesures pratiques pour l'État, il y a aussi
la surveillance étroite des frontières qui entourent

machinarum est omnis quam retulimus industria proponenda, quae et uiribus resistat et dolos callidae gentis refutet. **5** In huiusmodi igitur congressibus tichodifrus, duorum gestatus ministerio uirorum, protegat ballistam multum bellicis subsidiis profuturam. **6** Sub ipsius ergo tichodifri tegmine latentes scutati usque ad uiciniam pugnaturi hostis adueniant, qui post detecti protegendi sunt ab omni telorum nube, eiusdem tichodifri tabulatis, ut meminimus, acutis ferreis communitis. **7** Cum uero inclinatum hostium pondus fugae praesidia meditetur, falcatis curribus exercenda uictoria est, quibus fugientium poplites incidantur. **8** Vbi tamen angustiora loca agmen nequaquam explicari permiserint, coartatam aciem longus machinarum siue tormentorum ordo circumdet, ne constrictum latus liberior hostis infestet. **9** Erit tamen utilior cura si duplex animalium numerus ad subuectionem tormentorum ducatur, ut sit copia in dubiis rebus uel lassitudini uel casibus subuenire.

XX

De limitum munitionibus

1 Est praeterea inter commoda rei publicae utilis limitum cura ambientium ubique latus imperii ; quorum tutelae assidua melius castella prospicient, ita ut millenis

---

5 congressibus igitur *transt. P* ‖ **6** acutis *codd.* : aculeis *dubit. coni. Thompson* ‖ **8** ne *om. M.*

XX. 1 stabili *CPVB* : -buli *M.*

l'Empire de tous les côtés : la meilleure protection de ces frontières sera une ligne continue de fortins[1], construits à des intervalles de mille pas, avec un mur inébranlable et des tours très solides. **2** Les propriétaires terriens doivent se partager le soin de construire ces défenses, sans fonds publics[1], y assurant naturellement des tours de garde et des patrouilles[2], pour que les provinces, entourées par une sorte de ceinture de protection, jouissent d'une tranquillité qui ne soit pas troublée.

XXI

Remèdes qu'il convient d'apporter à la confusion des lois et du droit

1 Très saint Empereur[1], une fois la protection de l'État assurée à l'intérieur et à l'extérieur grâce à la providence divine, il reste à ta Sérénité[2] un seul[3] remède à appliquer aux malaises[4] d'ordre civil : dissiper par les lumières de ton Auguste Fonction[5] la confusion et les contradictions des lois[6], en rejetant les contestations malhonnêtes[7]. **2** En effet, qu'y a-t-il d'aussi éloigné de l'honnêteté que le fait de s'adonner à la passion du combat là où les mérites de chacun sont distingués par la voix de la justice[1] ?

interiecta passibus stabili muro et firmissimis turribus erigantur. **2** Quas quidem munitiones possessorum distributa sollicitudo sine publico sumptu constituat, uigiliis sane in his et agrariis exercendis, ut prouinciarum quies circumdata quodam praesidii cingulo inlaesa requiescat.

XXI

De legum uel iuris confusione purganda

1. Diuina prouidentia, sacratissime imperator, domi forisque rei publicae praesidiis comparatis, restat unum de tua serenitate remedium ad ciuilium curarum medicinam, ut confusas legum contrariasque sententias, improbitatis reiecto litigio, iudicio Augustae dignationis illumines. **2.** Quid enim sic ab honestate consistit alienum quam ibidem studia exerceri certandi ubi, iustitia profitente, discernuntur merita singulorum ?

---

2 sane *codd., Reinach* : *om. Ghelen* ‖ exercendis *PVMB* : excitendis *C* ‖ ut *CPVM* : in *B.*

XXI. 1 forisque *C* : foris quae *PVMB* ‖ comparatis *Thompson praeeunte Gundermann* : componatis *CP¹VMB* compotis *P²* *ut uid.* compositis *Ghelen* ‖ **2** enim *om. B.*

COMMENTAIRE

Praef. **1** [1] *sacratissimi principes* : la même expression se retrouve chez les Panégyristes (11, 7, 7 = Maximien et Dioclétien ; 7, 1, 1 et 7, 13, 1 = Maximien et Constantin). L'Anonyme s'adresse soit aux *principes*, au pluriel, dans la préface, soit à l'*imperator*, au singulier, dans le reste du texte (voir *Introduction*, p. XXXII). J. Béranger a observé la même alternance entre *princeps* et *imperator* chez Ammien Marcellin, mais sans que l'un soit réservé au pluriel et l'autre au singulier (Béranger 1976, 56-59). Chez Ammien, *princeps* est plus fréquent qu'*imperator*, mais il se dit de bien d'autres personnages que l'empereur. Le mot *princeps* n'apparaît jamais dans la titulature officielle, mais il se retrouve régulièrement dans des contextes relatifs aux écritures et aux bureaux de l'empereur. Il appartient au vocabulaire social et politique et relève de la terminologie de l'administration et de la chancellerie. Pour Neher 1911, les *principes* de la préface ne sont pas les empereurs, mais les membres du conseil impérial (voir *Introduction* p. XLVI). Sur la possibilité que cette préface ait été écrite après le reste de l'œuvre, voir Astin 1983, 424 et 438-439. Thémistius commence, lui aussi, son discours VI, par le pluriel ὦ βασιλεῖς (71c – voir aussi 78b, 79d). Or ce discours a été prononcé à Constantinople, pendant l'hiver 364/365, en présence du seul Valens et, comme l'Anonyme, il s'adresse ensuite à l'empereur au singulier : Εἶτα ἐγὼ τὰ μὲν ἀλλότρια πρὸς σὲ καταλέγω (81a), ὦ βασιλεῦ (81c), ὁ σὸς ἀδελφὸς (83b).

[2] *commoditas* : les mots *commoditas* (cf. *praef.* 16 ; 7, 3 ; 8, 1) et *commodus* (cf. *praef.* 8 ; *praef.* 9 ; 1, 10 ; 8, 2 ; 20, 1) renvoient toujours dans le *De rebus bellicis* aux notions de « pratique » et d'« usage ». L'Anonyme ne se permet pas d'intervenir sur la philosophie politique des empereurs. Il se cantonne au côté pratique des choses, au bien-être quotidien. C'est la même idée qui est exprimée

par Claudius Mamertinus (cf. note suivante), lorsqu'il promet à Julien de faire ce qu'il pourra *in augendis imperii tui commodis*, « pour accroître le bonheur de ton Empire ».

[3] *caelesti... instinctu* : quatre siècles plus tôt, Vitruve commençait déjà la préface de son traité par une référence à l'inspiration divine du dédicataire : *Cum diuina tua mens et numen, imperator Caesar,* [...]. S. Reinach juge le style de la préface « pénible et amphigourique » (Reinach 1922, 220). C'est vrai, mais c'est le style des panégyristes contemporains de l'Anonyme. Voir, par exemple, la péroraison du discours de remerciement de Claudius Mamertinus à l'empereur Julien (1er janvier 362) avec le même lexique : [...], *sanctissime imperator, hoc tibi polliceor semperque praestabo, mihi neque in suggerendis consiliis ueritatem neque in adeundis, si res poposcerit, periculis animum neque in sententia simpliciter ferenda fidem neque in hominum uoluntatibus pro re publica teque laedendis libertatem neque in laboribus perferendis industriam neque in augendis imperii tui commodis grati animi beniuolentiam defuturam*, « très vénéré empereur, je te promets, et je ne faillirai jamais à ma parole, qu'il ne me manquera ni la franchise pour suggérer un conseil, ni le courage pour affronter les périls, si les circonstances le réclament, ni la loyauté pour donner sans détour mon avis, ni l'indépendance pour heurter les volontés des hommes, si l'intérêt de l'État ou le tien l'exigent, ni l'activité pour accomplir mes tâches, ni, pour accroître le bonheur de ton empire, la bonne volonté qu'inspire la gratitude » (*paneg.* 3, 32, 3 [trad. É. Galletier]). Sur une possible identification entre l'Anonyme et Claudius Mamertinus, voir *Introduction* p. VIII. Pour une analyse de ce début de la préface confrontée à la *Gratiarum actio* de Claudius Mamertinus, voir en dernier lieu Sánchez-Ostiz 2003.

[4] *est suggerenda* : nous avons ici la même interprétation que S. Condorelli (« il benessere del Vostro stato sempre felice per impulso celeste nei momenti opportuni deve essere sorretto ») et A. Giardina. H. Jouffroy, E.A. Thompson, R. Ireland et Á. Sánchez-Ostiz comprennent : « il convient de vous faire aux moments opportuns les propositions profitables à votre État ».

Praef. **2** [1] *in hoc libello* : E.A. Thompson donne à *libellus* le sens de « pamphlet » (« tract »). Mais Cetius Faventinus (9, 5) et Végèce (*mil.* 1, *prol.* ; 1, 28 ; 2, *prol.*), qui ne sont pas très éloignés dans le temps du *De rebus bellicis*, qualifient eux aussi leur traité de *libellus*. Or, ni l'*Artis architectonicae adbreuiatus liber* de Cetius Faventinus ni

l'*Epitoma rei militaris* de Végèce ne peuvent être qualifiés de
« pamphlets ». L'œuvre de Végèce, considérée dans l'ensemble de ses
cinq livres, ne peut pas non plus être qualifiée d'« opuscule », mais
on remarquera que l'auteur n'applique cette appellation de *libellus*
qu'à son seul livre I, sur l'enrôlement et l'entraînement des recrues :
l'emploi de *libellus* dans la préface du livre II renvoie au livre I. Cela
dit, son expression *in hoc **paruo** libello* en 1, *prol.*, montre que le sens
diminutif de *libellus* est faible...

² *unum capitulum* : *unus* a ici le sens de « premier » (voir, par ex.,
Cic., *ac.* 1, 19 : *philosophandi ratio triplex ; una... altera... tertia...,*
« trois parties dans la philosophie ; la première..., la deuxième..., la
troisième... »). Le chapitre sur les largesses est effectivement celui
qui suit immédiatement la préface.

³ *de largitionum utilitate* : si les titres des chapitres qui apparaissent dans la tradition manuscrite sont bien de la main de
l'Anonyme, il est à noter que le titre du premier chapitre n'est pas
De largitionum utilitate, mais *De inhibenda largitate* (« De la maîtrise
des dépenses »), ce qui est la formulation exactement inverse avec en
plus le remplacement de *largitiones* par *largitas*. Au IVᵉ siècle, le mot
largitio au pluriel a un sens institutionnel. Les *largitiones sacrae,* les
« largesses sacrées », sont les finances publiques, gérées par le *comes
sacrarum largitionum.* Voir Delmaire 1977 et 1989. *Largitio* ou
largitas employés au singulier aux chapitres 1 et 2 du *De rebus
bellicis* désignent les « dépenses » en général.

⁴ *mediocritatis meae* : la même formule est utilisée par Végèce dans
la préface de son livre III : *mediocritatem meam adbreuiare iussisti*
(*mil.* 3 *prol.* 4). Comparant la préface du *De rebus bellicis* avec celles
des quatre livres de l'*Epitoma rei militaris* de Végèce, Chauvot 1999
constate qu'au-delà des quelques rapports convenus entre dédicant
et dédicataire, comme cette formule de modestie, l'auteur du *De
rebus bellicis* s'efface beaucoup moins que Végèce. Paradoxalement,
c'est son nom qui a été oublié...

Praef. 3 ¹ *Proinde — pro audacia declinare* : le sens global de la
phrase ne fait pas difficulté. C'est une *captatio beneuolentiae* classique, avec un lexique (*ueritas, audacia*) que l'on retrouve
notamment chez les Panégyristes (par exemple, *paneg.* 4, 4, 5 : *Dabit
enim ueniam clementia tua, si audaciorem ueritas facit,* ou : 7, 7, 7 :
*De quo ego [...] ita dicam ut fortasse quibusdam uidear audacior,
ueritas tamen meae erga te deuotionis appareat*). Mais la séquence
posco ne me laus aut prosequatur laisse supposer une erreur dans la

transmission manuscrite. Le problème principal est le *aut* qui appelle un deuxième membre dans l'alternative, mais qui se trouve, dans les manuscrits, entre *laus* et *prosequatur*. Le problème secondaire, si l'on suit toujours le texte transmis par les manuscrits, est l'absence de liaison après *posco*. L'éditeur princeps, S. Ghelen, suivi par R. Schneider, a une solution radicale : d'accord avec un correcteur de *P*, il supprime *aut* et ponctue d'un deux-points après *posco*. E.A. Thompson garde le texte des manuscrits et ponctue comme S. Ghelen, mais il traduit « no praise or *reward* », ajoutant en note : « A word with something like this meaning has dropped out of the Latin text » (Thompson 1952a, 106). S. Condorelli change *aut* en *haut*, mais nous avons alors deux négations successives. R. Ireland change le *ne* en *nec* et ajoute *<praemium>* après *aut*. A. Giardina, suivi par Á. Sánchez-Ostiz, choisit la même solution, mais remplace *praemium* par *gratia*. Pour notre part, nous pensons que *laus* peut être une correction d'un *aut* fautif dans un état de la tradition manuscrite antérieur au *codex Spirensis*, avec maintien abusif à la fois de la forme corrigée et de la forme fautive, ou bien qu'il y a eu, toujours dans un état antérieur au *codex Spirensis*, un déplacement fautif de *aut* qui aurait pu se trouver auparavant entre *posco* et *ne*. Nous choisissons cette deuxième hypothèse et nous traduisons en conséquence, sachant que, quelle que soit la solution retenue, l'interprétation du passage ne varie pas sur le fond.

Praef. 4 [1] *praesulem* : il s'agit de la seule adresse au singulier dans la préface. Ireland 1979c, 113, veut y voir le signe d'une rédaction en plusieurs étapes. L'Anonyme se serait d'abord adressé à un seul empereur, puis il aurait changé les singuliers en vocatifs pluriels là où l'adresse directe était évidente, négligeant cette adresse indirecte. Chauvot 1999, 110, voit plutôt dans ce singulier la volonté d'affirmer une vérité générale. Brandt 1988, 7, n. 17, juge remarquable cet emploi de *praesul* pour s'adresser à l'empereur. Le mot, qui ne devient fréquent qu'à partir du IVe siècle *p. C.*, est quelquefois employé pour des fonctionnaires d'État ou des commandants de l'armée (cf. Rut. Nam. 1, 550 ; *Hist. Aug.*, *Did.* 9, 4 ; *Prob.* 6, 6), mais, en dehors de l'Anonyme, seul Alcimus Avitus (*epist.* 93, *MGH AA* VI 2, p. 100, l. 30) l'utilise pour l'empereur. Sur les emplois de *praesul* en général, voir Straub 1972, 155, n. 98 ; dans l'*Histoire Auguste* en particulier, voir Paschoud 2001, p. 74-75.

[2] *priuato* : le *priuatus* est celui qui n'est pas empereur, fût-il haut magistrat (Béranger 1976, 49) ; Ammien Marcellin (23, 1, 1) qualifie

de *priuatus* Sallustius, préfet des Gaules, que Julien s'adjoint comme consul : *uidebatur nouum adiunctum esse Augusto priuatum* ; voir *Introduction* p. VII.

[3] *eum lateat inquirentem* : même type de remarque dans l'*Hist. Aug., Aurelian.* 43, 4 : *imperator, qui domi clausus est, uera non nouit.* Sur le thème du *princeps clausus*, l'empereur isolé dans son palais et à qui un certain nombre de choses échappent, voir Chastagnol 1985 et Paschoud 1996, 204.

Praef. 5 [1] *optimus orator* : unique allusion à un autre auteur dans l'ensemble du traité. Il s'agit probablement de Cicéron : c'est l'*optimus orator* au IVe siècle. L'hypothèse qu'il puisse s'agir de Symmaque a également été émise (Wiedemann 1979, 148, n. 5).

Praef. 7 [1] *a rerum inuentione* [...] *alieni* : tous les manuscrits portent la forme *alieni* au masculin. À la suite de S. Ghelen, beaucoup d'éditeurs – en dernier lieu, Á. Sánchez-Ostiz par exemple – corrigent en *alienae* pour faire l'accord avec le sujet féminin *barbarae nationes*. Nous préférons garder le texte des manuscrits et admettre que nous avons là un accord selon le sens, l'auteur envisageant ici les individus, et non la nation. Nous trouvons ce type d'accord par syllepse même à l'époque classique : Cic., *Ver.* II 4, 151 : *Syracusanam quidem ciuitatem* [...], *apud quos*... Cette reconnaissance des capacités d'innovation technique des peuples barbares a fait émettre l'hypothèse que l'Anonyme serait lui-même un barbare, mais l'idée est démentie par le reste du texte ; voir *Introduction* p. X. En revanche, nous voyons bien que l'Anonyme se situe à une étape intermédiaire de l'évolution de l'image des capacités techniques des peuples « barbares ». Au Ier siècle *p. C.*, Sénèque et Tacite considèrent les barbares comme des « ignares » en mécanique militaire (Sen., *dial.* 7, 26, 3 : *barbari* [...] *ignari machinarum* ; Tac., *ann.* 12, 45, 3 : *Nihil tam ignarum barbaris quam machinamenta et astus oppugnationum,* « rien de plus inconnu aux barbares que l'usage des machines et que la tactique des sièges » [trad. H. Goelzer]). Mais, au VIe siècle *p. C.*, Procope de Césarée (*Goth.* 4 [= *De bellis* 8], 11, 27) montre les Romains faisant appel à leurs alliés barbares (les Sabiriens) pour forcer la muraille de Pétra : « ces Barbares envoyèrent trois de leurs chefs, et quelques soldats, qui, ayant vu que les Romains désespéraient d'abattre la muraille de la ville assiégée, entreprirent de le faire par le moyen d'une nouvelle machine qui n'avait jamais été vue ni parmi les Romains ni parmi les Perses ». Végèce, probablement proche chronologiquement de l'Anonyme, se situe comme lui dans une position intermédiaire. Il dit bien que l'art de la guerre est « le seul auquel les Barbares pensent qu'il faut s'attacher, persuadés que la science de la guerre renferme tout » (*mil.* 3, 10, 3) ; il reconnaît plus loin leur faculté d'imitation des techniques romaines, mais à un aucun moment, il ne fait état à leur sujet d'innovations techniques. E. A. Thompson a une interprétation différente : pour lui, les Romains n'ont jamais inventé de système mécanique important, et l'Anonyme serait le seul Romain connu à avoir tenté d'améliorer la technologie de son époque sur une grande échelle (Thompson 1952a, 44-50).

Praef. 8 [1] *clementissimi principes* : Ambroise de Milan utilise cette expression à plusieurs reprises dans sa correspondance, notamment pour s'adresser à Gratien, Valentinien et Théodose (*Epist. extra collectionem traditae* 6, 1).

[2] *filios* : voir *Introduction* p. XXXVII-XXXIX.

[3] *Romano nomini debitos affectus* : c'est ce qu'Ammien Marcellin fait dire à Valentinien en conclusion du discours qu'il prononce devant l'armée pour recommander son fils Gratien comme futur empereur : « il [= Gratien] pourra chérir l'État comme la demeure de son père et de son grand-père » (27, 6, 9 ; trad. M.-A. Marié).

[4] *prouidentia diuinitatis* : à la différence de l'expression *diuina prouidentia* utilisée en 21, 1 et qui se trouve déjà chez Cicéron, l'expression *prouidentia diuinitatis* n'apparaît qu'à l'époque tardive. Ors 1963, 58, qui pense que le traité est dédié à Constance II, y voit une manière délicate de s'adresser à un empereur chrétien de la part d'un auteur païen. Neher 1911, 63, qui pense que le traité est adressé à Justinien mais que les *principes* de la préface sont les membres du conseil impérial, considère que l'expression *prouidentia diuinitatis* désigne l'empereur.

Praef. 9 [1] *commoda* : il s'agit des intérêts pratiques ; cf. *praef.* 1, 2.

Praef. 11 [1] *machinarum* : *machina* est à prendre ici au sens de « système ingénieux » (Fleury 1996, 45). Sur les neuf types de « machines » présentés dans la suite du livre – baliste de campagne, mantelet, bouclier à pointes, traits plombés, chars à faux, sous-armure, pont d'outres, liburne à bœufs et baliste de rempart –, l'Anonyme n'en retient ici que trois : la liburne, le char à faux et le pont d'outres. Il s'agit probablement pour lui des systèmes les plus significatifs. La première place donnée à la liburne est à noter, car dans le texte, sa description ne vient qu'après celle des deux autres systèmes.

Praef. **13** [1] [...] *ut semet ipse uerberans — magnas hostium strages* : curieusement, cette invention n'est pas développée dans la suite du texte. L'auteur décrit bien, au chap. 14, un char à faux avec fouet automatique, mais avec un conducteur.

Praef. **14** [1] *aut* : le *aut*, présent dans *C, P, V* et *B*, mais absent dans *M*, est ici curieux dans la mesure où « un petit nombre d'hommes » peut difficilement être considéré comme l'équivalent d'« une cinquantaine de bêtes ». A. Giardina préfère traduire *aut* par « et » : c'est une liaison qui conviendrait mieux ; cf. Hofmann-Szantyr, *Lateinische Syntax und Stilistik*, Munich, C.H. Beck, 1965, § 269, p. 498-500. Il n'est pas exclu qu'un *et* originel ait été omis dans le *codex Spirensis* ou mal lu par *C, P, V* et *B*.

Praef. **15** [1] *arbitror* : R. Ireland ajoute – sans justification expresse – un *ego* devant *arbitror*. Rien, dans les manuscrits, ne laisse penser à l'absence d'un mot.
[2] *magnum munus* : cf. Vitr. 6, *praef.* 7 : « [...] j'ai estimé nécessaire de composer avec le plus grand soin un traité complet d'architecture, pensant que ce présent serait appréciable pour tout le monde » ([...] *opinans id munus omnibus gentibus non ingratum futurum*).
[3] *proximis* : on peut considérer ces *proximi* comme les destinaires effectifs de l'œuvre, qui n'est pas transmise directement au prince, mais qui transite par ses services. Il s'agirait donc d'une forme d'adresse indirecte à leur égard et d'une précaution prise par l'auteur : les *proximi* du prince connaissent bien sûr les remèdes à apporter, mais la lourdeur de leurs occupations les empêche de se saisir de ces questions (Chauvot 1999, 110). Nous n'excluons pas toutefois une critique voilée de l'entourage de l'empereur : Ammien Marcellin (30, 4, 1) dit que les *proximi* de Valens jouaient un rôle néfaste pour l'État.

Praef. **16** [1] *undique redacta conferre* : c'est le témoignage, par l'Anonyme lui-même, qu'il n'a pas inventé les machines qu'il décrit, mais qu'il rapporte le fruit de ses lectures. Végèce tient un propos similaire, qualifiant son « aide-mémoire sur l'art militaire (*hos artis* *bellicae commentarios*) » d' « abrégé des auteurs les plus autorisés (*ex probatissimis auctoribus breuiatos*) » (*mil.* 3, 9, 1 ; trad. E. Famerie et J.-H. Michel).

***Praef.* 17** [1] *propter philosophiae libertatem* : un vocabulaire similaire est utilisé par Mamertin dans la *Gratiarum actio* qu'il adresse à l'empereur Julien : *philosophiam paulo ante suspectam* [...] *liberasti*, « la philosophie, suspecte hier, [...] tu l'as libérée » (*paneg.* 3, 23, 4 [trad. É. Galletier 11, 23, 4]). Sur la rencontre constante des idées entre l'Anonyme et Mamertin, voir Mazzarino 1971. Cette conclusion de la préface du *De rebus bellicis* est aussi à rapprocher de la préface du livre I de Végèce : « par leurs marques d'intérêt, les souverains ont encouragé l'éloquence, sans critiquer la liberté de langage (*dum non culpatur audacia*) » (*mil.* 1, *prol.* 2 ; trad. J.-H. Michel et É. Famerie).

1.1 [1] *Bellicam laudem — magis excitet proeliorum* : cette première phrase du traité après la préface a suscité beaucoup de commentaires et quelques propositions de modification du texte transmis par les manuscrits. Du point de vue syntaxique et sémantique, c'est la séquence *imitatur... ne* qui a gêné commentateurs et éditeurs. L'édition princeps adopte, comme nous le faisons après R. Schneider, S. Condorelli, A. Giardina et Á. Sánchez-Ostiz, le texte des manuscrits *CPMB – V* porte *mutatur* à la place de *imitatur*, ce qui rend le texte encore plus obscur... Mais déjà S. Reinach proposait de changer, comme P. Schrijver, *imitatur* en *comitatur* et d'ajouter *cauendum uero* devant *ne* (Reinach 1922, 224-225). À vrai dire, *comitatur* est aussi étrange qu'*imitatur*, et *ne* suffit au sens de « à condition que... ne... pas » : cf. A. Ernout et F. Thomas, *Syntaxe latine*, Paris, Klincksieck, 1964 (= 1953²), p. 346. Nous avons la même interprétation de cette phrase qu'E.A. Thompson (p. 26), qui garde *imitatur*, mais suppose, comme S. Reinach, une lacune avant *ne* : le trésor bénéficie des victoires militaires, mais l'Empereur doit prendre garde de ne pas gaspiller de tels gains en dotant ses soldats et ses fonctionnaires de gratifications extravagantes ; autrement, il devra récupérer ces pertes en engageant de nouvelles guerres. Le cercle vicieux peut être brisé, si l'empereur réduit drastiquement ses dépenses. Alors il sera capable d'épargner aux contribuables le fardeau d'avoir à alimenter des campagnes continuelles. R. Ireland remplace *imitatur* par *intueatur* et traduit : « The treasury, in its own interests, must always keep a watchful eye on military success and the pomp of triumphs, to prevent the extravagant donation of money from stirring up the seeds of conflict to an even greater extent » (Ireland 1979b, 25). F. Kolb a une tout autre interprétation de ce passage : pour lui, l'Anonyme critiquerait la pratique du paiement de subsides aux fédérés barbares. Il comprend la phrase de la manière suivante : « L'utilité du trésor public imite toujours la gloire de la guerre et les honneurs qui découlent du triomphe ». C'est-à-dire que le trésor public cherche à remporter en politique étrangère des succès qui, ordinairement, sont réservés aux guerres victorieuses, et à récolter ainsi la gloire liée au triomphe sur les peuples vaincus, ou à la procession triomphale. Il pourrait simplement s'agir ici des sommes payées à des peuples étrangers pour qu'ils combattent les ennemis de Rome ou qu'ils participent à la protection des frontières. L'Anonyme critiquerait donc cette pratique : au lieu de payer des peuples étrangers, l'État ferait mieux de renforcer sa propre armée (Kolb 1980a). F. Kolb est suivi par Brandt 1988, 11-22, mais, comme le souligne à juste titre R. Delmaire, « les plaintes de la lourdeur des charges qui pèsent sur l'*aerarium* à cause des guerres et des triomphes (1, 1) ne peuvent s'appliquer aux paiements des fédérés puisque ceux-ci reçoivent des annones déterminées et ne participent pas aux *donatiua* » (Delmaire 1992, 369).

1.2 [1] *opum delectabilitas* : l'Anonyme est le premier auteur latin chez qui se rencontre le mot *delectabilitas,* régulièrement employé, beaucoup plus tard, par les auteurs chrétiens du XIIe au XIVe siècles (Bernard de Clairvaux, Abélard, saint Thomas d'Aquin, saint Bonaventure, Guillaume d'Ockham, etc.). B. Baldwin voit là une possible création de l'Anonyme, qui affectionne particulièrement les noms se terminant en *-tas* (Baldwin 1978, 38). P. Schrijver propose de changer en *defectibilitas*, qui est aussi un hapax. E.A. Thompson comprend « the ever welcome aid of riches ».

1.3 [1] *in rebus egenis* : il s'agit peut-être là d'une réminiscence virgilienne (souvenir scolaire ?) ; cf. *Aen.* 8, 365 : *rebusque ueni non asper egenis* (« entre et sois indulgent à notre pauvreté » [trad. A. Bellessort]) ; cf. en outre *Aen.* 6, 91 ; 10, 367.

[2] *quae nunc* [...] *uideatur* : R. Ireland ajoute *ita* après *nunc* (voir Ireland 1979b, 99, et Ireland 1984, XXIV) et comprend la phrase différemment : « Consequently I must speak briefly on the subject of the foresight (or what would seem such, in our present profligacy of resources) exercised by our ancestors in an age of poverty » (Ireland 1979b, 25). H. Jouffroy comprend encore d'une autre manière : « C'est pourquoi il nous faut rappeler brièvement la prévoyance dont firent preuve nos pères dans le dénuement, ou plutôt dans ce

qui, aujourd'hui où nous usons avec si peu de contrôle de nos ressources, passe pour du dénuement ».

1.4 [1] *moenibus* : à l'exception de S. Condorelli, qui traduit « mura », tous les traducteurs précédents rendent *moenibus* par l'équivalent de « édifice (public) ». Nous préférons le sens plus large de « ville », métonymie que l'on trouve par exemple chez Vitruve 1, 4, 1 ; 1, 4, 11 ou 1, 7, 1. *Moenia* a le même sens en 1, 8 ; par contre il a, à notre avis, le sens de « remparts » en 4, 5 et 6, 4.

[2] *auri argentique materiam* : à partir d'ici commence ce que l'on a voulu interpréter comme une succincte « histoire de la monnaie », qui a valu beaucoup de critiques à l'Anonyme (voir, par exemple, Condorelli 1971, 20, Bonamente 1981, 33 ou Liebeschuetz 1994, 120-121), notamment celle de passer complètement sous silence la monnaie d'argent. Pour Liebeschuetz 1994, 121, l'histoire de la monnaie telle qu'elle est racontée par l'Anonyme n'est pas de la « véritable histoire », mais une fable morale, imaginée par l'auteur lui-même, une version du mythe de la fin de l'âge d'or, destinée à mettre en relief l'extravagance et l'avidité du moment présent en contraste avec le passé austère et frugal. Le problème est que les commentateurs lient généralement les chapitres 1 et 2 et considèrent que l'auteur présente une histoire de la monnaie en quatre étapes allant des règnes de la Rome primitive à l'époque de Constantin : voir par exemple Thompson 1952a, 26-31 ; Reece 1979, 59-66 ; Brandt 1988, 22-24. En réalité, comme l'a récemment montré D.N. Sánchez Vendramini, les deux chapitres ne constituent pas un même développement, ils ne sont pas la suite l'un de l'autre : le chapitre 1 présente la *patrum prouidentia* comme un exemple à suivre, le chapitre 2 concerne la politique de Constantin. Le seul lien entre les deux chapitres est l'idée que, si l'on veut une amélioration du présent, il faut revenir aux méthodes des temps primitifs (Sánchez Vendramini 2006 et 2009). À aucun moment l'Anonyme ne prétend retracer une histoire de la monnaie, ne serait-ce que de façon succincte, allant de l'époque royale à celle de Constantin. Les trois étapes du chapitre 1 concernent toutes des traditions légendaires sur les origines de Rome selon des versions qui étaient relatées par Pline l'Ancien et Suétone et qui étaient encore connues à l'époque tardive puisque Cassiodore, Isidore de Séville, Jean d'Antioche ou Suidas s'en font l'écho. Les deux premières étapes, celles des monnaies d'argile et de cuir, sont antérieures à Numa d'après Jean d'Antioche et Suidas, qui cite sa source, Tranquillus (= Suétone), à l'article Ἀσσάρια : οἱ ὀβολοί. Νούμμας, ὁ πρῶτος βασιλεὺς μετὰ Ῥωμύλον Ῥωμαίων γεγονώς, ἀπὸ σιδήρου καὶ χαλκοῦ

πεποιημένα πρῶτος ἐχαρίσατο Ῥωμαίοις, τῶν πρὸ αὐτοῦ πάντων διὰ
σκυτίνων καὶ **ὀστρακίνων** τὴν χρείαν πληρούντων· ἅπερ ὠνόμασεν ἐκ
τοῦ ἰδίου ὀνόματος νουμμία, ὥς φησι Τραγκύλιος («Numa, qui devint
le premier roi de Rome après Romulus, fut le premier à accorder des
faveurs aux Romains avec des pièces faites de fer et de bronze, car tout
le monde avant lui utilisait pour cet usage des pièces de cuir et
d'argile ; il les appela *nummia* à partir de son propre nom, comme le
dit Tranquillus »). Jean d'Antioche (frg. 33) donne la même information : Ὁ αὐτὸς [= Νουμᾶς ὁ βασιλεὺς] πρῶτος ἀπὸ χαλκοῦ καὶ σιδήρου
ἐποίησεν ἀσσάρια, τῶν πρὸ αὐτοῦ δι' ὀστρακίνων καὶ σκυτίνων τὴν
χρείαν πληρούντων, ἅπερ ἀπὸ τοῦ οἰκείου ὀνόματος νουμία ἐκάλεσε. La
troisième étape pourrait être l'introduction de l'*aes signatum*, le lingot
de bronze coulé et marqué d'un signe. Pline l'Ancien (*nat.* 33, 43)
attribue au roi Servius Tullius le premier marquage du bronze :
*Seruius rex primus signauit aes ; antea rudi usos Romae Timaeus
tradit. Signatum est nota pecudum, unde et pecunia appellata* («Le roi
Servius fut le premier à faire marquer le bronze d'une empreinte :
auparavant on se servait à Rome de bronze brut, selon ce que
rapporte Timée. L'empreinte était une image d'animaux domestiques
(*pecudes*), d'où vient aussi le nom de *pecunia*» [trad. H. Zehnacker]).
Isidore de Séville (*etym.* 16, 18, 3-5) fait état de la même évolution,
avec cependant une autre chronologie puisque, selon lui, la monnaie
de bronze a été inventée par Saturne à l'époque où celui-ci régnait sur
le Latium. Jusqu'aux années soixante, la chronologie plinienne était
largement mise en doute. On considérait que l'*aes signatum* avait
précédé de peu l'*aes graue*, le bronze «lourd», la première monnaie
de bronze romaine, mise en circulation aux IVe et IIIe siècles *a. C.* La
découverte, au début des années soixante, d'un *aes signatum* dans un
dépôt du VIe siècle *a. C.* à Bitalemi, près de Géla en Sicile, a redonné
toute sa valeur à la notice de Pline, rapportant l'opinion de Timée
selon laquelle le roi Servius Tullius serait à l'origine du marquage du
bronze (Pedroni 1995, 198, et Pallottino 1997, 229).

1.6 [1] *utilitas* : Ireland 1984, XXIV, soupçonne une lacune après
utilitas. Peut-être faut-il simplement supposer l'ellipse du verbe *esse*.

[2] *in aeris usum* : S. Condorelli comprend : «de la terre sculptée à
la manière du bronze ».

[3] *terram* : outre les textes cités ci-dessus, l'usage de monnaies en terre
cuite est attesté archéologiquement pour l'Antiquité. Babelon 1901,
377-378, fait état de deux monnaies égyptiennes en porcelaine trouvées
en Haute-Égypte et de nombreuses terres cuites monéiformes
recueillies à Palmyre. Sur les monnaies en terre cuite des anciennes

populations du Tchad, voir Lebeuf & Masson Detourbet 1950, 112-115, et Lebeuf 1970.

1.7 [1] *e coriis* : outre les textes cités ci-dessus, il y a d'autres témoignages attestant l'existence de monnaies de cuir dans l'Antiquité. Pour Rome : Chronographe de 354 (*MGH, AA* 9, XVI. *Chronica urbis Romae*, p. 144, l. 12-13) : [*Numa Pompilius*] *congiarium dedit scortinos asses et militibus donatiuum aere incisum dipondium semis* (« [Numa Pompilius] fit une distribution d'argent en as de cuir et une donation aux soldats d'un demi-dipondium en bronze gravé »). Pour Sparte : Nicolas de Damas, (*Fragmenta Historicorum Graecorum,* éd. K. Müller, Paris, F. Didot, 1849, t. 3, p. 458, fr. 114, 8) : Νομίσματι δὲ χρῶνται σκυτίνῳ ; Sen., *benef.* 5, 14, 4 : *Aes alienum habere dicitur et qui aureos debet et qui corium forma publica percussum, quale aput Lacedaemonios fuit, quod usum numeratae pecuniae praestitit* (« On dit aussi bien d'un homme qu'il doit de l'argent, – s'il est redevable de pièces d'or, – ou de cuir frappé au coin de l'État (comme celui qui existait à Lacédémone et qui servait de numéraire) » [texte et trad. de F. Préchac]). Pour Carthage : Ps. Platon, *Eryxias*, 400 a : « [...] voici la monnaie dont se servent les Carthaginois : ils cousent dans un petit sac de cuir (ἐν δερματίῳ σμικρῷ) un objet de la grandeur environ d'un statère. Nul ne connaît la nature de l'objet ainsi cousu, sauf ceux qui l'ont fait ; ensuite, ils mettent le sceau légal et utilisent l'objet comme monnaie » (κατεσφραγισμένῳ τούτῳ νομίζουσιν [trad. J. Souilhé]). Sur la question des monnaies de cuir dans l'Antiquité, voir Nenci 1974, 643-647.

1.9 [1] *dona militaria* : l'Anonyme veut parler ici des gratifications exceptionnelles faites aux soldats en monnaie, donc prélevées sur le trésor public, et non des gratifications faites en nature – part de butin ou récompenses sous forme d'objets précieux : colliers, bracelets, etc. Le mot utilisé, à partir de Tacite, pour ce type de gratification en monnaie est *donatiuum*, mais l'Anonyme a raison de ne pas l'employer ici, car il serait anachronique pour l'époque royale, à laquelle il fait référence. Dans l'Antiquité tardive, ces gratifications sont fréquentes (voir à ce sujet Bastien 1988) et bien distinctes du salaire ordinaire (*stipendium* ; le mot est employé en ce sens par l'Anonyme en 5, 7 ; sur le *stipendium* à l'époque tardive, voir Delmaire 1977).

[2] ... *signabatur* : pour Crawford 1970, l'origine de la frappe de la monnaie dans l'Antiquité est la nécessité de faire des paiements publics ; voir Howgego 1990 pour une discussion de cette thèse.

	Texte du *De rebus bellicis*	Correspondance possible dans les traditions légendaires
1	§ 4-6. Argile assez finement travaillée, durcie au feu, frappée aussi de motifs définis.	Avant Numa Pompilius (Suid. *s.u.* Ἀσσάρια)
2	§ 7. Leurs successeurs, dédaignant cette humble invention des temps anciens, frappèrent avec une fine couche d'or des ronds de cuir, grâce auxquels on pourvoyait à la munificence royale et à la nécessité des échanges sans toucher aux contribuables.	
3	§ 8. Quant à l'époque suivante, devant l'abondance du bronze, matériau désormais exclu de l'ornement public des villes, et après une réflexion sur les moyens de laisser, comme auparavant, des marques durables, elle frappa des pièces en bronze massif, plus précieuses du fait de leur poids même. Ce type fut plus durable en raison de son poids, comme nous l'avons dit.	Servius Tullius (Plin., *nat.* 33, 43 ; Cassiod., *var.* 7, 32, 4)

Tableau 3 : Les trois moments de l'évolution de la monnaie à l'époque royale selon le *De rebus bellicis* (chap. 1)

1.10 [1] *exprimi colorum qualitatibus* : voir planche I. T. Wiedemann considère que le traité est dédié à Valentinien Ier parce qu'Ammien Marcellin (30, 9, 4) décrit cet empereur comme *scribens decore, uenusteque pingens et fingens, et nouorum inuentor armorum* et que *l'Epitome de Caesaribus*, 45, 6, signale parmi ses qualités : *pingere uenustissime* [...], *noua arma meditari, fingere cera seu limo simulacra* (Wiedemann 1979, 143). Sur cette question, voir *Introduction* p. XLIX. Sur l'ensemble des illustrations du *De rebus bellicis*, voir *Introduction* p. XCVIII. Sur les illustrations des monnaies, voir Reece 1979.

2.1 [1] *profusa largitio* : cette critique de Constantin a fait couler beaucoup d'encre. C'est un argument pour refuser de dater l'œuvre du règne de son fils, Constance II (voir par ex. Foraboschi 1987, 111, et *Introduction* p. XXXVII), et aussi pour faire de l'Anonyme un païen (par ex. Thompson 1952a, 5). Mais la réputation dépensière de Constantin est un lieu commun dans l'historiographie païenne (Chastagnol 1966, 45) ; voir par exemple Amm. 16, 8, 12 : « des documents sans équivoque l'ont révélé, Constantin fut le premier de tous à aiguiser l'appétit de ses favoris » (trad. É. Galletier et J. Fontaine) ; Eutrope 10, 7, 2 ; Ps. Aur. Vict., *Epit. de Caes.* 41, 16 : *profusiones immodicas* ; Eusèbe, *Vit. Constant.* 4, 1 ; Julien, *Orationes* 7 (*Contre Héracleios le Cynique*), 22, 227c-228a. Sur le problème de l'inflation provoquée par la politique de Constantin, voir Jones 1953b. Sur la haine du sénat et du peuple romain envers Constantin, voir Fraschetti 1986. Sur l'opposition entre une politique constantinienne (profusion des dépenses, inflation) et une politique julienne (réduction des impôts), ici représentée par l'Anonyme, voir Mazzarino 1951, 110-122. Contre la thèse de S. Mazzarino, voir Cerati 1970a. Kolb 1980b critique également le rapprochement effectué par S. Mazzarino entre la biographie de Claude le Gothique, dans l'*Histoire Auguste*, et le *De rebus bellicis*. Pour S. Mazzarino, les deux textes représenteraient la politique julienne ; pour F. Kolb, l'auteur de l'*Histoire Auguste* aurait le point de vue de l'aristocratie, l'auteur du *De rebus bellicis* celui du petit peuple.

[2] *pro* : sur les vingt et un emplois de la préposition *pro* dans le *De rebus bellicis*, c'est le seul passage où elle paraît avoir le sens de « à la place de ». Dans le reste du traité, elle a le sens de « en raison de », « à cause de », « en fonction de », « à la mesure de », « selon », « pour ». Pour Cataudella 1992, 289, l'Anonyme ne voudrait pas dire que l'or a été adopté à la place du bronze, mais « in relazione (in rapporto, in proporzione) alla quantità di moneta bronzea » ; voir la note suivante.

[3] *quod* : l'interprétation de *quod* comme pronom relatif fait difficulté. Il paraît en effet difficile que l'Anonyme dise « le bronze, qui avait auparavant une grande valeur », après avoir dit au chapitre précédent que c'était un matériau commun et abondant. Tondo 1976, 204, voudrait que *quod* ait pour antécédent *aurum* plutôt que *aes*, mais c'est difficilement soutenable syntaxiquement. Cataudella 1992 fait de *quod* une conjonction de subordination (« parce que ») et donne *aurum* comme sujet de *habebatur*. Il est vrai que la monnaie d'or frappée à partir de Constantin, le *solidus*, a perdu du poids par rapport à l'*aureus* de Dioclétien (1/72 de livre au lieu de 1/60 ; cf.

Mickwitz 1934, 241-242 ; Depeyrot 2006, 167-169) et que
Constantin lui-même a baissé la valeur du *solidus* qu'il avait créé.
Pour M. R. Cataudella, la politique de Constantin aurait consisté en
une tentative de réduire l'écart entre la valeur de la monnaie de
bronze et celle de la monnaie d'or. L'inflation qui a suivi n'était
évidemment pas dans ses intentions. On peut toutefois considérer
que *quod* représente bien *aes* et que c'est le sujet de *habebatur* (Bonamente 1981, 32), car il est bien connu que l'adoption de la monnaie
d'or a porté un coup fatal à la monnaie divisionnaire (voir par ex.
Callu 1976, 241-242 ; Thompson 1952a, 32) et que la monnaie de
bronze avait effectivement plus de valeur avant l'introduction du
solidus.

2.2 [1] ... *ad publicum peruenisset* : la confiscation par Constantin
des trésors contenus dans les temples païens et leur conversion en
monnaie sont des faits rapportés par plusieurs sources, de façon
positive ou négative selon la sensibilité religieuse de l'auteur.
L'Anonyme fait partie de la deuxième catégorie, comme Libanios
dans le *Pro templis* (*or.* 30, 6) ou l'empereur Julien (*or.* 7, 228b). Pour
la première catégorie, voir par exemple Sozomène, *hist. eccl.* 2, 5, 1-
3 (« Comme il y avait dans l'étendue de l'Empire quantité de villes
et de peuples qui, par quelque reste de crainte, et de respect qu'ils
conféraient pour les images des Dieux, demeuraient attachés aux
anciennes superstitions, et avaient de l'éloignement de la religion
chrétienne, Constantin se crut obligé de les détromper, et ne trouva
point de meilleur moyen à cet effet, que de les accoutumer peu à peu
à mépriser les temples, et les statues. Il n'eut point besoin pour cela
de gens de guerre ; car ses ordres furent exécutés dans les villes, et
dans les bourgs par les chrétiens de sa Cour. Les habitants n'osèrent
faire aucune résistance, de peur d'être maltraités, et les prêtres, se
voyant abandonnés par le peuple, livrèrent ces statues qui leur
étaient si précieuses, et qu'ils disaient être tombées du ciel, et expo-
sèrent à la vue de tout le monde, ces lieux où ils avaient accoutumé
d'entrer seuls. Les statues d'or et d'argent furent fondues, pour être
converties en monnaie » [trad. L. Cousin]) ; Euseb. Caes., *Vita
Constantini*, 3, 1, 54 ; *Laus Constantini*, 8, 3-4 et 9, 6. Vers 348,
Firmicus Maternus, encourage les fils de Constantin à suivre
l'exemple de leur père : « Ôtez, ôtez sans hésiter, très saints empereurs, les ornements des temples. Ces « dieux », que le feu des
ateliers monétaires ou la flamme des fonderies les cuise (*monetae
ignis aut metallorum coquat flamma*) ! Expropriez toutes les

offrandes à votre profit et prenez-en possession » (*err*. 28, 6 [trad. R. Turcan]).

2.4 [1] *auri copia* : c'est en effet sous les Valentiniens que la monnaie d'or est la plus abondante. Le stock peut être évalué à environ 200 tonnes d'or circulant sous la forme de *solidi* (Depeyrot 2006, 172).

[2] *tenuioribus… oppressis* : sur la corrélation entre l'abondance de l'or et l'aggravation de la fracture entre *potentiores* et *humiliores*, voir Piganiol 1945, 53 : les riches et les pauvres forment dans l'Antiquité tardive deux sociétés superposées et distinctes. Les plus riches utilisent l'or pour leurs transactions ; les plus pauvres doivent se contenter de la « triste monnaie d'inflation ».

2.5 [1] *afflicta paupertas* : pour Grubaugh 2015, 17, l'*afflicta paupertas* est en réalité la classe des *curiales*, affligés non d'une pauvreté absolue, mais d'un appauvrissement relatif par rapport à la nouvelle bureaucratie mise en place par Constantin.

2.6 [1] *latrociniis* : ces révoltes ont pris le nom de « bagaudes » (*bacaudae* ou *bagaudae*) dans la partie occidentale de l'Empire. Au début du Ve siècle, on en trouve peut-être une mention avec le même mot *latrocinium* dans le *Querolus* 30 ; voir Jacquemard 1994, 80-82, et Thompson 1952b.

[2] *tyrannos* : au IVe siècle, le *tyrannus* est l'ennemi personnel du prince, l'usurpateur ; c'est le vaincu, le vainqueur étant le prince légitime (Béranger 1976, 49) ; cf. Amm. 15, 8, 6 : (discours de Constance) *post interitum rebellium tyrannorum* (= Magnence et Decentius) ; 27, 5, 1 : « une nation amie de Rome […] avait accordé des appuis à un tyran (*tyranno* = Procope) qui faisait la guerre aux empereurs légitimes (*principibus legitimis* = Valentinien et Valens) » (trad. M.-A. Marié). La mention d'« usurpateurs », au pluriel, est un élément important pour la datation de l'ouvrage, voir *Introduction* p. XXXIII-L. Voici un rappel des principales hypothèses : pour S. Mazzarino, ces *tyranni* ne peuvent être que Magnence et Décence éliminés par Constance II en 353 (Mazzarino 1951, 78-86) ; G. Bonamente considère l'identification des usurpateurs avec Magnence et Décence, et peut-être aussi avec Silvanus dans sa tentative de quatre semaines durant l'été 355, comme plausible : la rébellion fut précédée d'une situation chronique d'actes de brigandage avec le renforcement des bandes de bagaudes. En outre, Magnence, bien qu'il eût mené lui-même une politique de pression fiscale nécessaire au financement de sa propre guerre, mit en œuvre une politique monétaire différente de celle de Constant et de Constance II, essayant de s'attacher les classes les plus défavorisées.

Mais G. Bonamente admet aussi que les *tyranni* peuvent être Procope et Marcellus, tués en 366 (Bonamente 1981, 19). Pour E.A. Thompson, aucun des usurpateurs du IVᵉ siècle ne convient : il pense que *tyrannos* désigne les chefs inconnus des bagaudes gaulois, épigones d'Aelianus et d'Amandus au siècle précédent (Thompson 1952a, 33-34). Pour notre part, nous retenons l'hypothèse des usurpations de Procope et de Marcellus en Orient, dans la partie de l'Empire administrée par Valens. Sur la révolte de Procope, voir les chapitres 5 à 9 du livre XXVI d'Ammien Marcellin, ainsi que le début du livre IV de l'*Histoire nouvelle* de Zosime ; et sur la très brève usurpation de Marcellus, voir le début du chapitre 10 du même livre d'Ammien.

³ *uirtutis tuae* : c'est la première fois que l'Anonyme passe au singulier pour s'adresser, à la deuxième personne, au dédicataire de l'ouvrage ; voir *Introduction* p. XXXII.

⁴ *quos ad gloriam uirtutis tuae produxit magis quam succendit audacia* : Ireland 1979b, 26, ajoute *inopia* après *produxit* et comprend « whom desperation brought forth (rather than emulation inspired) against Your virtuous Splendour ». Jouffroy 2004 traduit : « [la pauvreté opprimée] en vint à encourager les usurpateurs, qu'elle suscita pour la gloire de tes vertus, plutôt qu'elle ne les enflamma d'audace ». Nous préférons considérer, comme A. Giardina par exemple, qu'*audacia* est le sujet à la fois de *produxit* et de *succendit*.

2.9 ¹ *... non habebant* : selon B. Baldwin, cette phrase pourrait être un indice que le traité n'a pas été écrit sous Valens et Valentinien, car ces deux empereurs sont connus pour avoir augmenté la production d'or et commencé à collecter la *collatio lustralis*, la taxe sur les produits commerciaux instituée par Constantin, uniquement en or, à moins qu'il ne s'agisse là d'un témoignage du courage de l'auteur, lequel ose critiquer la politique des empereurs en place (Baldwin 1978, 30).

3.1 ¹ *solidorum figura* : le *solidus* est précisément la monnaie d'or créée par Constantin vers 309-310 *p. C.* Elle remplace l'*aureus* de Dioclétien avec une diminution de poids (cf. *supra*, 2, 1 note 3). Il est intéressant de noter que la première préoccupation de l'Anonyme concernant le faux-monnayage est politique et psychologique : la fausse monnaie nuit à l'image de l'empereur – frappée sur la monnaie – et au respect dû à l'État. C'est une évidence qui n'avait jamais encore été exprimée auparavant, et il semble, à vrai dire, que le *De rebus bellicis* soit le seul texte liant explicitement la monnaie à la propagande impériale (Foraboschi 1987, 122).

[2] *fraudibus* : la fraude monétaire est un problème récurrent. Sylla et César (ou Auguste), par exemple, avaient déjà dû légiférer sur le sujet : *lex testamentaria nummaria* en 81 *a.C.* et *lex Iulia peculatus* à la fin du Ier siècle a.c. Au IIIe siècle *p.C.*, le phénomène a pris de l'ampleur. La monnaie d'or a aggravé le problème, car sa falsification est plus rentable. Dans le *Querolus*, probablement écrit au début du Ve siècle, entre 414 et 417 (cf. Jacquemard 1994, XIV), l'esclave Pantomalus évoque la falsification de la monnaie d'argent, mais aussi celle du *solidus* : « [...] pour changer des sous d'or (*de solidis mutandis*), nous avons mille tours de magie : nous sommes les immuables spécialistes de la transmutation. Au moins, il n'y a pas à distinguer entre des empreintes si jumelles (*tam gemellas formulas*). Qu'est-ce qui ressemble plus à un sou qu'un autre sou ? Mais même ici, dans l'or, on cherche des différences : figure, âge, teint, noble naissance, lettres, patrie, poids au scrupule près [...]. » (*Quer.* 72 [trad. C. Jacquemard]). Les fraudes consistent à frapper des monnaies avec de faux coins, à couler des pièces dans de faux moules (voir par exemple Aubin 1990, avec la bibliographie antérieure), à émettre des pièces d'or fourrées d'argent ou à rogner de vraies pièces d'or pour récupérer un peu de métal. Les titres 21 et 22 du livre IX *Code Théodosien* sont consacrés à des lois contre les faux-monnayeurs. L'empereur Julien a mis en place des fonctionnaires (*zygostates*) chargés de contrôler le poids des *solidi* (*Cod. Theod.* 12, 7, 2).

[3] *refutatur* : E.A. Thompson traduit : « in that *coins* are repudiated through the fault of the Mint ». Ce n'est pas, en effet, l'image de l'empereur à proprement parler qui est refusée dans le cas d'une fausse pièce, mais sa frappe sur la pièce. Cela dit, le fait de fabriquer de la fausse monnaie est considéré comme un crime de lèse-majesté ; cf. *Cod. Theod.* 9, 23, 1 : *Quicumque uel conflare pecunias uel ad diuersa uendendi causa transferre detegitur, sacrilegii sententiam subeat et capite plectatur*, ou 9, 21, 9 : *Falsae monetae rei, quos uulgo paracharactas uocant, maiestatis crimine tenentur obnoxii.* Voir Heinrichs 2008.

3.2 [1] *maiestatis uestrae* : l'adjectif possessif de la 2e personne du pluriel pose ici problème. Est-ce un véritable pluriel ? Dans ce cas, ce serait, en dehors de la préface, le seul endroit où l'Anonyme s'adresserait à deux empereurs. E.A. Thompson traduit dans ce sens : « Your Majesties' correction must be applied in this matter ». Ne serait-ce pas plutôt une formule de « vouvoiement » ? Dans la préface de son livre II, Végèce passe de *tranquillitas tua, imperator inuicte,* à *maiestati uestrae* en se référant toujours à un seul empereur. H. Jouffroy traduit aussi « votre Majesté ». Sur les premières traces de vouvoiement en latin (dès la *Correspondance* de Cicéron) voir Wolff 1986 ; voir aussi Callu 1986.

[2] *opifices monetae* : c'est sous les Valentiniens que la fabrication de monnaie est la plus importante. On estime qu'à cette époque, 200 tonnes d'or circulaient sous forme de *solidi* (Depeyrot 2006, 172). Les « ouvriers de la monnaie », les monnayeurs étaient répartis dans tout l'Empire. Il s'agit de ceux que le *Code Théodosien* appelle les *monetarii*, témoignant justement de leur possible inclination à la fraude : *Cod. Theod.* 9, 21, 2 (321) : *Quoniam nonnulli monetarii adulterinam monetam clandestinis sceleribus exercent, cuncti cognoscant necessitatem sibi incumbere huiusmodi homines inquirendi, ut inuestigati tradantur iudiciis, facti conscios per tormenta ilico prodituri ac sic dignis suppliciis addicendi.* A. Giardina pense que les *flaturarii* mentionnés par le *Cod. Theod.* 9, 21, 6 font aussi partie de ces monnayeurs (Giardina, 1989, 59).

[3] *in unam insulam* : ce faisant, l'auteur semble appeler ou préfigurer la réforme de Valens et Valentinien Ier, lesquels limiteront à partir de 368 l'émission de monnaie d'or aux ateliers contrôlés par leurs *comitatus* (résidences impériales) respectifs, à l'exception de l'atelier de Thessalonique ; voir Callu 1978, 106 ; Bonamente 1981, 29. Le passage est un élément de datation pour le traité, car, après cette réforme, il aurait été difficile de proposer de réunir tous les ateliers monétaires en une seule île. Cette proposition, par ailleurs, a paru extravagante à certains commentateurs, mais elle correspond à d'autres formes d'assignation attestées aux IIIe et IVe siècles : voir à ce sujet MacMullen 1964, 52.

[4] *commixtionis licentia fraudibus opportuna* : la connivence entre les *opifices monetae* et les privés était à la base des fraudes monétaires : cf. Giardina 1989, 60. De telles connivences émergent déjà dans la mention du *bellum monetariorum* de 270-271 *p.C.* par Eutr. 9, 14, où la répression des monnayeurs apparaît étroitement liée à l'élimination de certains sénateurs – Aur. Vict., *Caes.* 35, 6, l'*Hist. Aug., Aurelian.* 38, 2-4, et l'*Epitome de Caesaribus* 35, 4 mentionnent l'épisode sans faire allusion aux sénateurs.

3.4 [1] *tam aereae quam aureae* : il s'agit de la deuxième illustration sur les monnaies (planche II), présentant cette fois non des monnaies existantes, mais des propositions de l'Anonyme pour de futures émissions. La formule *tam aereae quam aureae* est-elle une

figure de style, jouant sur l'allitération et l'assonance, ou signifie-
t-elle que l'Anonyme veut ignorer la monnaie d'argent ? Voir à ce
sujet Mazzarino 1951, 88-89, qui considère que l'auteur ne parle pas
de la monnaie d'argent et ne la dessine pas parce que les émissions
de monnaie d'argent en grande quantité commencent en Occident
dans la période 355-360, si l'on fait abstraction des émisssions du
tyrannus Magnence : le *De rebus bellicis* aurait donc été écrit anté-
rieurement à cette date. À l'inverse, Brandt 1988, 59-60, se sert de
cette absence de la mention de l'argent pour dater le traité d'après le
début du Ve siècle. R. Reece pense que l'illustrateur de *C* a utilisé
pour les dessins de cette deuxième planche des pièces réelles : celle
de gauche serait un as de Tibère, celle du milieu un as de Domitien
et celle de droite un as de Néron. Cela aurait pu signifier que
l'illustrateur de *C* avait soigneusement copié un manuscrit excep-
tionnellement conservé avec les dessins originaux du IVe siècle et que
l'Anonyme lui-même avait choisi pour l'illustration des *asses* bien
conservés, vieux de 300 ans. Cela signifie plus probablement que le
copiste a trouvé ces trois pièces dans un cabinet de médailles et qu'il
les a utilisées pour son illustration (Reece 1979, 65).

4.1 [1] *iudicum… cupiditas* : à partir du IVe siècle, *iudex* désigne
couramment le gouverneur provincial à côté du titre officiel :
proconsul, corrector, consularis ou *praeses*. Les fonctions judiciaires
de ce magistrat sont, en effet, dominantes (voir Christol & Magioncalda 1996, 30-33). Ce sens de « gouverneur » pour *iudex* est du reste
fréquent dans le *Code Théodosien* (Reinach 1922, 231). Le thème de
la corruption des gouverneurs est évoqué aussi dans la *Gratiarum
actio* de Claudius Mamertinus (*paneg.* 3, 4, 2 : « d'autres villes, que
leur éloignement avait préservées des dévastations des barbares,
étaient la proie de brigands abominables parés du nom de gouverneurs (*iudicum nomine*) » (trad. É. Galletier 11, 4, 2) ou chez
Ammien Marcellin 15, 13, 4 : « Les généraux perses […] harcelaient
notre territoire avec des bandes de pillards […] tandis que les
gouverneurs romains étaient occupés à recueillir les dépouilles de
leurs sujets » (*Romanis ductoribus ad colligendas oboedientium
exuuias occupatis* [trad. É. Galletier et J. Fontaine]). Sur les abus de
la bureaucratie impériale en matière de collecte fiscale, voir
MacMullen 1962, 367.

4.3 [1] *rebus* : le mot est supprimé par E.A. Thompson.

[2] *dirigit* : il pourrait s'agir du terme consacré pour envoyer un
fonctionnaire en mission ; cf. *Cod. Theod.* 6, 28, 6 : *qui de agentum
in rebus numero ad gubernanda officia diriguntur.*

³ *exactores* : S. Reinach considère que la mention des « collecteurs d'impôts » et l'absence de mention de leur contre-pouvoir, les « défenseurs », sont un élément de datation du traité : « Le rôle attribué ici aux *exactores* prouve que l'Anonyme écrit après 355, époque où, dans une lettre de Constantius et de Constans, il n'est plus question que des gouverneurs (*rectores*), des préfets de l'annone et des *rationales* pour la rentrée des impôts arriérés. Les *exactores* reparaissent dès 363 ; à la même époque, Valentinien Iᵉʳ crée le *defensor ciuitatis* pour protéger le menu peuple contre l'oppression des grands, et cette charge fut d'abord en si haute estime que Théodose, en 387, dut interdire de l'acheter. Une des nombreuses attributions du *defensor* était de dénoncer les fonctionnaires qui cherchaient à s'enrichir, par des achats ou des ventes, dans leur rayon administratif (loi de 365 – *Cod. Theod.* 8, 15, 14) ; or, c'est là précisément un des abus dont se plaint l'Anonyme, qui traite les *iudices* de marchands, et cet abus dut être tenace puisque les mêmes interdictions furent encore renouvelées par Arcadius (397). [...] L'absence de toute allusion au *defensor* est notable et pourrait être alléguée à l'appui de la date proposée par M. Seeck (366-378), l'institution du *defensor* datant seulement de 364. Mais si Théodose dut interdire d'acheter la charge de *defensor*, c'est sans doute que l'improbité du temps avait su la rendre elle-même lucrative ; auquel cas on ne s'étonnerait pas du silence de l'Anonyme, les *defensores* n'ayant pas répondu aux espérances de surveillance efficace que Valentinien avait fondées sur eux » (Reinach 1922, 231-233). Pour une discussion plus complète sur cette question, voir Brandt 1988, 88-92. Pour une rapide synthèse sur la question de la fiscalité à l'époque tardive, voir Giardina 1977.

⁴ *... qui diuersis rapinarum artibus collatorum uires exhauriant* : la rapacité des collecteurs d'impôts est une des caractéristiques du règne de Constance selon Ammien Marcellin : « L'amertume de cette époque était encore accrue par l'insatiable rapacité des collecteurs, qui lui rapportaient plus de haine que d'argent » (21, 16, 17 ; trad. J. Fontaine).

⁵ *si soli peccarent* : même remarque chez Salvien de Marseille au milieu du Vᵉ siècle : « La perception des impôts (*exactio*) permet aux Romains de se ruiner réciproquement. [...] Ce qu'il y a de plus grave, c'est que le plus grand nombre voit son bien confisqué par quelques hommes qui considèrent la levée publique des impôts (*exactio publica*) comme une proie qui leur appartient, qui font des titres de la dette fiscale une source de profits personnels. Et ce ne sont pas les

grands (*summi*) seulement, mais encore d'infimes subalternes ; ce ne sont pas les gouverneurs (*iudices*) seulement, mais ceux qui obéissent aux gouverneurs (*iudicibus obsequentes*) » (*gub.* 5, 4, 17 [d'après la trad. de G. Lagarrigue]). Une constitution valentinienne, datable probablement de 369 *p.C.*, a précisément pour objet de protéger les contribuables de la collusion entre les fonctionnaires provinciaux et les caissiers (*tabularii*) ; voir Giardina & Grelle 1983.

4.4 [1] ... *titulorum* : pour Vogler 1979, 260, il s'agit là d'une allusion aux moments où les impôts (*tituli*) devaient être prélevés. L'annonce rituelle du prélèvement devait provoquer un traumatisme. Pour les versements annonaires, les contribuables s'acquittaient en trois fois dans l'année : ce procédé avait été conçu comme un adoucissement pour les endettés (Cerati 1975, 64, n. 36).

[2] *conuentio* : H. Jouffroy traduit par « convention ». Pour notre part, nous suivons ici C. Vogler et les travaux du Groupe de Recherche d'Histoire Romaine de Strasbourg et donnons à *conuentio* le sens de « citation ou sommation judiciaire » (Vogler 1979, 259), sens que l'on retrouve dans le *Code Justinien* (3, 6, 3) : « citation en justice ». Voir l'emploi du verbe *conuenio* dans le *Code Théodosien* 11, 7, 7 [353 (346 ?)] : « Qu'il soit suffisant que le débiteur soit sommé de s'acquitter de ses obligations par la prise de gages (*ad soluendi necessitatem capione pignorum conueniri* » [trad. Vogler 1979, 260, n. 15]).

4.5 [1] *tironum comparatio* : l'Anonyme évoque successivement quatre impôts liés aux dépenses militaires : la fourniture de soldats, de blé, de chevaux et l'entretien des murailles. Les impôts en nature pouvaient être convertis en impôts monétaires, c'est ce qu'on appelle l'*adaeratio* ; voir à ce sujet Mickwitz 1932 ; Mazzarino 1951, 151-164 ; Cerati 1975, 153-180 ; Delmaire 1977 ; Mazzarino 1978 ; Kolb 1982 ; Noethlichs 1985 ; Brandt 1987, 61-87. Le titre 13 du livre VII du *Code Théodosien* est consacré à la question des recrues (*de tironibus*). L'article 6, adressé par les empereurs Valentinien, Valens et Gratien au préfet du prétoire Modestus en juin 375, évoque précisément les difficultés causées dans les provinces par la fourniture de recrues (*tironum praebitio*) et les sommes trop importantes demandées pour les conversions en argent. La malversation des gouverneurs et de leurs fonctionnaires consistait à faire des bénéfices sur cette conversion. A.H.M. Jones pense que le gouverneur provincial, au lieu d'exiger des *corpora*, obtenait des recrues volontaires en offrant des primes, et ensuite faisait payer aux contribuables, à qui il avait remis les *corpora*, de fortes sommes, pour couvrir à la fois les primes et sa propre commission (Jones 1959). Pour A. Giardina, l'intérêt du contribuable était en théorie de fournir une prestation en argent plutôt qu'un corps soustrait, de manière pratiquement définitive, aux travaux des champs. Mais si l'*adaeratio* était fixée à un tarif énorme, l'intérêt finissait par s'annuler et même par devenir un désavantage (Giardina 1989, 63).

[2] *equorum* [...] *coemptio* : dans le contexte fiscal, la *coemptio* est l'achat à prix fixés par l'État ; voir Vanags 1979, 49-50, avec la bibliographie antérieure. C'est l'écart entre une *adaeratio* élevée (cf. note précédente) et une *coemptio* basse qui produit les « bénéfices réguliers » (*solemnia lucra*) dont il est question à la fin de la phrase. Selon S. Mazzarino, qui, rappelons-le, date le *De rebus bellicis* de l'époque de Constance II, la politique de l'empereur Julien, peut-être inspirée par l'Anonyme, aurait consisté précisément à réduire l'écart entre *adaeratio* et *coemptio* ; c'est en tout cas ce que semble dire Claudius Mamertinus dans son *Remerciement à l'empereur Julien* : « les Dalmates furent soulagés [par Julien] des taxes excessives qu'ils payaient en chevaux (*equorum pretiis enormibus*) » (*paneg.* 3, 9, 1 [trad. É. Galletier]). La fourniture de chevaux pour l'armée est un impôt mentionné à plusieurs reprises dans les textes : saint Basile, *Lettre* 303, 1 : « Au comte des largesses privées. Les habitants de ce pays se sont servis, je pense, de la calomnie et du mensonge pour persuader ton mérite d'imposer à ces gens une contribution de juments (φοράδων τέλεσμα) » (trad. Y. Courtonne) ; Synesios, *Lettre* 132, 38 : « [...] ordonne que l'on t'amène le couple de chevaux voraces que tu nourris au titre de l'impôt (ἐπὶ τῷ φόρῳ) » (trad. D. Roques). Le *Code Théodosien* parle d'*equorum/tironum praestatio* (*Cod. Theod.* 6, 23, 2 [423] ; 6, 26, 14 [407] ; 13, 3, 2 [326]) ou d'*equorum/tironum exactio* (*Cod. Theod.* 11, 16, 12 [380]). Voir Cerati 1970b. Il y a en fait trois types de levées de chevaux pour l'armée : la levée pesant sur les personnes promues à une dignité, la levée régulière, qui a lieu tous les ans et pour laquelle le processus d'adération semble s'être mis en place dès le milieu du IVe siècle, et les levées exceptionnelles qui peuvent peser sur tous les contribuables ou seulement sur les riches et les *honorati* (Delmaire 1977, 320-322). Une série de lois du *Code Théodosien* montre que les fournitures des recrues et des chevaux sont liées et qu'elles pèsent sur les mêmes personnes (Delmaire 1977, 322).

[3] *frumenti coemptio* : le *Code Théodosien* parle de *frumenti et equorum exactio* (11, 16, 12 [380]). Ammien Marcellin, 28, 1, 17-18, donne un exemple parlant du bénéfice qu'un gouverneur pouvait faire sur cet impôt, même si, dans le cas présent, l'accusation semble

fausse : « gouvernant l'Afrique en qualité de proconsul, il [*sc.* Hymétius] fournit aux Carthaginois, alors épuisés par la disette, du blé qu'il avait pris dans les greniers réservés à l'usage du peuple romain ; peu après, grâce à d'abondantes moissons, il restitua tout ce blé sans aucun retard. Mais comme le blé avait été vendu à ceux qui en manquaient au tarif d'une pièce d'or pour dix boisseaux, et qu'il l'avait lui-même acheté au cours de trente pour le même prix, il envoya au trésor du prince le gain provenant de ces transactions (*interpretii compendium*). Aussi Valentinien, le soupçonnant d'avoir envoyé moins d'argent qu'il n'aurait dû à la suite de ce marché, lui confisqua-t-il une partie de ses biens » (trad. M.-A. Marié). Au VIe siècle, Procope de Césarée, dans son *Histoire Secrète*, donne une description très négative du fonctionnement de cet impôt (appelé συνωνή) : « On contraint les propriétaires de domaines de fournir des provisions à l'armée romaine à proportion de l'impôt exigé de chacun, et les fournitures sont requises, non quand la situation s'y prête, mais quand on peut et qu'on l'a décidé, sans se demander si ce qui leur est nécessaire se trouve dans la région. Il en résulte que ces malheureux sont forcés d'importer ce qui est nécessaire aux soldats et aux chevaux en payant tout cela à des prix exorbitants ; et ces fournitures qui peuvent venir d'une région lointaine, ils doivent les transporter à l'endroit où se trouve être l'armée, et les mesurer aux chefs des soldats, non selon la règle commune à tous les hommes, mais de la manière qu'il plaît à ceux-ci. C'est cette pratique qui est appelée réquisition, et il en résulte que tous les propriétaires de domaines en sont saignés à blanc » (Procop., *Arc.* 23, 11-13 [trad. P. Maraval]).

[4] *expensa quoque moenibus profutura* : nous donnons à *moenia* le sens de « remparts », comme E.A. Thompson, S. Condorelli, R. Ireland, H. Jouffroy et d'autres, car le propos de l'Anonyme se concentre ici sur les impôts en rapport avec la « chose militaire ». H. Brandt, suivi par A. Giardina, voudrait lui donner le sens d'« édifices publics », parce que les textes de l'Antiquité tardive utilisent *murus* pour les remparts, tandis que, dans les inscriptions, les bâtiments publics sont souvent désignés par *moenia* (Brandt 1988, 78-81). Mais dans le *Code Justinien* 8, 11 (12), 14, le mot *moenia* nous semble aussi clairement renvoyer aux remparts : *aedificia, quae uulgo parapetasia nuncupantur, uel si qua alia opera moenibus uel publicis operibus ita sociata cohaerent*, « les édifices que l'on appelle communément *parapetasia* ou tous ceux qui sont attenants de la même manière aux remparts ou aux autres édifices

publics ». Sur l'intérêt de Valens et de Valentinien Ier pour l'entretien des édifices publics, voir *Cod. Theod.* 15, 1, 11-17 ; 15, 1, 33. Pour d'autres exemples de lois liées à l'exécution des travaux publics, voir, outre *Cod. Iust.* 8, 11 (12), 14 déjà cité, *Nou.* 17, 4 ; 24, 3 ; 25, 4 ; 26, 4 ; 30, 8 – il est vrai que dans tous ces exemples des *Novelles*, les remparts sont désignés par *muri*, mais les édifices publics, eux, sont désignés par *opera* et non par *moenia*.

4.6 [1] *res publica moribus ditata firmabitur* : Thémistius, probablement à la même époque que l'Anonyme, demande à Valens une moralisation de la vie publique (*or.* 8, 21, 116d) et, quelques décennies plus tard, nous trouvons la même revendication chez Synésios de Cyrène : « Envoyez-nous des gouverneurs (ἄρχοντας) qui respectent davantage les lois » (*Corresp.* 73, 50, trad. D. Roques).

5.1 [1] *Augustis prouisionibus* : l'*Augusta prouisio*, « la prévoyance impériale », se retrouve au § 5 sous la forme de l'*imperatoria prouisio*, qui est l'expression utilisée dans une novelle de Théodose II datée de 439 (*Novell. Theod.* 17, 1). L'expression *Augusta prouisio* est employée par Ambroise de Milan, *in psalm.* 118, *littera HE* 5, 5 (p. 85, 9-10 Petschenig), et Végèce, *mil.* 2, 3, 9, utilise une formule proche : *prouisione maiestatis tuae, imperator Auguste.*

[2] *enormia militum alimenta* : déjà Lactance accusait Dioclétien de ruiner l'État avec l'augmentation du nombre de soldats : Lact., *mort. pers.* 7, 2-3. Voir aussi : Zos. 4, 16, 1 ; Amm. 30, 5, 5 ; 30, 8, 8 ; Greg. Naz., *or.* 19, 14.

[3] *tributariae functionis* […] *illatio* : l'Anonyme utilise ici les termes techniques que l'on retrouve dans les textes juridiques (*Cod. Theod.* 11, 36, 19 [368] : *tributariae functionis* […] *munus* ; *Cod. Iust.* 10, 22, 3 [456] : *ad illationem functionis tributariae*). Ce peut être l'indice d'une fonction antérieure dans l'administration : voir *Introduction* p. VIII.

5.3 [1] *quinque* […] *annonarum* : l'*annona* – dans son sens d'« allocation » et non d' « impôt » – est au départ une ration journalière de nourriture, mais elle pouvait aussi être convertie en monnaie et prendre la forme d'un salaire ; cf. Jones 1964, t. 1, 460-461 ; 629-630 ; Bonner 1965, 126, et surtout Cerati 1975, 17-28, sur les différents emplois du mot *annona*. L'Anonyme ne dit pas au bout de combien d'années de service une catégorie de soldats parvenait à un salaire de cinq annones. À titre de comparaison, une constitution de Valentinien et Valens, datée de 365, indique que les *actuarii Palatinorum et comitatensium numerorum* (les intendants militaires des corps de *Palatini* et de *Comitatenses*) étaient payés six annones. Nous ne trouvons une échelle complète de salaires pour les carrières militaires qu'à une époque beaucoup plus tardive que celle supposée pour le *De rebus bellicis*. Il s'agit d'une constitution de Justinien qui fixe des traitements pour plusieurs provinces d'Afrique. Voici, par exemple, les salaires annuels du personnel du *dux Tripolitanae prouinciae*, donnés en *annonae,* converties en 5 *solidi,* et en *capita* (unités de nourriture pour les animaux), convertis en 4 *solidi. Adsessor ducis* : 8 *annonae* et 4 *capita* ; *primicerius* : 5 *annonae* et 2 *capita* ; *numerarius* : 4 *annonae* et 2 *capita* ; *ducenarius* : 3,5 *annonae* et 1,5 *capitum* ; *centenarius* : 2,5 *annonae* et 1 *capitum* ; *biarchus* : 2 *annonae* et 1 *capitum* ; *circitor* : 2 *annonae* et 1 *capitum* ; *semissalis* : 1,5 *annona* et 1 *capitum* (*Cod. Iust.* 1, 27, 2, 22). Certains commentateurs comprennent, à notre avis à tort, que l'Anonyme veut limiter la durée du service à cinq ans. Carrié 1986, 477, qui partage cette opinion, fait remarquer qu'une telle mesure multiplierait la fréquence du recrutement par quatre pour les *limitanei* et par cinq pour les *comitatenses*. Ce serait évidemment une mesure difficilement supportable pour l'État et en contradiction avec l'esprit des réformes proposées par le *De rebus bellicis*.

[2] *honesta missione* : l'« honorable congé » est en fait le congé ordinaire, celui que le soldat obtient une fois son temps de service terminé (c'est-à-dire vingt ans : cf. *Cod. Theod.* 7, 20, 4 ; 8, 4, 1) ou sur décision exceptionnelle. Frontin, *strat.* 4, 6, 4, raconte que Vespasien, voyant un jeune homme de bonne famille, peu fait pour porter les armes, et contraint par sa pauvreté de renoncer à la dignité de ses ancêtres, l'exempta du service (*honesta missione exauctorauit*). Autre exemple et pour d'autres raisons chez Tacite, *hist.* 2, 67, 1 : « [...] les cohortes prétoriennes étaient pour Vitellius une source de crainte. On commença par les isoler, puis, pour les amadouer, on leur accorda un congé honorable (*addito honestae missionis lenimento*) » (trad. H. Goelzer). À l'époque tardive, le caractère juridique de l'expression *honesta missio* est très marqué : on la retrouve fréquemment dans le *Code Théodosien*. Dans le *Digeste*, 49, 16, 13, 3, un extrait du *De re militari* de Macer définit les trois types de congé possibles pour un soldat : à côté de la *missio honesta*, il y a la *missio causaria* (la réforme, pour cause de blessure ou de problème de santé mentale) et la *missio ignominiosa* (la rupture du contrat pour faute grave) : *Missionum generales causae sunt tres : honesta causaria ignominiosa. Honesta est quae tempore militiae impleto datur ; causaria, cum quis uitio animi uel corporis*

minus idoneus militiae renuntiatur ; ignominiosa causa est cum quis
propter delictum sacramento soluitur.

5.4 [1] *otio donatus* : les manuscrits portent à cet endroit un *alio*
incompréhensible. La lecture *otio* est une conjecture de S. Condorelli
– que R.I. Ireland s'attribue... –, adoptée par A. Giardina et
Á. Sánchez-Ostiz. R. Schneider lit *aliorum*. E.A. Thompson maintient le *alio* des manuscrits, qu'il marque d'une *crux*, mais signale
dans l'apparat la conjecture de B. Flower, *alimonio*.

5.5 [1] *stipendiorum tarditas* : le mot *stipendium* est polysémique.
Dans le domaine militaire, il désigne la solde ; au pluriel, il peut
prendre le sens de « service militaire » ou d'« année de service »
(Amm. 16, 9, 2 ; 22, 9, 12 ; 26, 6, 13 ; Veg., *mil.* 2, 3, 2). L'expression
stipendiorum tarditas employée par l'Anonyme peut être rapprochée
de l'expression *pluribus stipendiis mor[ari] in castris*, « passer
plusieurs années dans les camps », employée par Végèce, *mil.* 1, 7, 6.
E.A. Thompson – suivi, par exemple, par Paschoud 1967, 128 – ou
R. Ireland comprennent : « la lenteur dans l'avancement ». L'attrait
de la réforme proposée est grandement compensé par ce qui est dit
dans la phrase suivante, à savoir que les soldats retraités paieraient
des impôts comme les autres : cette mesure aurait pu, en fait, dimi-
nuer l'intérêt pour le service militaire, car l'exemption de taxes est un
avantage financier très important (Vanags 1979).

5.6 [1] *habitabunt limites* : l'installation de vétérans aux frontières de
l'Empire est une pratique déjà bien établie au IVe siècle et elle est
attestée par divers témoignages ; voir à ce sujet Johnson 1979 ; Foraboschi 1987, 115-119. Cette phrase du *De rebus bellicis* a été
rapprochée d'un passage de l'*Histoire Auguste* relatif à la politique imputée (à tort, voir *Introduction* p. LXII-LXIII) à
Alexandre Sévère : « Il attribua les territoires pris à l'ennemi aux
généraux et aux soldats des troupes frontalières (*limitaneis ducibus et
militibus*), en stipulant qu'ils ne resteraient leur propriété que si leurs
héritiers embrassaient la carrière des armes et qu'ils ne devaient
jamais tomber aux mains de civils, car, disait-il, les militaires feraient
preuve de plus d'ardeur encore s'ils défendaient également leurs
propres terres. Il leur fournit en outre bêtes et esclaves pour qu'ils
puissent cultiver les biens qu'ils avaient reçus et pour éviter que, par
manque de main-d'œuvre ou par suite du vieillissement des propriétaires, ne se dépeuplent les terres limitrophes des pays barbares, ce
qui, selon lui, serait absolument honteux » (*Alex.* 58, 4-5 [trad. A.
Chastagnol]) ; sur ce rapprochement, voir Brandt 1988, 114 ;
Lippold 1992, 253-255. Sur le statut et le commandement des

anciens soldats installés aux frontières, voir Berchem 1952, 19-21, et, en contradiction, Seston 1955, 285-291 – mais W. Seston se trompe en disant, p. 290, que l'Anonyme préconise une réduction du service militaire à cinq ans.

[2] *arabunt* : la lecture de *V* et *B*, *arabum*, adoptée par l'*editio princeps* de Ghelen, a fait utiliser cette phrase comme argument pour attribuer le *De rebus bellicis* à un auteur oriental (voir, par exemple, O. Seeck) : les *limites Arabum* seraient « les frontières de l'Arabie ». La lecture *arabunt* des autres manuscrits primaires a plus de vraisemblance.

[3] *defenderant* : R. Ireland lit à tort *defenderam* pour *V*. En fait *V* a une leçon assez différente : *deferendam*.

[4] *laborum desiderio potiti* : A. Giardina comprend différemment : « presi dal desiderio di lavorare ».

[5] *collatores* : c'est dans cette dernière partie de la phrase que se situe l'originalité de la proposition de l'Anonyme. Il s'agit en fait de générer de nouveaux jeunes contribuables qui alimenteront les caisses de l'État pendant de nombreuses années. Les soldats étaient, en effet, exonérés d'un certain nombre de charges fiscales durant leur service. Cela dit, la question de l'impôt payé par les soldats est un problème dont Chastagnol 1977 a montré toute la complexité. Certains chercheurs pensent qu'au IVe siècle, les soldats et les vétérans étaient exemptés de tout paiement d'impôt d'État, qu'il s'agisse de l'impôt foncier pour les terres qu'ils possédaient ou de l'impôt personnel pour eux-mêmes et leurs parents proches. En fait l'examen attentif des textes législatifs montre une situation beaucoup plus nuancée. La table de bronze de Brigetio en Pannonie (*AE* 1937, 232 ; texte et trad. dans Chastagnol 1977, 294-295), qui s'applique à partir de 311 à l'Illyricum entier, précise que le soldat en exercice est exempté de l'impôt personnel à hauteur de cinq *capita* – lui-même et quatre membres de sa famille – et que la même exemption vaut pour le vétéran lorsque le service complet de vingt-quatre ans a été achevé et que le soldat a bénéficié d'une *honesta missio*. Si le soldat part avec une *honesta missio* au bout de vingt ans ou s'il a bénéficié d'une *causaria missio* – pour cause de blessure – avant vingt ans, il n'est exonéré que de deux *capita* – le sien et celui de son épouse. Une loi de Constantin de 325 (*Cod. Theod.* 7, 20, 4 [texte et trad. dans Chastagnol 1977, 296-298]) montre une diminution de ces avantages : exonération de quatre *capita*, au lieu de cinq, pour les soldats en exercice, et d'un *caput* au lieu de deux, pour les vétérans. En ce qui concerne l'impôt foncier, le soldat du IVe siècle payait un

impôt pour les terres qu'il possédait tant qu'il était en exercice. Après le temps de service, il était exonéré de cet impôt, et celui qui ne possédait pas de terre recevait un lot pour lequel il bénéficiait de la même exonération. Une loi d'Arcadius et Honorius, datée de 400 (*Cod. Theod.* 11, 1, 28 [texte et trad. dans Chastagnol 1977, 301]), rappelle que cette exonération ne s'applique pas aux terres acquises par les vétérans après leur congé, outre le lot qui leur a été attribué – c'est du moins l'interprétation d'A. Chastagnol pour ce texte, qui n'est pas aussi explicite. Ce que semble proposer l'Anonyme, c'est de faire de tous les vétérans des contribuables ordinaires dès qu'ils ont acquis l'*honesta missio* après avoir atteint un niveau de salaire de cinq annones. Il s'agit là d'une proposition audacieuse et avantageuse pour l'État, qui ne sera jamais appliquée. Sur ce passage, voir aussi Jouffroy 1991.

5.7 [1] *deserta militia* : le titre 18 du livre VII du *Code Théodosien* est consacré aux déserteurs (*De desertoribus et occultatoribus eorum*), et le premier édit a précisément été publié par Valentinien et Valens en mars 365.

[2] *centeni aut quinquageni iuniores* : sur la distinction entre *iuniores* et *seniores* dans l'armée romaine, voir Tomlin 1972 (plus particulièrement p. 262, sur l'exemple du *De rebus bellicis*) ; sur le nombre – 50 ou 100 –, voir Stevens 1955, 393-395.

5.8 [1] *in primis* : E.A. Thompson considère l'expression comme interpolée.

6.1 [1] *circumlatrantium* : l'expression *circum latro* se rencontre pour la première fois chez Virgile, *Aen.* 7, 588 : « comme un roc de la mer qui, lorsque vient la houle à grand fracas, entouré de l'aboiement des innombrables vagues (*multis circum latrantibus undis*), tient par sa masse », mais le verbe est surtout employé à partir du IVe siècle (Baldwin 1978, 27). Rufius Festus Avienus, par exemple, reprend l'image virgilienne (*ora* 158). Ammien Marcellin emploie le verbe à propos des opposants à Julien qui « aboient autour de lui » sans pouvoir le détourner de son projet d'expédition contre les Perses (22, 12, 4). La pression des peuples barbares sur les frontières de l'Empire, au moment du règne de Valentinien et de Valens, est évoquée aussi de façon très imagée chez Ammien Marcellin et chez Libanios. Ammien Marcellin, 26, 4, 5 : « À ce moment [= l'avènement de Valentinien], comme si les trompettes donnaient le signal du combat à travers tout l'univers romain, des peuples très barbares se mettaient en mouvement et franchissaient les frontières les plus proches » (*Hoc tempore uelut per uniuersum orbem Romanum bellicum canentibus bucinis, excitae gentes saeuissimae limites sibi proximos persultabant* [trad. M.-A. Marié]) ; Libanios (*Éloge funèbre de l'empereur Julien*, 290) [sous Valentinien et Valens] : « Les Scythes, les Sauromates et les Celtes et toutes les autres tribus barbares, qui autrefois étaient contentes de vivre dans le respect des traités, ont de nouveau tiré l'épée : ils fondent sur nous, franchissent les rivières, menacent, agissent ; quand ils nous poursuivent, ils nous capturent ; quand ils sont poursuivis, ils nous battent, comme de mauvais esclaves, après la mort du maître, se dressent contre les orphelins ». C'est cette phrase du *De rebus bellicis* qui est surtout utilisée pour dater le traité d'avant le désastre d'Andrinople en 378 : après cette bataille, les nations barbares ne menacent plus les frontières de l'Empire, elles les franchissent massivement ; voir *Introduction* p. XXVIII. Contre cet argument, voir par exemple Brandt 1987, 136-137, qui fait remarquer que, même après Andrinople, beaucoup d'auteurs considèrent l'Empire romain comme encore intact.

[2] *naturalibus locis* : le thème des barbares protégés par la nature est récurrent dans la littérature latine. Il est particulièrement présent dans les *Panégyriques* latins (2, 5, 2 ; 6, 7, 2 ; 6, 12, 2 ; 7, 8, 6 ; 8, 8, 4 ; 8, 13, 4 et, surtout, 2, 22, 2) et dans les livres XIV et XVI d'Ammien Marcellin. Voir Borca 1996, 339, qui rapproche ce passage de Strabon 1, 1, 17 : « [...] on a vu les Barbares, utilisant les ressources du terrain (τοπομαχούντων τῶν βαρβάρων), se battre dans des marais, dans des forêts impénétrables, dans de vastes solitudes [...] » (trad. G. Aujac).

6.2 [1] *montibus* : d'après Cameron 1979, 6, ces barbares qui se réfugient dans les montagnes ne peuvent être que les Isauriens des monts Taurus en Asie Mineure. Ammien Marcellin les évoque à plusieurs reprises dans son œuvre : en 14, 2, 2, il les présente « descendant comme un ouragan de leurs montagnes inaccessibles » et se dissimulant « dans les cachettes de ces lieux impraticables et dans leurs vallées encaissées » et, en 27, 9, 6-7, il raconte comment les bandes d'Isauriens dévastaient les villes de Pamphylie et de Cilicie, comment le vicarius d'Asie, Musonius, qui avait tenté de les mater, fut pris par une embuscade dans un défilé étroit des montagnes et massacré avec sa troupe, comment, enfin, l'armée romaine réussit à repousser ce peuple dans ses repaires et à l'y contenir. Ces événements se situent en 368 ; c'est la première fois depuis 353 et la dernière avant 376 ; voir Rougé 1966. Si le *De rebus bellicis* a été écrit en 368-369, il est naturel que l'Anonyme ait les Isauriens à l'esprit quand il liste les avantages naturels dont profitent les ennemis de Rome. Mais il pourrait aussi penser aux Goths qui se réfugient dans leurs montagnes à l'approche de Valens en 367 (cf. Amm. 27, 5, 3). Contre l'argumentation d'A. Cameron, voir Giardina 1989, 74.

6.4 [1] *ciuitatum castellorumque moenibus* : même si l'on ne peut exclure que l'Anonyme pense à la reconquête de villes tombées aux mains des barbares, comme les cités de Gaule que Julien récupéra (*paneg*. 3, 4, 1 ; Giardina 1989, 74), il est clair qu'il envisage des actions offensives contre les nations qui menacent les frontières, à l'intérieur de leurs territoires. Le *tichodifrus* décrit au chap. 8 est défini comme une machine qui « permet de préparer plus facilement l'escalade d'un rempart ».

6.5 [1] *ut sit facilis imitandi confectio* : l'Anonyme envisage donc bien une réalisation concrète des machines qu'il représente. Les illustrations des machines sont annoncées ici une fois pour toutes – il y aura un rappel pour la baliste au chapitre suivant –, mais dans les manuscrits, chaque description est accompagnée d'un dessin ; voir *Introduction* p. XCIX-C. Les illustrations des machines que nous présentons dans les pages suivantes, réalisées avec l'aide de C. Morineau, infographiste au Centre Interdisciplinaire de Réalité Virtuelle de l'Université de Caen, s'appuient non seulement sur le texte du *De rebus bellicis*, mais aussi sur les illustrations des manuscrits, considérées comme sources premières malgré tous les problèmes posés par la transmission manuscrite.

7.2 [1] *rotarum quattuor* : les premières pièces d'artillerie montées sur roues apparaissent sur la colonne Trajane (Relief XLI dans la numérotation de Cichorius 1896), mais les chariots qui les portent n'ont que deux roues, et elles paraissent tirées par des mules, non par des chevaux. C'est, du reste, une possibilité signalée par Végèce, *mil*. 3, 24, 14 : *Carroballistas aliquanto maiores* […] *superpositas curriculis cum binis equis uel mulis post aciem conuenit ordinari* […]. L'usage de quatre roues, qui est peut-être une nouveauté, pourrait impliquer que l'Anonyme envisage une machine plus lourde que celles figurées sur la colonne Trajane. Voir *Introduction* p. LXVI.

7.3 [1] *foramina per quattuor partes* : Marsden 1971, 241-242, veut donner à *foramen* le sens qu'il a chez Vitruve, c'est-à-dire, « les trous par lesquels passent les ressorts ». Nous pensons qu'il s'agit en fait de trous pratiqués aux quatre coins de la caisse pour y adapter des leviers. La nouveauté essentielle de cette machine est, en effet, sa

Fig. 1 : Baliste de campagne – Vue d'ensemble

Dessin Ph. Fleury – Infographie C. Morineau, UniCaen, CIREVE

mobilité. Elle n'est pas seulement transportable : elle peut tirer en configuration de transport. Entre le châssis du chariot et la caisse qui porte la baliste (son affût), il doit y avoir un pivot. La caisse peut ainsi être tournée dans tous les sens – c'est ce qu'expriment les mots *omni latere* dans la phrase précédente. La rotation s'effectue avec des leviers (fig. 2, B) qui s'enfoncent dans des trous (fig. 2, A) pratiqués aux quatre extrémités de la caisse. C'est ainsi que nous interprétons l'expression *per quattuor partes,* fréquente dans la littérature latine tardive : voir, par ex., Aug., *in psalm.* 85, 14, ou Bède le Vénérable, *De templo,* 2, 1004. C'est peut-être un levier qui est représenté sur le côté droit de la baliste dans l'illustration de *P* (planche III – les anneaux pourraient servir à le fixer pendant le transport).

7.4 [1] *cochleae machina* : le système de vis (fig. 2, C) permet le réglage de la hausse. La caisse qui porte la baliste est mobile horizontalement et, à l'intérieur de la caisse, le fût lui-même est mobile verticalement grâce à ce système de réglage à vis. Le même système est mentionné – et bien dessiné par M^1 et par *P* : planche XII – à propos de la baliste de rempart au chap. 18. Nous ne croyons pas à l'interprétation d'E.W. Marsden, lequel voudrait que *cochlea* désigne le joint à cardan – καρχήσιον chez Héron, *caput columellae* chez Vitruve. Nous avons une véritable innovation de l'Anonyme : le système de réglage de la hausse avec un système de vis n'apparaîtra que très tard dans l'artillerie à poudre. C'est peut-être la poignée de manœuvre de la vis qui est figurée à l'avant, sur le côté droit, dans les illustrations de *C* et de *P* (planche III). Chez Ammien Marcellin,

Fig. 2 : Baliste de campagne – Rotation et pointage

Dessin Ph. Fleury – Infographie C. Morineau, UniCaen, CIREVE

A : trous aux quatre extrémités (*foramina per quattuor partes*) ;
B : levier ; C : système de vis pour le réglage de la hausse) *cochleae machina ;* D : fût (*temo*) ; E : faisceaux de câbles ; H : tiroir ; I : bras.

23, 4, 2, les *cochleae duo ligneae* semblent être les deux poignées de manœuvre du treuil de tension – les pièces nommées *rotae* par l'Anonyme dans la description de la *ballista fulminalis* au chap. 18.

7.5 [1] *Sed* : la particule ne peut pas avoir ici un sens d'opposition puisque cette nouvelle phrase va dans le même sens que la précédente. Ce peut être un sens très affaibli de la conjonction ou une mauvaise lecture d'une abréviation pour *scilicet* dans le *codex Spirensis* ou son modèle ; voir Neher 1911, 48, n. 1. Voir aussi les *sed* de *praef.* 4 ; 2, 1 ; 2, 4 ; 12, 2 ; 16, 3.

[2] *temo* : il ne s'agit pas ici du timon du char, mais du fût de la baliste (fig. 2-3, D). Ammien Marcellin, 23, 4, 2, utilise l'expression *temonis cauamen* pour parler de la rainure du tiroir mobile qui coulisse dans le fût. C'est dans cette rainure qu'est placée la flèche. Dans la baliste de rempart décrite au chap. 18, l'Anonyme nomme cette pièce *canalis*.

7.6 [1] *duorum opera uirorum* : A. Giardina croit voir ici un exemple concret du principe d'économie de la main-d'œuvre que l'Anonyme a déjà exposé dans la préface (*praef.* 12 : *sine auxilio cuiusquam turbae* ; *praef.* 14 : *perpauci homines*). Le chercheur italien oppose, en effet, les deux hommes de l'Anonyme aux onze hommes qui, selon

Végèce, *mil.* 2, 25, 2, devaient être affectés au service de la *carrobal-lista*. Mais les deux textes ne parlent pas de la même chose. L'Anonyme vise ici les deux hommes qui, au combat, sont chargés du pointage et du tir. Végèce parle de l'ensemble des soldats affectés au service de la machine, au combat et hors combat. Il est évident qu'outre les deux hommes mentionnés par l'Anonyme, il fallait aussi du personnel pour conduire les animaux de trait et les maintenir pendant le combat, du personnel pour alimenter en munitions, pour entretenir la machine, et du personnel de relève. Ammien Marcellin, 23, 4, 2, parle de *ualidi iuuenes* sans en préciser le nombre.

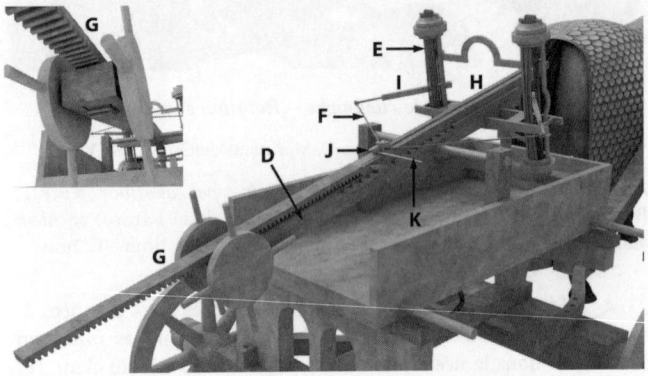

Fig. 3 : Baliste de campagne – Cranequin

Dessin Ph. Fleury – Infographie C. Morineau, UniCaen, CIREVE

D : fût (*temo*) ; E : faisceaux de câbles qui forment les ressorts ; F : corde archère ; G : système d'engrenage pour la mise en tension – cranequin (*radii*) ; H : tiroir ; I : bras ; J : griffe ; K : manette pour soulever la griffe.

²*intorta* : ce mot devait être difficilement lisible dans le *codex Spirensis*. *V* a pris le *r* en écriture insulaire pour un *x*. *M* n'a pas compris. *B* arrange ce qu'il a déchiffré. *C* et *P* ont lu ou reconstitué, semble-t-il correctement, le mot. S. Ghelen a choisi de le supprimer. Voir à ce sujet le commentaire d'Ireland 1979a, 60, qui s'appuie sur ce fait pour montrer que Ghelen a utilisé le *codex Spirensis* lui-même pour son édition. Si la leçon *intorta* est correcte, l'emploi du verbe *intorqueo*, « tordre », est un indice que la machine décrite ici est bien une machine à torsion : Vitruve, à propos de ses machines de jet, qui

sont, sans conteste, des machines à torsion, utilise les expressions *torti funes* (1, 1, 8), *nerui torti* (10, 10, 1) ou *tortis rudentibus* (10, 11, 9). Végèce, *mil.* 4, 22, 4, à propos de l'onagre, machine à torsion à un seul bras, utilise le verbe *contorqueo.*

[3] *non* [...] *funibus sed radiis* : cette phrase est une clé pour la compréhension du fonctionnement de la machine. La plupart des traducteurs et des commentateurs pensent que l'Anonyme abandonne le principe de l'artillerie à torsion, et ils voient même là une contradiction avec Végèce, *mil.* 4, 22, qui affirme pour son époque la validité de ce type de propulsion. Végèce vient de définir les deux principales pièces d'artillerie de son temps : la baliste pour lancer des flèches et l'onagre pour lancer des pierres (Fleury 1981). Le vocabulaire qu'il emploie pour l'un comme pour l'autre ne laisse aucun doute sur le fait que ce sont bien des machines à torsion : *Balista funibus neruinis tenditur,* [...]. *Onager* [...] *pro neruorum crassitudine* [...] *pondera iaculatur,* et il conclut par cette phrase (*mil.* 4, 22, 5) : « On ne trouve pas de modèle de machines plus puissantes que ces deux types » (*His duobus generibus nulla tormentorum species uehementior inuenitur*). E.A. Thompson, par exemple, traduit ce passage du *De rebus bellicis* de la façon suivante : « It must further be recognized that this type of ballista is serviced by two men and fires arrows propelled, not by torsion, as in the case of other ballistae, but by a windlass ». Le principe moteur de l'artillerie à torsion est constitué par deux faisceaux de câbles (fig. 2-3, E), à l'intérieur desquels sont enfilés deux bras (fig. 2-3, I), reliés à leur extrémité par une corde archère (fig. 3, F). Entre ces deux faisceaux passe le fût de la machine, constitué d'une longue pièce fixe (fig. 2-3, D), à l'intérieur de laquelle coulisse un tiroir (fig. 2-3, H). Ce tiroir porte une griffe (fig. 3, J) – à laquelle est accrochée la corde archère avant le tir. Le tiroir est amené vers l'arrière au moyen d'un treuil et entraîne donc avec lui la corde archère, qui elle-même tire les bras et tord les faisceaux de câbles. Lorsque le point de tension désiré est atteint, la griffe est soulevée au moyen d'une manette (fig. 3, K), elle libère la corde archère, qui revient violemment à sa position première, entraînant vers l'avant le projectile qui avait été au préalable posé sur le tiroir. L'emploi du participe *intorta* (littéralement « tordue ») par l'Anonyme renvoie manifestement à ce type de propulsion. La difficulté vient de l'objet qu'il désigne par le mot *funes* et de la distinction qu'il opère entre les machines « tordues » par des *funes* et celles qui sont « tordues » par des *radii.* Dans une pièce d'artillerie antique à deux bras, il y a typiquement trois types

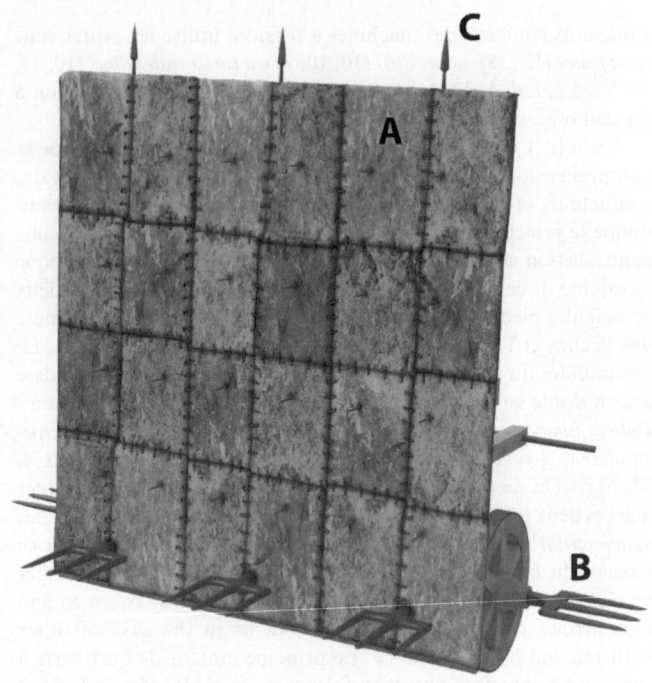

Fig. 4 : Mantelet (**tichodifrus**) – *Face*

Dessin Ph. Fleury – Infographie C. Morineau, UniCaen, CIREVE

A : pointes (*fixorius*) ; B : tridents (*fuscina*) ; C : lances (*lancea*).

de câbles : les faisceaux de câbles qui forment les ressorts (fig. 2 et 3, E), la corde archère (fig. 3, F) et, dans le système de tension, le câble qui va de l'arrière du tiroir au treuil (fig. 22, N). On ne voit guère comment les faisceaux de câbles ou la corde archère pourraient être remplacés par des *radii*. En revanche, si l'on donne à *radius* le sens de « dent d'engrenage », on comprend que l'Anonyme propose de remplacer le système de tension à câble par un système de tension à engrenage ; cf. Marsden 1971, 242-243. C'est le cranequin, que l'on ne voit apparaître qu'au XVe siècle dans les arbalètes : le treuil est remplacé par un axe denté qui engrène sur une tige également dentée (fig. 3, G). Il s'agit là d'une véritable innovation, qui vient s'ajouter aux deux autres : la rotation de l'affût sur le châssis

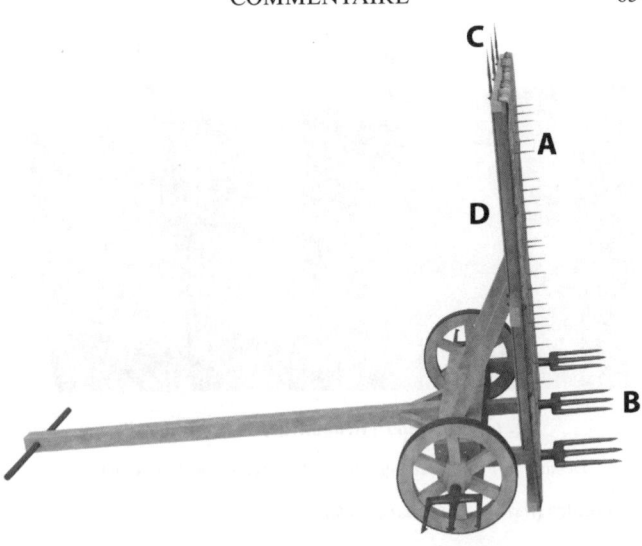

Fig. 5 : Mantelet (**tichodifrus**) *– Profil*

Dessin Ph. Fleury – Infographie C. Morineau, UniCaen, CIREVE

A : pointes (*fixorius*) ; B : tridents (*fuscina*) ; C : lances (*lancea*) ; D : deux claies superposées (*crates*).

du chariot et le réglage de la hausse avec un système de vis. Le mot grec ἀκτίς, équivalent du latin *radius*, est utilisé par Antipater de Thessalonique pour désigner les dents d'engrenage de la roue verticale du moulin à eau (*AP* 9, 418 ; cf. Fleury 2017).

8.1 [1] *tichodifrus* : le *tichodifrus* est ce que nous appelons en français un « mantelet », c'est-à-dire une protection légère et mobile, dont se servent les soldats pour s'abriter des projectiles envoyés par l'ennemi. Cette machine est connue en latin sous le nom de *pluteus* ; voir *Introduction* p. LXVII. Le nom utilisé par l'Anonyme est formé à partir de deux mots grecs : τεῖχος, « rempart », et δίφρος, « chariot ». *Tichodifrus* signifie donc littéralement « chariot de rempart ». White 1979 rapproche le *tichodifrus* de la machine à moissonner (*uallus*) décrite par Palladius (7, 2, 2). Pour restituer cette machine (fig. 4, 5 et 6), comme pour les autres figures, nous avons associé le texte et l'illustration des manuscrits (planche IV). Dans le cas présent, l'illustration est très difficile à comprendre, car

Fig. 6 : Mantelet (tichodifrus) – Face (détail)

Dessin Ph. Fleury – Infographie C. Morineau, UniCaen, CIREVE

A : pointes (*fixorius*) ; C : lances (*lancea*).

les claies sont comme posées à terre, avant leur montage sur la machine, pour qu'en une seule figure, on puisse voir l'avant et l'arrière du dispositif. Du coup, la répartition des lances (*lanceae*, C sur les fig. 4, 5 et 6) et des tridents (*fuscinae*, B sur les fig. 4 et 5) n'est pas claire. Rien n'indique dans le texte que les lances sont en haut et les tridents en bas, comme nous l'avons représenté et comme semblent le représenter les manuscrits.

[2] *quo protectior eadem ballista operetur* : on pourrait aussi comprendre : « pour que celle-ci [= la baliste] ajoute à sa protection tandis qu'il est manœuvré », mais en 19, 5, le *tichodifrus* est clairement destiné à protéger la baliste.

8.3 [1] *superimpositis cratibus* : les claies, ici combinées en superposition (fig. 5, D), peuvent aussi être utilisées individuellement : il s'agit de panneaux faits de matériaux légers ; voir *Introduction* p. LXVIII. Sur les fig. 4 et 6, nous avons représenté les deux claies recouvertes de protections en cuir sur la face avant pour éviter qu'elles soient facilement enflammées par des projectiles incendiaires. Cette précaution est attestée par plusieurs auteurs : Vitr. 10, 15, 1 ; Fest. p. 258, 20-22 (Lindsay) ; Veg., *mil.* 4, 15, 5 ; Isid., *orig.* 18, 11, 3.

[2] *fixoriis* : *fixorius* est employé deux fois dans le *De rebus bellicis*, ici et au chap. 9. Ce sont les premières occurrences connues du mot en latin. On le retrouve ensuite une dizaine de fois dans des textes

beaucoup plus tardifs, notamment pour désigner les clous de la croix du Christ. Dans notre texte, il s'agit de pointes longues, destinées à empêcher d'éventuels assaillants de se plaquer contre la machine du côté qui fait face à l'ennemi (fig. 4, 5 et 6, A). De même, les « tridents » (fig. 4 et 5, B) et les « lances » (fig. 4, 5 et 6, C) mentionnés plus loin empêchent l'ennemi de passer par-dessus ou sur le côté du mantelet, en l'utilisant pour sa propre protection. Au siège de Jopata par exemple, des « commandos » juifs enveloppent les mantelets et frappent les soldats romains mis ainsi à découvert : περιέσπων τε τῶν ἐργαζομένων τὰς σκέπας καὶ τοὺς γυμνουμένους ἔπαιον (Jos., *BJ* 3, 166). Pour contrer ces actions, Vespasien fait en sorte que ses ouvrages se touchent les uns les autres afin que l'ennemi ne puisse profiter des intervalles. Au siège de Jérusalem, les Juifs les plus audacieux, s'élançant par groupes, détruisent les mantelets qui protègent les machines romaines : τὰ γέρρα τῶν μηχανημάτων ἐσπάραττον (Jos., *BJ* 5, 280). C'est à cette problématique de l'attaque des mantelets que l'Anonyme propose de répondre en les défendant avec divers types de pointes.

8.4 [1] *fuscinis* : *fuscina* est un mot souvent employé pour désigner le trident de Neptune ou de Triton : Acc., *trag.* 400 ; Hyg., *fab.* 169, 2, 6 ; *Priap.* 20, 1 ; Arnob., *nat.* 6, 12… Ammien Marcellin parle aussi de tridents fixés à l'avant des tortues bélières, mais il emploie l'expression *trisulca cuspis* (23, 4, 12).

[2] *id est superiorem partem* : le *superior* de la fin de la phrase ne nous paraît pas avoir exactement le même sens que le *superior* du début. Dans la première partie de la phrase, l'auteur énumère les trois parties de la machine qui sont pourvues d'objets pointus : les extrémités des axes (*axium extremitates*), le devant de la machine (*frons*) et le bord supérieur (*superior latitudo*). À la fin de la phrase, *superior pars* est donné comme équivalent du côté sans défenseur, c'est-à-dire du côté avant. Si l'on n'y prend pas garde, le mantelet peut en quelque sorte être une arme à double effet. Il sert à protéger ceux qui le manœuvrent par l'arrière : c'est l'utilisation « normale ». Mais il peut aussi être utilisé par l'ennemi pour se protéger de l'autre côté, en se plaquant contre la face avant. Les différents objets pointus mentionnés par l'Anonyme – pointes, tridents, lances – ont pour objectif d'empêcher cette utilisation détournée. Voir la note 8, 3[2]. Avec les lances et les tridents disposés ainsi, l'Anonyme reproduit sur un objet inanimé le principe de ce que Janniard 2008, 28, et 2016, 44, appelle l'ordre paraphalangique de l'armée : les soldats des premiers rangs, serrés les uns contre les autres, forment une sorte de

muraille avec leurs boucliers en faisant ressortir les lances pour empêcher l'adversaire d'approcher.

9 [1] *clipeocentri* : le mot est composé du latin *clipeus*, « bouclier », et du grec κέντρον, « pointe, clou ». Il s'agit donc d'un « bouclier à pointes ».

[2] *modicus clipeus* : la plupart des éditeurs – E.A. Thompson, R. Ireland, A. Giardina, H. Jouffroy – traduisent « un petit bouclier ». Seuls, S. Condorelli et Á. Sánchez-Ostiz se distinguent en traduisant respectivement « un scudo di proporzioni ridotte » et « un escudo mediano ». *Modicus*, en effet, ne veut pas dire « petit ». Tite-Live, 38, 21, 13, et Polybe, 6, 22, 2, disent par exemple que la parme des vélites avait trois pieds de diamètre (presque 90 cm), ce qui n'est pas négligeable. Polybe ajoute du reste que « ce bouclier est [...] d'une taille assez grande pour assurer la protection ». Ce type de bouclier rond est aussi utilisé par les cavaliers (cf. Liv. 2, 20, 10 ; Serv., *Aen.* 11, 619 : *parma* [...] *est equestre scutum*) et par les gladiateurs appelés Thraces, peut-être avec un diamètre inférieur à celui des vélites. Sur l'adoption progressive, au cours du IIIᵉ siècle, d'un large bouclier circulaire dont le diamètre varie de 90 à 110 cm, voir Janniard 2016, 44 et n. 9 pour la bibliographie antérieure.

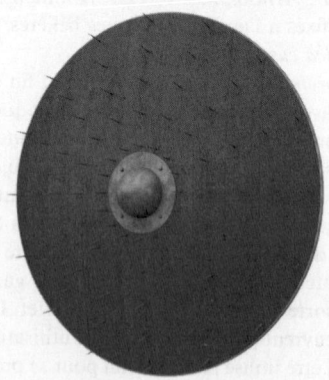

*Fig. 7 : Bouclier à pointes (*clipeocentrus*)*

Dessin Ph. Fleury – Infographie C. Morineau, UniCaen, CIREVE

[3] *ad soliditatem sui* : *soliditas* n'a pas ici le sens du français moderne « solidité », mais celui de « totalité », « tout » ; voir l'emploi du mot par saint Hilaire de Poitiers, *trin.* 10, 58, à propos

de la « consistance » du corps divin, ou dans le *Code Justinien*, 4, 52, 2 : *Si uero coheredes soliditatem uendiderunt* […] (« si les héritiers ont vendu le tout »). Les pointes (*fixorii*) ne contribuent pas à la solidité du bouclier : elles sont, comme sur le *tichodifrus*, un élément de défense supplémentaire ; cf. *supra* 8, 3, note 2. Sur l'importance du bouclier pour pousser ou repousser l'adversaire, voir Janniard 2016, 49.

10 [1] *plumbatae* [*et*] *tribolatae* : le rubricateur du manuscrit *P* a omis de tracer le titre dans l'espace réservé ; le copiste de *V* a confondu avec le titre du chapitre suivant, ceux de *C, M* et *B* coordonnent *plumbatae* et *tribolatae*, ce qui semble fautif puisqu'il ne s'agit là que d'une seule « machine » au sens étymologique du terme. Neher 1911, 27, maintient toutefois la coordination, considérant que ce « *et* » différencie précisément les deux *plumbatae* : avec les *tribuli*, la *plumbata* simple devient une arme avec un équipement supplémentaire, tandis que la *plumbata mamillata* ne diffère de la *plumbata* simple que par la forme de son fer. Le *De rebus bellicis* est le premier texte connu dans lequel on trouve le mot *plumbata* employé en tant que substantif pour désigner cette arme – Pline l'Ancien utilise l'expression *plumbata sagitta*, « flèche plombée », pour un autre type de projectile ; cf. *infra*. Végèce emploie ensuite le terme à plusieurs reprises (*mil.* 1, 17, 1 ; 2, 15, 4 ; 2, 15, 6 ; 2, 16, 1 ; 2, 23, 10 ; 3, 14, 10 ; 4, 21, 1 ; 4, 29, 1 ; 4, 44, 5), et il lui donne comme synonyme *mattiobarbulus* (*mil.* 1, 17, 1 ; 3, 14, 10). L'arme est encore utilisée à l'époque byzantine : elle est mentionnée sous le nom de μαρτζοβάρβουλα dans le *Strategikon* transmis sous le nom de l'empereur Maurice (Pseudo-Mauricius, *strat.* 12, 8, 4 ; 12, 8, 5 ; 12, 8, 12 ; 12, 8, 16). Des *plumbatae* « simples », c'est-à-dire sans les pointes (*aculei uelut tribuli*) mentionnées par l'Anonyme, ont été retrouvées en plusieurs lieux : voir *Introduction* p. LXX. Cette arme suscite l'intérêt de l'archéologie expérimentale, et elle a fait l'objet de plusieurs études récentes portant sur le mode de fabrication et la technologie du tir en prenant en compte à la fois les objets retrouvés, les textes de Végèce et du *De rebus bellicis* ainsi que les illustrations de ce traité : voir Sherlock 1979 ; Eagle 1989 ; Griffiths 1995 ; Emery 2010. Le déterminant *tribolata* n'est connu que par l'Anonyme (*tribulata,* employé au chap. 11, est relativement fréquent à l'époque tardive, mais en tant que participe passé du verbe *tribulo,* « torturer » ; chez Palladius 1, 42, 3, *falciculas breuissimas* † *tubulatas* † doit peut-être être lu... *tribulatas,* mais rien n'est sûr). Cela dit, le *tribulus* ou τρίβολος, dont dérive l'adjectif *tribolatus / tribulatus*, est connu comme arme de guerre : il s'agit d'une chausse-trape à pointes ; cf. *infra*. C'est probablement le même type d'objet que celui qui est nommé *murex* par Valère Maxime, 3, 7, 2, ou par Quinte Curce, 4, 13, 36.

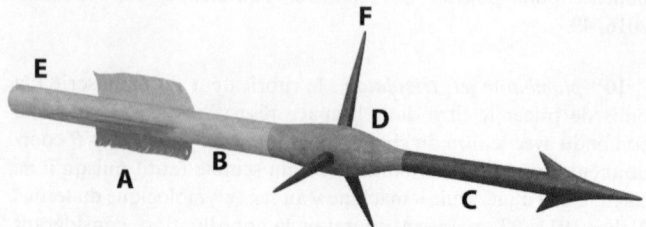

Fig. 8 : Trait plombé à pointes (**plumbata tribolata**)

Dessin Ph. Fleury – Infographie C. Morineau, UniCaen, CIREVE

A : pennes (*pennae*) ; B : hampe en bois (*uirga*) ; C : pointe en fer du type chasse (*ferrum in formam uenabuli*) ; D : plomb (*plumbum*) ; E : poignée de lancement ; F : pointes (*aculei uelut tribuli*).
Mesures : longueur totale = 30 cm* ? ; pointe en fer (C) = 9 cm** ; plomb (D) = 6 cm**
(* = mesure estimée ; ** = mesures attestées)

10.1 ¹ *manus* : l'alourdissement des projectiles avec de petites masses de plomb pour leur donner plus de force d'impact est connu depuis longtemps : Pline l'Ancien utilise déjà l'expression *plumbata sagitta* (*nat.* 10, 97 ; 12, 85) ; voir Völling 1991-1992. Mais la nouveauté introduite dans la seconde moitié du IIIe siècle *p. C.* est l'adoption par l'armée romaine de petites flèches plombées lancées à la **main**, alors que l'utilisation du mot *sagitta* par Pline semble indiquer que les *plumbatae sagittae* sont envoyées par un arc. Cette innovation est le reflet de changements importants dans l'armée romaine tardive : les unités d'infanterie équipées de cette arme peuvent s'affranchir du soutien des unités auxiliaires d'archers. Végèce souligne que les soldats « ont l'habitude de porter cinq *mattiobarbuli* dans leur bouclier » et que, « s'ils les lancent au bon moment, les soldats équipés d'un bouclier (*scutati*) semblent remplir le rôle des archers » : *Quinos autem mattiobarbulos insertos scutis portare consuerunt, quos si oportune milites iactent, prope sagittariorum scutati imitari uidentur officium* (*mil.* 1, 17, 3). Alors que le javelot (*pilum*) était très encombrant et qu'il aurait été compliqué d'en prendre plusieurs, les *plumbatae*, dont la longueur maximale ne devait pas excéder 30 à 50 cm, tiennent dans le creux du bouclier. En outre l'archéologie expérimentale a montré que la technique du lancer de la *plumbata* s'acquiert très rapidement à la différence du maniement de l'arc, qui demande un apprentissage plus long et un degré de spécialisation plus important.

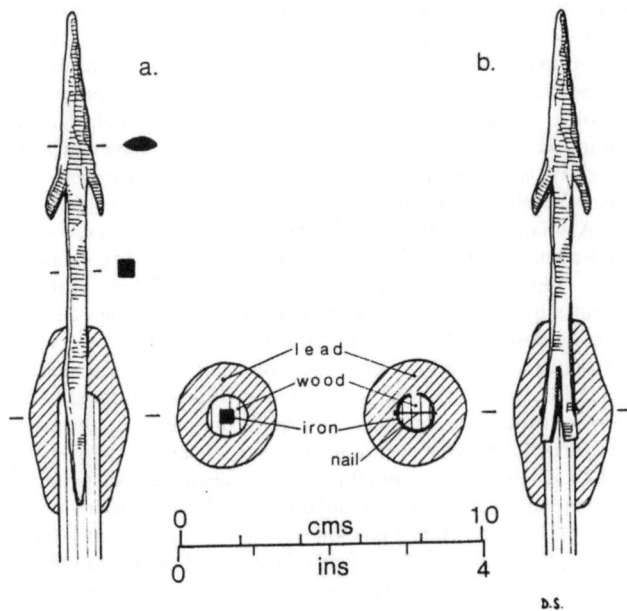

Fig. 9 : Les deux méthodes de fixation du fer au bois dans une plumbata

Sherlock 1979, 102 (fig. 14)

a : fer avec soie ; b : fer avec douille fendue.

[2]... *inferat uulnus* : l'innovation proposée par l'Anonyme – et nous ne la connaissons que par lui – est de rendre la *plumbata* à double effet. Végèce, *mil.* 1, 17, 4, signale l'effet dévastateur de la *plumbata* simple : les soldats qui lancent les *plumbatae* « blessent les ennemis

et leurs chevaux avant que l'on puisse en venir non seulement au corps à corps, mais même à portée de javelots » (*Nam hostes equosque consauciant, priusquam non modo ad manum, sed ad ictum missibilium potuerit perueniri*). Grâce au poids de plomb, l'arme a en effet une force de pénétration importante – y compris pour traverser une armure ou un bouclier – et, selon la façon de la lancer (cf. *infra*), elle peut avoir une trajectoire parabolique et arriver sur les rangs ennemis par en dessus, comme les pluies de flèches lancées de loin par les corps d'archers. Le deuxième effet, propre à la *plumbata tribolata* du *De rebus bellicis*, est de servir de chausse-trape une fois le projectile tombé à terre, le bulbe de plomb étant entouré de pointes. Trois pointes suffisent pour qu'au moins l'une d'entre elles se trouve dirigée vers le haut. Pour Giardina 1989, XXIII, l'Anonyme n'envisagerait pas que les Romains puissent défaire l'ennemi et se lancer à sa poursuite : auquel cas ils auraient eux-mêmes été blessés par leur propre arme. De façon plus générale, pour A. Giardina, les machines du *De rebus bellicis* sont l'expression d'un traumatisme psychologique, partagé par nombre de contemporains – l'Empire est assiégé par les barbares –, et ce sont des machines qui expriment la peur : il s'agit surtout de se défendre contre l'ennemi. En fait, le stratagème décrit par Polyen (voir *infra*) montre que les soldats qui ont posé – ou lancé dans le cas présent – les chausse-trapes peuvent s'en prémunir en utilisant des semelles épaisses et traverser ainsi le terrain qu'ils ont piégé. La *plumbata tribolata* de l'Anonyme peut donc bien être une arme offensive.

10.2 [1] ... *aptatum infigitur* : il y a deux modes de fixation possibles du fer au bois. Soit le fer est muni d'une douille qui entoure le bois (fig. 9, b), soit il est muni d'une soie qui est fichée dans le bois (fig. 9, a). L'emploi du verbe *infigo*, « ficher dans », par l'Anonyme semblerait d'abord indiquer qu'il envisage la deuxième méthode, mais, dans la phrase suivante, l'emploi du substantif *fistula,* dont le champ sémantique tourne autour de l'idée d'un « cylindre creux » (tuyau, flûte...), fait plutôt penser à une douille. L'observation des fers retrouvés ne permet pas de déterminer facilement la méthode utilisée, car le bulbe en plomb est moulé – quelquefois enroulé – précisément autour de la liaison fer-bois. Toutefois la radiographie aux neutrons a montré que les fers de Wroxeter (Viroconium) sont à douille fendue (Barker 1979), tandis que le fer de Burgh Castel, qui a perdu son bulbe en plomb, présente une soie (Sherlock 1979).

[2] *in formam uenabuli* : les pointes de flèches utilisées pour la chasse sont particulièrement prévues pour couper les chairs et provoquer des hémorragies importantes (Sainty & Marche 2006).

³ *extensa* : cet « élargissement » du fer fait penser à une douille fendue comme sur les *plumbatae* de Wroxeter (fig. 9, b). Mais peut-être aussi l'Anonyme a-t-il simplement en tête la forme du bulbe de plomb, qui se présente comme un élargissement, un renflement de la partie métallique du projectile.

⁴ *aculei uelut tribuli* : *tribulus*, comme τρίβολος, est un mot polysémique. Végèce, par exemple, donne d'abord le *tribulus* comme un équivalent de *sudes* ou de *uallus* : il s'agit des pieux de bois que l'on plante sur l'*agger* pour les camps provisoires (*mil.* 3, 8, 7 : *aggerem faciunt, supra quem ualli, hoc est sudes uel tribuli lignei, per ordinem digeruntur*). Un peu plus loin (*mil.* 3, 24, 3-4), il emploie le mot au sens de « cheval de frise ». L'arme est alors destinée à se protéger des chars à faux, et elle est décrite comme un « système de défense » (*propugnaculum*) composé de quatre pieux (*pali*) disposés de telle sorte que l'engin repose toujours sur trois pieux et qu'un pieu soit dressé en l'air. L'arme à laquelle fait allusion l'Anonyme est en fait la « chausse-trape » en fer décrite par Polyen (1, 39, 2) : il s'agit de petits systèmes dont une pointe est toujours dressée en l'air. Polyen raconte comment Nicias, pendant la guerre du Péloponnèse, avait fait répandre pendant la nuit ces chausse-trapes à l'avant de son camp. Le lendemain, lorsque la cavalerie des Syracusains attaqua, les chevaux se blessèrent sur ces pointes, tandis que les soldats de Nicias, munis de chaussures aux semelles épaisses, avancèrent sans encombre. Des chausse-trapes de ce type ont été retrouvées en différents points de l'Empire romain. Voir, par exemple, Curle 1911, pl. XXXVIII, n° 14. En revanche, aucun des très nombreux traits plombés trouvés dans des contextes du IIIᵉ et du IVᵉ siècle (Barker 1979) n'était équipé de pointes. L'arme n'est donc connue que par le *De rebus bellicis*. Sur la fig. 8, nous avons représenté trois pointes (F), ce qui est le minimum pour qu'il y ait toujours une pointe dirigée vers le haut, mais le texte ne précise pas le nombre de ces pointes : il dit simplement qu'elles sont fixées à de petits intervalles, ce qui pourrait laisser supposer qu'il y en a plus de trois dans l'esprit de l'auteur. Le dessin des manuscrits (planche V) ne nous est pas très utile sur cette question, mais il est sûr que les *aculei* dont parle l'Anonyme ne sont pas les barbes de la flèche, comme le laissent entendre certains chercheurs – Emery 2010, 5, par exemple.

10.3 ¹ *celeritatis causa* : la présence des pennes (fig. 8 et 11, A) sur les deux *plumbatae* du *De rebus bellicis* est peut-être aussi une innovation de l'Anonyme. Végèce n'en dit pas un mot, et les représentations des monnaies, pourtant précises pour l'arme elle-même puisqu'elle a une signification particulière (les poids de plomb par exemple sont représentés), n'en ont pas de trace. S. Estiot considère que les pennes auraient été écrasées au creux du bouclier dans le regroupement des cinq *plumbatae* indiqué par Végèce. Elle pense qu'un carquois aurait été nécessaire (Estiot 2008, 185). L'avantage en vitesse procuré par l'empennage, qui est le seul point mis en avant par l'Anonyme, semble bien réel, malgré ce qu'en dit S. Reinach : « les plumes d'une flèche n'en accélèrent pas la course, mais la soutiennent et l'empêchent seulement de tourner sur elle-même. Toutefois, il n'y a pas là de quoi accuser l'auteur d'ignorance, car πτερόεις, ailé, signifie la vitesse (ἔπεα πτερόεντα chez Homère), et l'idée de la flèche empennée s'associe, dans l'antiquité tout entière, à celle de la rapidité » (Reinach 1922, 244-245). L'archéologie expérimentale montre, en effet, que les pennes non seulement maintiennent la hampe dans l'axe de la trajectoire, mais augmentent également la vitesse et la portée du projectile ; voir Condorelli 1967 ; Condorelli 1971, 121 ; Bennett 1991, 62.

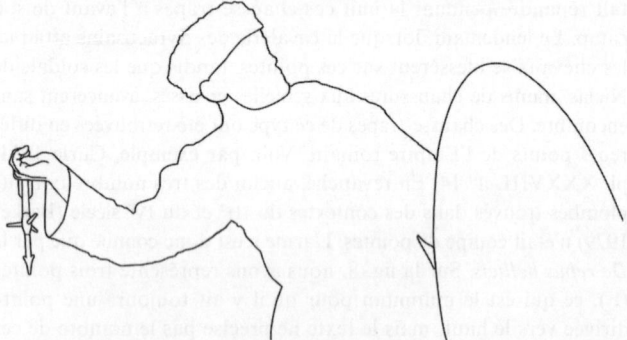

Fig. 10 : Mouvement de lancer de la plumbata « *par le haut* »

Infographie C. Morineau, UniCaen, CIREVE, d'après une photo de www.maquetland.com

[2] *relicto spatio quantum digiti potuerint tenentis amplecti* : Condorelli 1967 a parfaitement décrit l'utilité de ce dispositif. Les *pennae* ne sont pas fixées à l'extrémité arrière du projectile, comme sur une flèche, mais un peu en avant, pour que le soldat puisse placer sa

main tout à fait à l'arrière. En effet, ce type de projectile n'est pas lancé à la manière d'un javelot, tenu à peu près au milieu, avec un mouvement de départ dans le sens de la trajectoire. La *plumbata* peut être lancée de deux manières : « par le haut » ou « par le bas ». Dans le mouvement « par le haut », la *plumbata*, tenue par l'extrémité arrière (fig. 8, E) est portée au-dessus de l'épaule (fig. 10). Elle devait, avec la pointe tournée vers le bas, être soulevée en haut et en avant, brusquement et avec force, jusqu'à parcourir à peu près un angle à 180°. Elle était lâchée le bras en position allongée ou presque, sur un plan légèrement divergent de l'objectif. C'est un mouvement analogue au lancer de couteau, quand l'arme est tenue par le manche et non par la lame. L'autre méthode possible est de lancer le projectile « par le bas », à la manière du « service à la cuillère » au tennis. C'est la solution proposée par Cascarino & Sansil Vestri 2009, 157, fig. 5.56, mais l'expérimentation a montré que cette méthode était beaucoup moins efficace que le lancer « par le haut » (Emery 2010). En revanche, elle permet un tir parabolique, prenant les soldats ennemis par le haut.

11 [1] *mamillatae* : l'adjectif *mamillatus* ne se rencontre que dans le *De rebus bellicis* et le *Digeste*, 34, 2, 32, 9 : *ornamentum mamillatum*. La *plumbata mamillata* diffère de la *plumbata tribulata* par l'absence de *tribulus* et par la forme de sa pointe (fig. 11, C) : « un fer rond façonné en pointe » (*rotundum et in acumen deductum ferrum*). Cela pourrait signifier une forme conique, et *mamillata*, « en forme de mamelle », se rapporterait donc à la forme de la pointe. Barker 1979 pense que l'adjectif déterminatif se rapporte à la forme du bulbe en plomb, mais ce n'est pas un élément différenciateur, car il n'y a aucune raison pour que le bulbe en plomb de ce projectile soit différent de celui du précédent. Les illustrations de *P* (planche V), de M^1 et de *B* ne font pas de différence quant à la forme de la pointe des deux *plumbatae* : en l'absence de perspective, il n'est pas possible de connaître leur section, mais leur profil se présente sous la forme d'un triangle parfait. En revanche, l'illustration de *C* présente une forme légèrement barbelée pour la *plumbata tribulata* et triangulaire pour la *plumbata mamillata*, tandis que l'illustration de M^2 présente une forme franchement barbelée pour la *plumbata mamillata* et légèrement foliacée pour la *plumbata tribolata*. Les *plumbatae* retrouvées à ce jour ont des pointes de formes diverses : barbelées pour celles de Wroxeter (Barker & Musty 1974), foliacées pour celles de Géorgie (Bennett 1991). Curieusement, aucune des illustrations ne semble représenter le bulbe en plomb pour la *plumbata mamillata*. En fait, le renflement de ce bulbe devait être assez peu significatif sur les illustrations originales (c'est probablement lui qui est représenté par une différence de couleur sur *C* et M^1) et ce que l'on pourrait prendre pour le bulbe dans la *plumbata tribulata* est une représentation schématique des pointes.

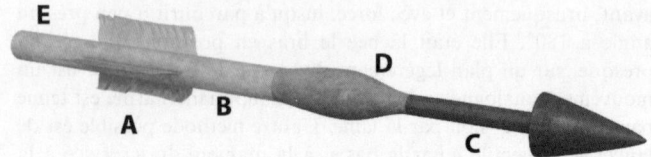

Fig. 11 : Trait plombé à fer conique (plumbata mamillata)

Dessin Ph. Fleury – Infographie C. Morineau, UniCaen, CIREVE

A : pennes (*pennae*) ; B : hampe en bois (*uirga*) ; C : pointe en fer « ronde » (*rotundum et in acumen deductum ferrum*) ; D : plomb (*plumbum*) ; E : poignée de lancement.

² *bene extensa* : à la différence d'auteurs techniques comme Vitruve ou Héron d'Alexandrie, l'auteur du *De rebus bellicis* est toujours imprécis dans ses mesures – le seul chiffre précis concerne la taille des outres dans le pont gonflable du chap. 16. Les hampes en bois n'ayant jamais été conservées, il est impossible de connaître leur longueur exacte. Sur les fig. 8 et 11, nous avons choisi de représenter un fer de 15 cm de long (9 cm pour la partie visible du fer et 6 cm pour le plomb), à partir d'un exemplaire retrouvé, et nous avons estimé la longueur du bois à 15 cm. Les plus petits fers retrouvés mesurent un peu moins de 8 cm, les plus grands atteignent les 20 cm.

³ *similibus locis <ac> in tribulata* : l'ajout de *ac* par Ireland donne de la cohérence au texte mais la leçon *meribula*, à la place de *in tribulata*, dans *B*, est peut-être l'indice que le texte était plus corrompu qu'on ne le pense dans ce passage.

⁴ *penetrare* : les nombreuses expérimentations effectuées depuis la fin des années quatre-vingts ont permis de se faire une idée des performances des *plumbatae*, notamment en ce qui concerne leur portée : entre 50 et 70 m maximum pour les essais menés par Eagle 1989 et Emery 2010.

12 [1] *currodrepanus* : ce mot est un hapax. Il est formé à partir du latin *currus*, « le char », et du grec δρέπανον, « la faux ». Aux chap. 18 et 19, l'Anonyme appelle la même machine *currus falcatus*. Végèce utilise cette dernière expression en alternance avec *quadriga falcata* – on relève 9 occurrences de *quadriga falcata* dans l'ensemble de la littérature latine contre plus de 50 occurrences de *currus falcatus* –, et il en a une opinion très défavorable : « Les rois Antiochus et Mithridate utilisaient des chars à faux (*quadrigas falcatas*) à la guerre. Autant ceux-ci causèrent d'abord une grande terreur, autant ensuite on s'en moqua. Le char à faux (*currus falcatus*), en effet, trouve difficilement un terrain toujours plat, et le moindre obstacle l'arrête ; d'autre part, un seul cheval abattu ou blessé le rend inutilisable » (*mil.* 3, 24, 1-2 [trad. Ph. Fleury]). Dans l'*Histoire Auguste, Alex.* 55, 2 et 56, 4, l'auteur raconte qu'Alexandre Sévère a vaincu le roi Artaxerxès, qui alignait dans son armée 1800 chars à faux (*falcati curri*), et qu'il aurait pu rapporter deux cents de ces chars dans son butin, mais qu'il s'en est abstenu, parce que « c'est un type de butin sur lequel on peut tricher » (*quia et fingi poterat* [trad. A. Chastagnol]). Cela ne signifierait-il pas que les Romains connaissaient bien ce type de char, qu'ils savaient le fabriquer, et donc produire de faux chars perses pour les introduire dans le butin… ? En tout cas, la machine est connue depuis longtemps : voir *Introduction*, p. LXXIII.

12.1 [1] *Parthicae* : en 224 *p.C.*, le souverain des Parthes, Artaban V, fut vaincu et tué par le Perse Ardachîr (Artaxerxès) Ier, fondateur de la dynastie sassanide. À partir de ce moment, le vieux royaume parthe devint progressivement un royaume perse, et dans les sources romaines postérieures à l'essor du royaume sassanide, on trouve fréquemment le mot *Parthi* à la place du mot *Persae*. Chez Ammien Marcellin, les *Parthi* sont les Perses.

12.2 [1] *ferro* : S. Condorelli considère qu'il y a une lacune avant *ferro*, que E.A. Thompson marque d'une *crux*, tout en enregistrant dans un de ses apparats une suggestion de lecture indiquée par W.S. Maguiness : *uestitu ferreo et armis*. R. Ireland et, à sa suite, A. Giardina ajoutent *e* devant *ferro*. Pour notre part, nous gardons le texte des manuscrits, considérant *uestitu* et *armis* comme une apposition à *ferro*. La même combinaison de chars à faux et de chevaux cuirassés se retrouve chez Arrien, qui affirme que les Romains n'ont jamais combattu avec des chars, mais que les Perses en avaient qui étaient armés de faux et tirés par des chevaux bardés de fer : πάλαι μὲν Πέρσαι ἐπήσκησαν τὴν τῶν δρεπανηφόρων τε

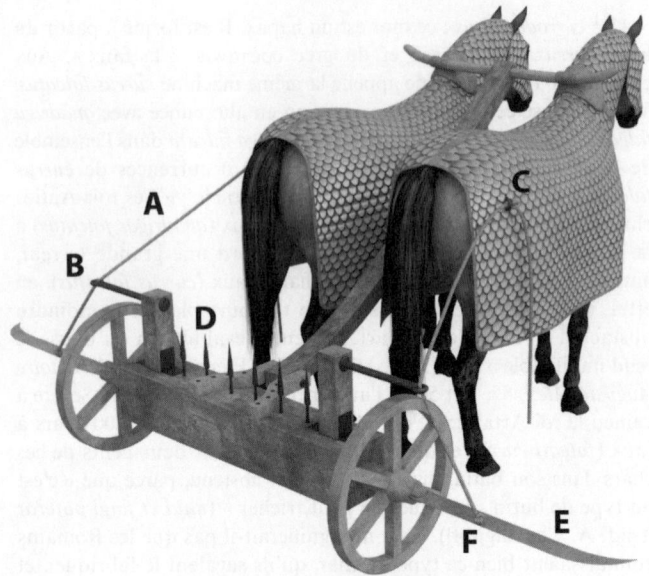

Fig. 12 : Char à faux double

Dessin Ph. Fleury – Infographie C. Morineau, UniCaen, CIREVE

A : câble de relevage de la faux (*funis, quo laxato aut explicantur falces aut represso super eosdem axes eriguntur*) ; B : anneau de redirection du câble de relevage ; C : anneau solidaire de l'armure (*circulus haerens catafracto*) ; D : couteaux (*cultri*) ; E : faux (*falx*) ; F : anneau solidaire de la faux (*ansula*).

ἁρμάτων καὶ καταφράκτων ἵππων διφρείαν, ἀπὸ Κύρου ἀρξάμενοι (*tact.* 19, 4).

² *inuecti equis duo uiri* : le fait que les conducteurs de ces engins soient montés sur les chevaux est peut-être une innovation : cf. *Introduction*, p. LXXIII-LXXIV. La machine est, en effet, réduite à un simple essieu, sans caisse.

12.3 ¹ *ansulas* : il devait y avoir en fait trois types d'anneaux pour le système de relevage des faux de cette machine : 1) les *ansulae* mentionnées ici (fig. 12, F), qui servent à attacher le câble à la faux ; 2) les anneaux solidaires de l'armure du cheval (fig. 12 et 13, C), mentionnés au chap. 14, qui servent à la fois de passant et de fixation pour le bout du câble tenu en main par le cavalier ; 3) des anneaux de redirection du mouvement du câble (fig. 12, B), fixés sur des poteaux solidaires du chassis, comme semblent en témoigner les dessins des manuscrits. Le dessinateur de *P* n'a fait figurer qu'un poteau, sans câble (planche VI), mais celui de *M¹* représente bien deux poteaux avec une tige transversale au sommet et, sur l'un de ces deux poteaux, il représente clairement un câble.

² ... *eriguntur falces* : ce système de relevage des faux avec des câbles (fig. 12 et 13, A) est peut-être une originalité de l'Anonyme : voir *Introduction*, p. LXXIII. Il rend en tout cas la machine plus pratique à utiliser – et moins dangereuse pour ses propriétaires – que si les faux étaient fixes.

12.4 ¹ *bella cognoscunt* : cette phrase montre que l'Anonyme n'était pas un militaire ; voir *Introduction*, p. VIII.

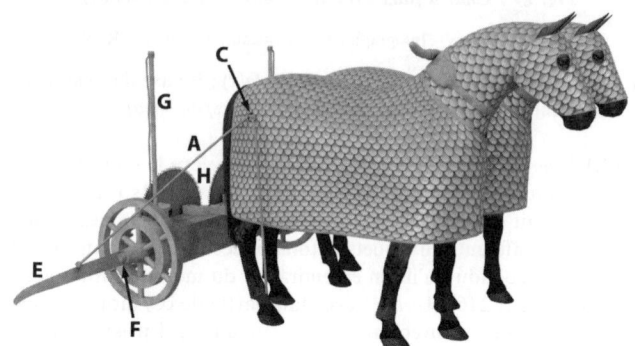

Fig. 13 : Char à faux avec fouet automatique

Dessin Ph. Fleury – Infographie C. Morineau, UniCaen, CIREVE

A : câble de relevage de la faux ; C : anneau solidaire de l'armure (*circulus haerens catafracto*) ; E : faux (*falx*) ; F : axe de rotation de la faux incliné ; G : fouet automatique (*uerbera spontanea*) ; H : boucliers entourés de pointes de fer (*clipei acuto ferro circumdati*).

14 ¹ *currodrepani clipeati* : le choix qui a présidé à la dénomination de la machine, « char à faux avec boucliers », est curieux, car ce qui la différencie des deux autres machines, ce ne sont pas essentielle-ment les boucliers avec les pointes sur le pourtour – ils viennent en fait remplacer les couteaux du char à faux décrit au chap. 12 –, mais ce sont surtout les fouets automatiques.

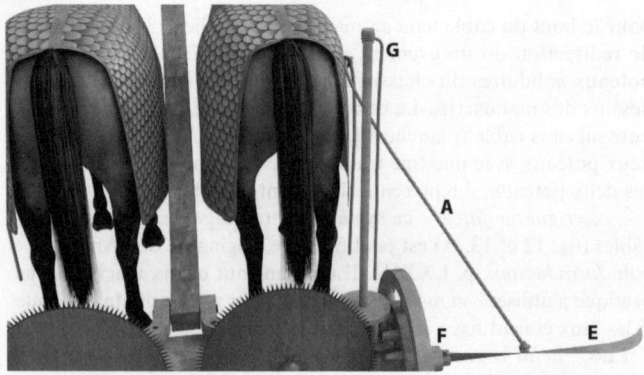

Fig. 14 : Char à faux avec fouet automatique (détail)

Dessin Ph. Fleury – Infographie C. Morineau, UniCaen, CIREVE

A : câble de relevage de la faux ; E : faux (*falx*) ; F : axe de rotation de la faux incliné ; G : fouet automatique (*uerbera spontanea*).

14.1 [1] *uerberibus spontaneis* : S. Reinach relève la contradiction entre l'armure des chevaux et l'utilisation des fouets (fig. 14, G : « On pourrait objecter que des chevaux ainsi caparaçonnés, *vestiti*, resteront indifférents aux fouets automatiques ; mais l'Anonyme eût sans doute répondu qu'ils en entendraient du moins le sifflement » (Reinach 1922, 246). *Verber, -eris*, fait partie de ces mots souvent employés au pluriel avec un sens de singulier : il n'est donc pas possible de savoir si l'Anonyme envisage un ou deux fouets. Les dessins des manuscrits semblent en représenter deux. C'est ce que nous avons fait également, mais la présence d'un cavalier rend inutile l'utilisation de deux fouets automatiques, voire d'un seul. Dans la préface, l'Anonyme annonçait un cheval « se fouettant lui-même sans être conduit par quelqu'un ». Le mécanisme d'entraîne-ment du ou des fouet(s) automatique(s) n'est pas décrit, et les illustrations des manuscrits ne sont pas d'une grande aide sur ce point. Sur tous les dessins qui nous sont parvenus (voir par exemple la planche VIII), un des deux boucliers est représenté avec trois pointes : représentent-elles les pointes de fer qui entourent le bouclier (*clipeis acuto ferro circumdatis*) ou une partie de roue dentée pour l'entraînement des fouets ? Nous avons supposé, pour notre part, un système d'engrenages (fig. 15, I) avec des alluchons soli-daires des roues du char et des lanternes solidaires de la hampe du fouet – système utilisé par exemple dans les moulins à eau ou à vent pour transformer la rotation verticale en rotation horizontale.

[2] *in propugnaculo* : chez Ammien Marcellin et Végèce, *propugnaculum* est un terme générique qui désigne tout équipement permettant à la fois une protection et une offensive contre l'ennemi ; voir Labory 2005, 319-320.

14.2 [1] *unius tantum sagacitas regit* : dans la préface, § 13, l'Anonyme annonçait un système avec un cheval (au singulier) se fouettant lui-même et sans conducteur (*sine cuiusquam magisterio*). Est-ce une variante qu'il a oublié de décrire ici ou le texte de ce chapitre est-il corrompu à cet endroit, comme il l'est dans la phrase suivante ? Voir note suivante et *Introduction*, p. LVI. Les fouets automatiques ne sont, en effet, intéressants que s'il n'y a pas d'homme pour exciter les bêtes, physiquement et oralement.

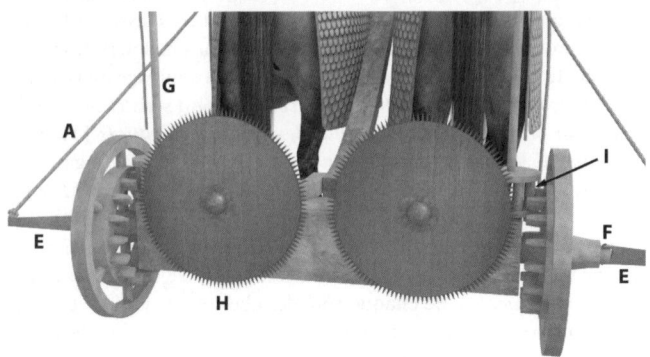

Fig. 15 : Char à faux avec fouet automatique – Boucliers et mécanismes d'entraînement des fouets

Dessin Ph. Fleury – Infographie C. Morineau, UniCaen, CIREVE

A : câble de relevage de la faux ; E : faux (*falx*) ; F : axe de rotation de la faux incliné ; G : fouet automatique (*uerbera spontanea*) ; H : boucliers entourés de pointes de fer (*clipei acuto ferro circumdati*) ; I : système d'engrenage à alluchons et lanterne.

14.3 [1] *A secundo — amplectitur* : la phrase est probablement corrompue ou dénaturée par une lacune. E.A. Thompson place celle-ci juste avant *et occulto* et supprime la séquence antécédente :

dum ipsum equitem portat. Il considère cette séquence comme étant une glose visant *pondus bellatoris subit* ; pour une explication complète, voir Thompson 1952a, 15. S. Condorelli tente une traduction avec le texte tel qu'il a été transmis : « [...] per questa differenza, che in quello un solo cavallo sopporta il peso del combattente, dato che porta lo stesso cavaliere e abbraccia uno spazio piú ristretto, in quanto un timone invisibile tira il giogo ». L'Anonyme compare ici les trois chars, qu'il décrit du point de vue de leur mode de traction et de pilotage : type 1 (chap. 12) : 2 chevaux + 2 cavaliers ; type 2 (chap. 13) : 1 cheval + 1 cavalier ; type 3 (chap. 14) : 2 chevaux + 1 cavalier. Les types 1 et 3 peuvent être équipés d'un timon et d'un joug. La seule différence entre ces deux types est que le joug doit être plus large dans le type 1 que dans le type 3, pour que les deux cavaliers puissent placer leur jambe intérieure. En revanche, le type 2 ne peut être équipé que d'un brancard, et celui-ci doit être agencé de manière que le cavalier puisse placer ses jambes. Hassall 1979 se trompe probablement en croyant reconnaître dans la description par Suétone du triomphe d'Octave après Actium un équipage du type 1 : [...] *Actiaco triumpho currum Augusti comitatus est sinisteriore funali equo, cum Marcellus Octauiae filius dexteriore ueheretur* (« [Tibère] accompagna le char d'Auguste, sur le cheval de volée placé à gauche, tandis que Marcellus, fils d'Octavie, montait celui de droite » [*Tib.* 6, 4 ; trad. Ailloud modifiée]). L'équipage d'Octave est, en effet, un équipage à quatre chevaux : un cheval de chaque côté du timon, attaché au joug (*equus iugalis*), et un cheval de volée, attaché par une corde (*equus funalis*), de chaque côté des chevaux de joug. Tibère et Marcellus sont chacun sur un cheval de volée, ce qui explique la précision *funali equo* donnée par Suétone.

14.4 [1] *conuertere — falces* : E.A. Thompson et H. Jouffroy paraissent comprendre qu'une fois les faux baissées, elles peuvent être orientées. Cela impliquerait une rotation autour d'un second axe. Cette complication ne nous paraît pas utile, et elle fragiliserait considérablement le système. Nous considérons, comme A. Giardina, que l'Anonyme évoque le même mouvement de pivotement autour d'un axe horizontal que celui décrit dans le chapitre 12. Dans le cas présent toutefois, cet axe doit être légèrement incliné par rapport à l'horizontale (fig. 13, 14 et 15, F), car le système d'engrenage des fouets rend plus difficile l'installation d'un anneau permettant de rediriger l'orientation de la traction (système que nous avons représenté sur la fig. 12, B). La présence de ce système de relevage implique un homme pour le manœuvrer – c'est ce que

semble dire l'auteur au § 2 –, à moins que les faux ne soient mainte-
nues levées le temps de positionner le char et abaissées juste avant de
le lancer sans conducteur contre l'ennemi.

14.5 [1] *funis* : l'emploi ici du singulier, après les pluriels de la phrase
précédente (*laxatis funibus*) et ceux du chap. 12 (*innexi funes*),
signifie peut-être que les câbles de relevage des faux sont réunis au
final en un seul, puisqu'il n'y a qu'un cavalier. Cette réunion peut se
faire après le passage des câbles dans les anneaux de renvoi, sur
l'armure de chaque cheval ; voir note suivante.

[2] *circulo haerenti catafracto* : cet anneau, fixé sur l'armure du
cheval (fig. 13, C), est probablement présent également sur le char à
faux sans fouet automatique décrit au chap. 12 (fig. 12, C), mais il
serait d'autant plus nécessaire ici dans l'hypothèse où le char pourrait être lancé contre l'ennemi sans cavalier.

15.1 [1] *thoracomachum* : le *thoracomachus* est une « sous-armure »,
un vêtement porté entre le corps et l'armure. Le mot est un hapax,
bien que l'Anonyme dise que c'est une invention ancienne. Quelques
lignes plus loin, il donne son « étymologie » : « son nom vient d'une
appellation grecque composée à partir de protection du corps (*ex
tuitione corporis*) ». Il s'agit donc probablement d'une contraction
des mots grecs θώραξ, « poitrine », et πρόμαχος, « défenseur ».
L'étude des restes archéologiques de cuirasses romaines et les
sources iconographiques semblent attester le port de sous-armures,
dont la nécessité est confirmée par l'archéologie expérimentale. Au
Moyen Âge, la sous-armure est appelée « gambison » (parfois
« aketon ») ; en latin, il faut peut-être la reconnaître sous le mot
subarmalis : quand Septime Sévère entre à Rome en 192, il demande
que la garde prétorienne soit sans armes et avec des *subarmales*
(*Hist. Aug.*, *Seu.* 6, 11 : *cum subarmalibus inermes*). Le mot se
retrouve peut-être sur une tablette de Vindolanda (2, 184, 3, 8, sous
la forme *subarmalo* [?]), dans une liste de vêtements et sur une
tablette de Carlisle (*AE* 1998, 839c : *subarmales du[as]*, et 839d :
suba]rma[le]s – mais le sens est ici incertain ; R. Tomlin, « Roman
manuscripts from Carlisle : the ink-written tablets », *Britannia* 29,
1998, 55-63, n° 16). Voir à ce sujet Bishop 1995 et Speidel 2007.
L'inconfort des cuirasses et des casques était un sujet de plainte des
soldats. Végèce s'en fait l'écho en mentionnant (et en critiquant) la
décision de Gratien de dispenser les soldats de leur port : « Depuis
la fondation de la Ville jusqu'au temps du divin Gratien, casque et
cuirasse protégeaient les troupes à pied. Mais […] les armes parurent

trop lourdes, parce que les soldats les revêtaient rarement. C'est pourquoi ils demandent d'abord à l'empereur d'abandonner définitivement la cuirasse, puis le casque. La poitrine et la tête ainsi découvertes, affrontant les Goths, nos soldats ont souvent succombé sous le nombre des archers » (*mil.* 1, 20, 3-4 ; trad. É. Famerie et J.-H. Michel). Le fait que l'Anonyme consacre un chapitre à un vêtement destiné à soulager les soldats de l'inconfort de l'armure peut être un indice qu'il écrit avant Gratien.

15.2 [1] *de coactili* : l'usage du feutre est bien connu dans l'Antiquité ; les fouilles de Pazyrik, en Sibérie méridionale, par exemple, ont livré une quantité impressionnante de ce matériau dans des tombes scythes datées du Ve au IIIe siècle *a.C.* ; voir Wild 1979. Le mot latin *coactilis* fait allusion au procédé de fabrication : il s'agit d'un textile non tissé, réalisé en pressant (*cogere*) des fibres naturelles. Des *lanarii coa<c>tores* et un *lanarius coactiliarius* sont mentionnés dans les inscriptions – cf. *CIL* V, 4504 et 4505 ; VI, 9494 –, et une peinture de Pompéi (atelier de Verecundus) montre des feutriers au travail. La laine de mouton est un matériau idéal pour le feutre. L'usage militaire du feutre est connu depuis Homère : les soldats peuvent porter un bonnet de feutre sous leur casque (Hom., *Il.* 10, 265 : « [Mérion] met au front [d'Ulysse] un casque travaillé dans le cuir d'un bœuf. [...] Le fond est bourré de feutre (πῖλος) » [trad. P. Mazon] ; Amm. 19, 8, 8 : *centonem quem sub galea unus ferebat e nostris*) ; César (*ciu.* 2, 9, 3 : *centones* ; 3, 44, 7 : *ex coactis aut ex centonibus*) et Pline l'Ancien (*nat.* 8, 192) signalent l'efficacité du feutre pour résister aux projectiles ou aux armes. L'Anonyme est le seul à parler de son usage pour une sous-armure.

[2] *lorica uel cliuanus* : comme l'a déjà relevé Giardina 1989, 91, l'Anonyme se montre bien informé des deux types de cuirasses majoritairement répandues dans l'armée tardo-impériale, la *lorica* et le *clibanus* – ou *cliuanus*. Des fabriques de *loricae* et de *clibani* sont attestées dans la *Notitia Dignitatum* (*Not. Dign., Occ.* 9, 26 : *Mantuana loricaria* ; 9, 33 : *Augustodunensis loricaria, balistaria et clibanaria* ; *Not. Dign., Or.* 11, 22 : *Clibanaria, Antiochiae* ; 11, 26 : *Clibanaria, Caesarea Cappadociae* ; 11, 28 : *Clibanaria, Nicomediae*). La *lorica* pouvait avoir des caractéristiques diverses en fonction du mode de fabrication : à anneaux, à écailles ; le *clibanus/cliuanus* est précisément la cuirasse des cavaliers *clibanarii* (Speidel 1984).

16 [1] *ascogefyrus* : *ascogefyrus* est une reconstitution de Thompson 1952a. Tous les manuscrits portent *ascogefrus* dans le titre du chapitre 16 et dans la légende de l'illustration ; mais en 19, 3, ils sont

COMMENTAIRE 85

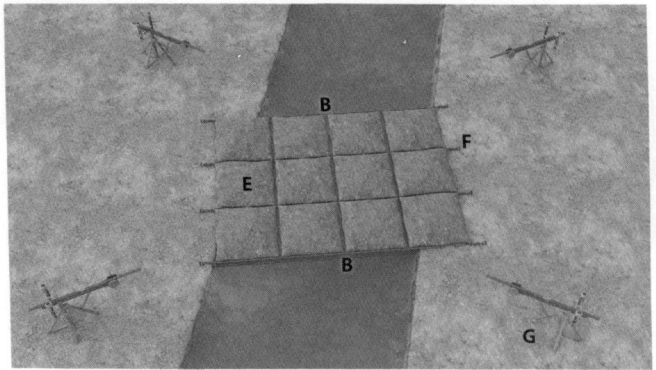

Fig. 16 : Pont d'outres

Dessin Ph. Fleury – Infographie C. Morineau, UniCaen, CIREVE

B : câbles (*funes*) latéraux ; E : outres de trois pieds et demi de large (*utres in magnitudinem trium et semis pedum*) ; F : pieux de fer (*ferrei pali*) ; G : manubalistes (*manuballistae*).

également unanimes sur la leçon *ascogefyrus* – diversement graphiée. Le mot n'est connu que par le *De rebus bellicis* ; il est composé de ἀσκός, « peau », et de γέφυρα, « pont ». L'Anonyme accorde une importance particulière à cette invention : elle fait partie des trois exemples qui sont mentionnés dans la préface, les autres étant la liburne et le char à faux. C'est la seule « machine » pour laquelle il donne une indication de mesure : « des outres de trois pieds et demi de long ». Il souligne dans la préface qu'« un très petit nombre d'hommes ou une cinquantaine de bêtes environ porteront ce pont » (*praef.* 14). Les radeaux ou les ponts d'outres semblent avoir été d'un usage civil courant au IVe siècle. Rougé 1959 a montré que le terme *utricularii* dans les inscriptions renvoie aux professionnels qui maniaient ou installaient ces systèmes ; voir aussi Müller 1918. L'originalité de l'Anonyme est d'en proposer un usage militaire qui aille plus loin que l'usage occasionnel mentionné par les textes : voir *Introduction*, p. LXXVI.

16. 1 [1] *reperit* : Ireland 1984 imprime – après Schneider – *repperit* sans commentaire. Or les manuscrits primaires sont unanimes sur la graphie avec un seul *p,* comme en 12 , 1. En 18, 7, seul *C*, au rebours de ses congénères, porte *reppereris*.

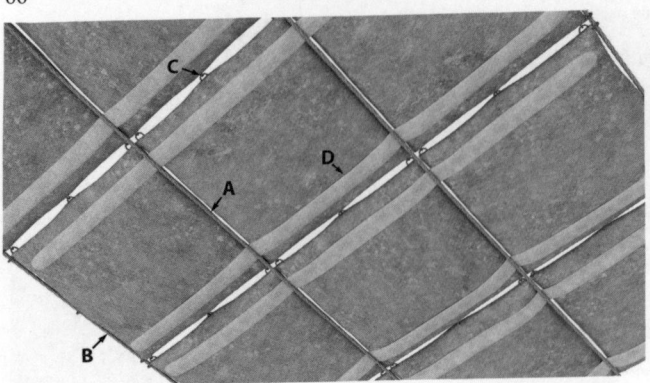

Fig. 17 : Pont d'outres – Vue de dessous

Dessin Ph. Fleury – Infographie C. Morineau, UniCaen, CIREVE

A : câbles (*funes*) centraux ; B : câbles (*funes*) latéraux ; C : anneaux / crochets (*circuli* / *uncini*) ; D : courroies (*lora*).

16.2 [1] *molitis* : les manuscrits sont unanimes sur cette forme avec un seul « l ». Pourtant, depuis Ph. Labbe (1651), les éditeurs écrivent *mollitis* sans explication et comprennent « amollis » en faisant venir la forme du verbe *mollio*, « rendre souple ». Nous pensons qu'il n'est pas ici question de les assouplir particulièrement, mais de les « arranger » à la manière arabe, c'est-à-dire en les cousant : voir note suivante. Nous avons donc affaire ici au verbe *molio, -is, -ire*, employé ordinairement sous sa forme déponente *molior*, au sens de « réaliser, préparer » – par ex. Frontin, *strat.* 1, 1, 6 : *barbari* [...] *instrumenta* [...] *moliuntur*. Il s'agit peut-être d'une passivation du déponent : voir P. Flobert, *Les verbes déponents latins des Origines à Charlemagne*, Paris, Les Belles Lettres (Publications de la Sorbonne ; Série « NS Recherches » – 17), 1975, p. 357.

[2] *Arabica arte* : les Arabes étaient réputés dans l'Antiquité pour réaliser des contenants étanches avec des peaux d'animaux. Hérodote (3, 9) parle d'outres en peau de chameau utilisées pour transporter de l'eau ainsi que d'une canalisation fabriquée avec des peaux de bœufs et d'autres animaux qui conduisait jusqu'au désert l'eau du fleuve Corys en Arabie. Pline l'Ancien (*nat.* 6, 176) raconte que les Arabes insulaires appelés Ascites fabriquaient des radeaux avec des outres de peau de bœuf pour attaquer les navires.

[3] *ita ut* : dans le manuscrit *B, ita ut* n'apparaît pas et les verbes suivants (*extollo, perficio, colligo*) sont à l'indicatif. Le sens obtenu est plus satisfaisant, car il n'y a pas de lien de conséquence entre le fait que les outres font trois pieds et demi de long et le fait que l'air soit réparti régulièrement.

[4] ... *uncini* : l'association des courroies (fig. 17, D) en dessous et des crochets passés dans des anneaux (fig. 17, C et 18) en dessus pour attacher les outres entre elles peut avoir un intérêt de rapidité et de rigidité. Les outres seraient transportées dégonflées et attachées avec des courroies en séries de trois ou quatre par exemple. La souplesse des courroies permet de plier ces séries. Au moment du montage, les séries seraient dépliées et gonflées, puis les crochets seraient fixés dans les anneaux pour associer les séries entre elles. C'est ce processus que nous semble décrire la phrase suivante : *in formam pontis adsociata, partibus explicatur integritas* (« l'ensemble est déplié par parties dont l'association forme un pont »).

Fig. 18 : Pont d'outres – **Circuli / uncini**

Dessin Ph. Fleury – Infographie C. Morineau, UniCaen, CIREVE

16.3 [1] *obliquo fluuio* : l'idée exprimée que le courant doit être traversé en oblique se trouve aussi chez Amm. 30, 1, 9 (franchissement de l'Euphrate par Para, le roi d'Arménie) : « On se procura dans les habitations voisines un certain nombre de lits, sous lesquels on assujettit deux outres [...]. Les nobles arméniens et le roi lui-même se risquèrent chacun sur un de ces lits, tirant après eux leurs chevaux, et fendant de biais le courant du fleuve [...]. » (trad. Th. Savalète). Pour le pont d'outres du *De rebus bellicis*, il s'agit surtout d'une facilité de mise en œuvre, comme le dit l'Anonyme lui-même. L'originalité de son système est que le pont est préparé d'avance : voir *Introduction*, p. LXXVI. Sur place, il reste à gonfler les outres (un soufflet est représenté sur les illustrations de tous les manuscrits : cf. planche X), puis à les assembler avec des systèmes de crochets et d'anneaux prévus d'avance et cousus aux outres, et enfin à déployer (*explicare*) le tout sur des câbles fixés à des piquets de fer, sur chaque rive. Une fois les câbles fixés d'un côté, l'autre extrémité aura tendance à suivre le courant lors du déploiement, et il est inutile de faire des efforts pour ramener le tout à la perpendiculaire de la rive.

[2] *firmitatis gratia* : l'Anonyme semble faire une différence entre les câbles centraux (fig. 17, A), qui vont effectivement se trouver sous les outres, et les câbles latéraux (fig. 16 et 17, B), qui vont avoir tendance à se trouver au-dessus des outres. Mais les uns et les autres servent à renforcer la solidité et la stabilité (*firmitatis gratia*). En interprétant différemment l'expression latine, les câbles tendus sur les bords et au-dessus (*in marginibus* [...] *desuper extensis*) pour-raient aussi être des sortes de garde-corps servant à maintenir l'équilibre (*firmitatis gratia*) ; mais l'Anonyme aurait dû alors parler des poteaux servant à les attacher sur la rive, et les illustrations des manuscrits ne les représentent pas.

[3] *peregrino* : l'adjectif *peregrinus* est employé dans la préface (§ 16) au sens d'« étranger ». C'est cette traduction qui est adoptée ici, avec des variantes, par les éditeurs précédents : « strano » (Condorelli), « originale » (Giardina), « unfamiliar » (Thompson, Ireland), « inconnu » (Jouffroy), « original » (Sánchez-Ostiz). L'auteur pourrait en effet qualifier son pont de « nouveau et exotique » en référence au savoir-faire des Arabes. Mais, à la fin du IVe siècle et au début du Ve, le sens de « voyageur », qui donnera le français « pèlerin », est attesté (par exemple chez saint Jérôme, *epist.* 108, 24). Nous préférons donc donner ici à *peregrinus* le sens de « déplaçable, transportable », comme Cicéron disait de lui-même en employant un mot de la même famille : *nom tam sum **peregrinator** iam quam solebam*, « je ne suis plus aussi voyageur maintenant que j'avais l'habitude de l'être » (*fam.* 6, 18, 5). En 18, 8, l'Anonyme parle d'un pont transportable (*portandus*, cf. *Comment. ad loc.*) et, dans la préface (14), il annonçait un pont « très peu lourd à trans-porter » (*minime subuectioni onerosa*).

16.4 [1] *cilicia* : le cilice est une étoffe grossière et rugueuse, particulièrement résistante, fabriquée à partir de poil de chèvre (Varron, *rust.* 2, 11, 11-12). Avant d'être utilisé par les chrétiens comme instrument de mortification, ce tissu a eu des usages multiples, notamment dans l'armée. Virgile, *georg.* 3, 311-313, signale son usage dans les camps – c'est-à-dire probablement pour les toiles de tente. Végèce mentionne des *cilicia* tendus pour arrêter les flèches (*mil.* 4, 6, 2), ou utilisés, en alternative avec des pièces de cuir, pour recouvrir le bois des tortues ou des mantelets (*mil.* 4, 14, 1 ; 4, 15, 5).

16.5 [1] *tamen* : le mot ne peut avoir ici un sens restrictif ou concessif. Il s'agit plutôt d'une addition. Dans plus de la moitié (7 sur 12) des occurrences de l'adverbe dans le *De rebus bellicis*, l'Anonyme utilise clairement *tamen* comme il aurait pu utiliser *autem* (à moins qu'il ne s'agisse d'une confusion dans la tradition manuscrite), c'est-à-dire comme simple particule de liaison ou d'addition : 16, 5 ; 17, 3 ; 18, 3 ; 18, 4 ; 19, 2 ; 19, 3 ; 19, 9. Paschoud 1996, 152, n. 285, relève le même type d'emploi dans l'*Histoire Auguste*.

[2] *manuballistae* : c'est la seule occurrence du mot dans le *De rebus bellicis*. Cette dénomination n'est de toute façon connue que par notre texte et par Végèce (*mil.* 2, 15, 7 ; 4, 22, 6), qui utilise également le substantif *manuballistarius* (4, 21, 1) pour désigner le servant de cette arme. Il a pour équivalent le grec χειροβαλλίστρα, que l'on trouve seulement dans le titre, peut-être tardif, d'un traité de Héron d'Alexandrie, édité et traduit en anglais dans Marsden 1971. Il s'agit d'un lanceur de flèches léger, manié par un seul homme, successeur du scorpion vitruvien et césarien, avec un autre mode de construction du cadre et l'utilisation du fer à la place du bois ; voir Fleury 1981, 229. C'est probablement une pièce d'artillerie du même type que la *carroballista* de Végèce ou la *ballista quadrirotis* du *De rebus bellicis*, mais dans une version plus légère. L'utilisation de l'artillerie en couverture d'opérations militaires est bien attestée dans les textes : voir Fleury 1993, 279. César, qui utilise dans ce cas le mot générique *tormentum*, protège ainsi son armée inférieure en nombre contre les Belges (*Gall.* 2, 8, 4), et Frontin signale la même tactique utilisée par Sylla (*strat.* 2, 3, 17). César couvre aussi ses débarquements en Bretagne et à Alexandrie avec de l'artillerie (*Gall.* 4, 25, 1 ; *Bell. Alex.* 19, 3). Végèce signale également la nécessité de placer des postes armés de chaque côté des ponts militaires provisoires (*mil.* 3, 7, 9).

17.1 [1] *liburnam* : la liburne tire son nom des *Liburni*, population de la côte dalmate, spécialiste en piraterie. Le mot apparaît déjà chez César (*ciu.* 3, 9, 1). Mais, à l'époque tardive, Végèce utilise le mot *liburna* au sens générique de « navire de guerre ». Il considère que c'est le type de bâtiment adopté par la marine romaine depuis la bataille d'Actium en 31 *a.C.* (*mil.* 4, 33, 2-3). Pour lui, il en existe de toutes les tailles : « En ce qui concerne la taille, les plus petites liburnes ont un rang de rames, celles qui sont un peu plus grandes en ont deux ; les mesures appropriées permettent de répartir les rangs de nage en trois ou quatre niveaux, parfois en cinq » (*mil.* 4, 37, 1). On se défiera donc de certaines définitions modernes déterminant la liburne comme un navire « bas et rapide » ou de définitions d'auteurs plus éloignés de l'Anonyme que Végèce qui l'assimilent à un navire à deux rangs de rames. C'est le cas, par exemple, de Lucain (3, 533-534 : « Dans la flotte en croissant de lune sont en retrait les liburnes qui se contentent de s'élever en un double rang de rameurs » [trad. A. Bourgery]) ou d'Appien (*Ill.* 3 : « Les Romains appellent leurs navires à double rang, légers et fins, liburnes »). En fait le mot générique utilisé par l'Anonyme ne nous renseigne pas sur la taille du navire ; mais cette première phrase laisse plutôt penser à un navire d'un fort tonnage, même s'il faut tenir compte de l'exagération rhétorique. Du reste Prudence, un autre des contemporains du *De rebus bellicis*, parle de *turritas* [...] *liburnas* (*c. Symm.* 2, 531), c'est-à-dire de liburnes équipées d'une tour, donc de navires de taille déjà respectable. Pour les navires de guerre romains, voir Starr 1960, Casson 1971, Reddé 1986. Pour une étude exhaustive du mot *liburna*, voir Panciera 1956. Pour une étude approfondie de ce chapitre et une proposition de restitution de la liburne automotrice de l'Anonyme, voir Fleury 2015.

Fig. 19 : Liburne à bœufs – Vue éclatée

Dessin Ph. Fleury – Infographie C. Morineau, UniCaen, CIREVE

[2] *facilitatem* : si l'on suit le manuscrit *B*, qui porte *facultatem* au lieu de *facilitatem*, le sens est un peu différent. Il ne s'agit pas de « facilité » mais de « possibilité » : « pour pouvoir aller là où le besoin l'appelle ».

17.2 [1] *in cuius alueo uel capacitate* : sur l'illustration des manuscrits (planche XI), de même que sur les premières versions de notre restitution – notamment dans Fleury 2015 –, les bœufs sont placés sur le pont du navire pour permettre une meilleure visualisation du système, mais il est plus probable qu'ils étaient en fait situés en dessous. C'est ce que laisse entendre l'Anonyme avec l'expression *in cuius alueo uel capacitate*. Placer les manèges à l'intérieur de la coque offre un triple avantage : 1) les animaux sont protégés des projectiles lancés par l'ennemi ; 2) le centre de gravité du navire est abaissé ; 3) le pont est libre pour les soldats.

[2] *bini boues machinis adiuncti* : il s'agit de ce que l'on appelle des « manèges d'animaux ». Le mouvement horizontal du manège actionné par les bœufs est transmis aux roues à aubes par un système d'engrenages (fig. 20). Les systèmes d'engrenages sont bien connus à l'époque du *De rebus bellicis*. Ils apparaissent déjà, au milieu du IIIe siècle *a.C.*, chez Philon de Byzance : voir, par exemple, *Pneum.* 35, où l'on a l'association d'un système d'engrenages et d'une roue à aubes. Le moulin hydraulique et l'hodomètre décrits par Vitruve à la fin du Ier siècle *a.C.* impliquent une transmission par engrenages et, qui plus est, une transmission coudée. Ces systèmes de transmission ont aussi été appliqués à l'élévation de l'eau, aux machines de sciage (cf. Auson., *Mos.* 359-364), peut-être aussi à l'élévation et à la traction des charges. Outre les sources textuelles, nous possédons pour les engrenages une documentation archéologique et iconographique, certes peu abondante, mais suffisante pour attester de leur utilisation à l'époque antique. S. Coadic en a fait un inventaire complet ; voir Coadic 2009, 134-144. Les systèmes employés couvrent à peu près tous les types d'engrenage connus : roue dentée sur roue dentée, roue dentée sur lanterne, roue dentée sur vis, transmission parallèle, transmission perpendiculaire.

[3] *exstantes radii* : les « rayons en saillie » sont en fait les aubes (fig. 20, A). La roue à aubes est déjà connue au IIIe siècle *a.C.* : Philon de Byzance décrit dans ses *Pneumatiques* une petite roue à palettes qui tourne sous l'effet de l'eau (*Pneum.* 54) et une chaîne à godets automotrice (*Pneum.* 65 ; l'appareil moteur n'est pas une roue à aubes proprement dite : il s'agit d'une roue à godets dans lesquels l'eau est amenée par un conduit, mais le principe est le

Fig. 20 : Liburne à bœufs – Les manèges d'animaux
(bini boues machinis adiuncti)

Dessin Ph. Fleury – Infographie C. Morineau, UniCaen, CIREVE

A : aubes *(exstantes radii)*

même que celui de la roue à aubes). Au Ier siècle *a. C.*, Lucrèce, 5, 516, y fait allusion : un courant d'air peut faire mouvoir la voûte céleste par sa partie inférieure, *ut fluuios uersare rotas atque haustra uidemus* (« comme nous voyons les fleuves faire tourner les roues et les godets » – toutefois certains éditeurs considèrent les vers 509 à 533 comme interpolés), et Vitruve, 10, 5, 1, décrit des appareils automoteurs pour élever l'eau : des roues à augets équipées d'aubes. À la suite de ce texte, Vitruve décrit le moulin à eau, qui repose, dit-il, sur le même principe. L'invention du moulin à eau, dont le schéma mécanique est exactement le même que celui de la liburne avec une inversion du sens d'application de la force motrice, remonte peut-être au IIIe siècle *a. C.*, et le système est assurément connu au Ier siècle *a. C.* : voir Fleury 2017. Mais il est remarquable de constater que les témoignages littéraires et archéologiques se multiplient justement à partir du IVe siècle *p. C.*, c'est-à-dire à l'époque du *De rebus bellicis* : le moulin à eau est mentionné cinq fois dans les quatre siècles qui précèdent le *De rebus bellicis* : Vitruve 10, 5, 2 ; Strabon 12, 3, 30 ; *Anthologie palatine* 9, 418 ; Pline, *nat.* 18, 97, et *Edict. Diocl.* 15, 54, mais au moins huit fois aux Ve et VIe siècles *p. C.* : *Cod. Theod.* 14, 15, 4 ; Pallad. 1, 41 ; Prud., *c. Symm.* 2, 950 ; Cassian., *conl.* 1, 18 ; Cassiod., *uar.* 11, 39, 2 ; *inst.* 1, 29 ; Procop. 5, 19, 8-9 ; Greg. Tur., *Franc.* 3, 19. Lors du siège de Rome en 537-538 *p. C.*,

Bélisaire a fait installer des moulins à eau sur des navires ancrés dans le Tibre (Procop. 5, 19, 19), mais ce n'est pas la seule attestation de roues à aubes sur des navires : Vitruve, 10, 9, 5-7, et Héron d'Alexandrie, *Dioptre* 35, décrivent déjà des compteurs de distance marins qui fonctionnent avec des roues à aubes. Les roues à aubes dont nous venons de parler sont toutes des roues motrices qui actionnent un système. En dehors du *De rebus bellicis*, nous n'avons pas d'exemple de roues à aubes mues par un moteur animal et servant à la propulsion. Cependant le type de moteur ici envisagé, le manège d'animaux, est bien connu aussi dans l'Antiquité, en particulier pour les moulins de type pompéien et dans les systèmes d'élévation de l'eau. C'est le principe de la « roue perse » ou sakieh (saqiya) : un animal fait tourner une roue horizontale qui engrène sur une roue verticale dont l'axe est solidaire de la roue à élever l'eau ; ce système était utilisé en Égypte dès le IIe siècle *a.C.* : voir Forbes 1956, 676. Le principe du manège d'animaux peut-il être transposé sur un navire ? Nous ne disposons d'aucun témoignage ni pour l'Antiquité ni pour la Renaissance, hormis des élucubrations qui ont toutes été forgées en réalité à partir du *De rebus bellicis* : voir, par exemple, la liste qui a été dressée par Reinach 1922, 262-264. Mais au XVIIe siècle, le prince Rupert aurait fait construire un navire à roues à aubes propulsé par 4, 6 ou 8 chevaux – références dans Hassall 1979 –, et au XIXe siècle, le système est attesté en Angleterre et décrit par David Alan Stevenson, un ingénieur des phares, qui l'a vu fonctionner : « À Yarmouth, le Horse Packet a une longueur de 60 pieds et un bau de 18 pieds. Il est mû par un manège de quatre chevaux qui tournent sur un cercle de 18 pieds de diamètre, dans lequel ils sont trop confinés et ne travaillent ainsi qu'à moitié. L'axe de rotation porte à chaque extrémité deux roues biseautées par lesquelles le mouvement est transmis des chevaux à l'axe des roues à aubes de 7 pieds de diamètre. Le navire avance à une vitesse d'environ 6 nœuds » (Stevenson 1946, 59, et A.E. Bensley, http://www.gorleston-heritage.co.uk/ARTHUR.htm, avril 2009). D'autre part, l'usage de manèges de chevaux sur des radeaux est attesté en Finlande au XXe siècle : voir Fleury 2015, 85 et 87-88, fig. 8 et 9.

17.3 [1] *tanto uirium fremitu* : l'optimisme de l'Anonyme est un peu exagéré, mais la restitution effectuée à l'Université de Caen montre que le navire du *De rebus bellicis* pouvait maintenir une vitesse de cinq nœuds en patrouille, et atteindre huit nœuds pour l'éperonnage : voir Fleury 2015, 92-94.

² *attritu* : l'emploi d'*attritus* ici est à rapprocher de l'explication de la foudre par Isidore de Séville : « la foudre est produite par le choc et le frottement (*ex conlisione atque adtritu*) des nuages » (*nat.* 30, 1, 1 ; trad. J. Fontaine).

18.1 ¹ *murali defensioni* : au chap. 7, l'Anonyme avait traité de l'artillerie légère, l'artillerie de campagne, facilement mobile : la *ballista quadrirotis*. Il s'intéresse maintenant à l'artillerie lourde, l'artillerie dite de siège ou de forteresse. Ammien Marcellin emploie l'expression *muralia tormenta* : cf. 17, 1, 12 ; 18, 9, 1 ; 24, 4, 12 ; 24, 5, 6.

² *arcu* [...] *ferreo* : la *ballista fulminalis* du *De rebus bellicis* est sans aucun doute une pièce d'artillerie à torsion, comme la *ballista quadrirotis*, et l'arc de fer dont il est question ici (fig. 21, F) ne sert pas à la propulsion, comme cela a été souvent écrit ; il s'agit d'une des deux pièces de fer qui solidarisent les cadres des ressorts (fig. 21, G). Ammien Marcellin, 23, 4, 2, parle du « grand fer solide entre les deux cadres » (*ferrum inter axiculos duo firmum* [...] *et uastum*), Procope d'une pièce « en forme d'arc », τόξου σχῆμα. Cette pièce est caractéristique de l'artillerie métallique, qui apparaît au Iᵉʳ siècle *p. C.* : voir Fleury 1981. Elle est nommée καμάριον par Héron dans sa *Cheiroballistra* (Wescher 130). Elle est très visible sur les représentations de la colonne Trajane, comme sur les illustrations du *De rebus bellicis*, et il en a été retrouvé au moins un exemplaire à Orsova, précisément sur la frontière danubienne, l'endroit choisi par l'Anonyme à la fin du chapitre pour donner un exemple de l'efficacité de la machine : voir Gudea & Baatz 1974 ; Baatz 1978 ; Baatz & Feugère 1981 ; Marsden 1971, 245. La pièce en forme d'arc trouvée à Orsova a une taille impressionnante : elle mesure 1,25 m de long. Le fait que l'Anonyme n'ait pas parlé de cet « arc en fer » au chap. 7 a contribué à la confusion. Mais, d'une part, cette pièce est moins grande et donc moins visible sur la baliste légère et, d'autre part, la description du chap. 7 est essentiellement axée sur la mobilité et la manœuvrabilité de l'appareil, tandis que le chap. 18 accorde une place au système de propulsion. La seconde pièce de jonction entre les deux cadres des ressorts est placée sous le fût (fig. 21, P), et dans la mesure où elle est moins visible, elle n'est pas caractéristique de ce type de machine. L'hypothèse d'Hassall 1979, selon laquelle la corde archère elle-même serait élastique et constituerait le ressort propulseur comme un caoutchouc de fronde, est peu vraisemblable.

³ *canalem* : *canalis* – ou *canaliculus* – désigne également chez Vitruve, 10, 10, 3, et chez Ammien Marcellin, 23, 4, 2, le fût des lanceurs de flèches (fig. 21, H). Il s'agit d'une pièce avec une grande rainure centrale en queue d'aronde, dans laquelle coulisse le tiroir (fig. 21, I – *canalis fundus* chez Vitruve) qui porte la flèche. Au moment de la mise en tension, l'ensemble tiroir + flèche est amené vers l'arrière avec un palan (fig. 21 et 22, C) et un treuil.

⁴ *nerui funis* : il s'agit de la corde archère (fig. 22, A), c'est-à-dire la corde reliant les deux bras engagés dans les ressorts, et non la corde des ressorts, comme semblent le comprendre certains commentateurs. Héron d'Alexandrie, *Bel.* 110 Wescher, dit aussi que cette corde doit être faite avec des nerfs d'animaux (νεῦρον). Végèce, en revanche, utilise une expression similaire pour parler des cordes des ressorts : *Ballista funibus neruinis tenditur* (*mil.* 4, 22, 2). Lors de la mise en tension de la baliste, la corde archère est maintenue par une griffe (fig. 22 et 23, L), solidaire du tiroir – voir note précédente. Lorsque le tiroir est amené vers l'arrière par le treuil, la corde archère suit le mouvement et tire les deux bras (fig. 22, J) en arrière, tordant ainsi les ressorts (fig. 21, K) dans lesquels les bras sont enfilés. Quand le point de tension nécessaire est atteint, la manette (fig. 22 et 23, M) qui maintient la griffe baissée sur la corde est tirée

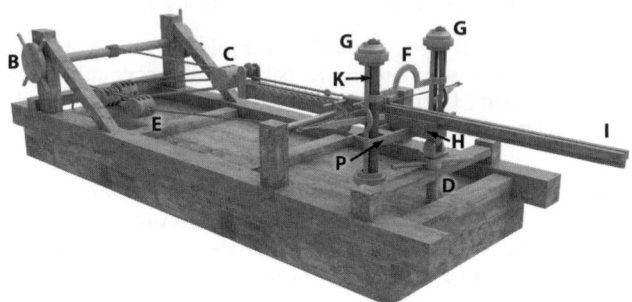

Fig. 21 : Baliste de rempart – Vue de trois-quarts face

Dessin Ph. Fleury – Infographie C. Morineau, UniCaen, CIREVE

B : roue du treuil pour le palan de mise en tension ; C : palan pour la mise en tension ; D : système de hausse ; E : palan pour le retour du tiroir en position de départ ; F : arc de fer (*arcus ferreus*) ; G : cadres des ressorts ; H : fût (*canalis*) ; I : tiroir ; K : ressorts ; P : pièce de jonction inférieure entre les cadres des ressorts.

vers l'arrière. La griffe se lève alors d'elle-même sous la tension de la corde ou elle est levée par un coup donné sur sa partie arrière. Une fois libérée, la corde archère revient violemment à sa position première entraînant la flèche placée sur la rainure du tiroir.

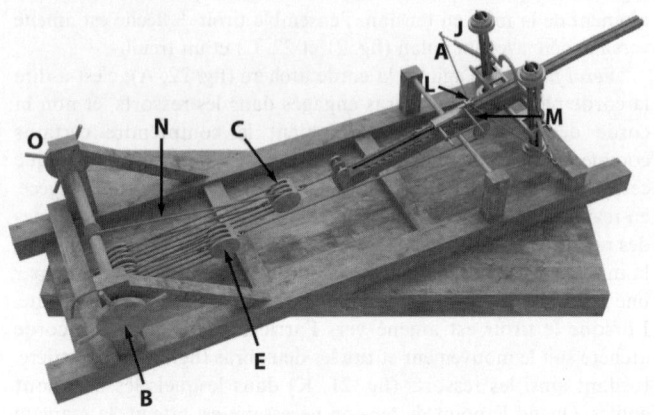

Fig. 22 : Baliste de rempart – Vue de dessus

Dessin Ph. Fleury – Infographie C. Morineau, UniCaen, CIREVE

A : corde archère ; B : roue du treuil pour le palan de mise en tension ; C : palan pour la mise en tension ; E : palan pour le retour du tiroir en position de départ ; J : bras ; L : griffe (*uncus*) ; M : manette ; N : câble de mise en tension ; O : rayons de la roue de treuil.

18.2 [1] *duabus rotis uiri singuli radiorum nisibus adnitentes* : il est curieux que l'Anonyme n'ait pas associé la description des deux types de baliste, la baliste à quatre roues décrite au chap. 7 et la baliste foudroyante décrite ici, comme il l'a fait par exemple pour les différents types de char à faux ou de *plumbata*. Cela nous aurait permis de mieux comprendre ce qui leur est commun et ce qui les différencie. L'absence d'uniformité entre les deux descriptions a contribué à la confusion qui entoure l'interprétation de ces machines. L'arc en fer, élément visuel symbolique, est évidemment présent dans les deux balistes – les illustrations ne laissent aucun doute sur ce point –, bien qu'il ne soit pas mentionné au chapitre 7. Pour ce qui est du système de tension, les *radii* dont il est question ici ne peuvent être que les rayons (fig. 22, O) des roues du treuil (fig. 21 et 22, B), puisque les hommes s'appuient dessus, et non les dents d'engrenage de la machine précédente, nommées aussi *radii* au chap. 7. Les *duabus rotis* sont les deux roues placées sur l'axe du treuil (une roue de chaque côté de la machine, manœuvrée chacune par un seul homme) dans lesquelles sont engagés les leviers. Ammien Marcellin désigne ces pièces sous le nom de *cochleae duo ligneae* (23, 4, 2) ; Vitruve parlait, semble-t-il (les manuscrits portent un incompréhensible *carchebi*), de *carchesium* (10, 10, 5). À la différence de la *ballista quadrirotis*, cette machine est équipée d'un système de tension à câble (le « système classique ») : l'Anonyme précise que « les hommes tendent le câble », *funem tendunt*. Du reste, les illustrations des manuscrits (planche XII) représentent unanimement un système de palans. Deux palans semblent dessinés. Le palan supérieur sur le dessin (fig. 21 et 22, C) est probablement le palan qui sert à amener le tiroir vers l'arrière, le palan inférieur (fig. 21 et 22, E) doit servir à ramener le tiroir à sa position première après le tir. Cette manœuvre, qui se fait aisément à la main sur les balistes légères comme la *ballista quadrirotis* ou, naturellement, la *manubalista*, devait nécessiter une assistance mécanique sur les gros engins. Les roues de manœuvre du treuil de tension sont curieusement dessinées sur les manuscrits, avec des croisillons et non des rayons. Hassall 1979 croit voir là des roues d'écureuil, et cela semble bien être l'interprétation des illustrateurs (surtout ceux de *M¹*, *M²* et *B*). Ce n'est pas ce que dit le texte du *De rebus bellicis*, et si une telle solution était envisagée (les *tympana* mentionnés par Vitr. 10, 11, 1 pour la baliste peuvent être soit des treuils à tambour, soit des roues d'écureuil), il faudrait dans ce cas que les roues fussent dissociées de la machine et reliées aux palans par des cordes et des poulies.

18.3 [1] *cochleae machina* : il s'agit du même système de réglage de la hausse (fig. 21, D) que sur la *ballista quadrirotis*. Il est un peu plus visible sur les illustrations des manuscrits du chapitre 18 (planche XII) que sur celles du chapitre 7. L'Anonyme ne dit rien de la rotation horizontale de la machine. Les dessins des manuscrits représentent un affût sans roues. L'artillerie de rempart n'a pas besoin d'une amplitude de rotation aussi importante que l'artillerie de campagne, mais un minimum est tout de même utile. Sur les fig. 21 et 22, nous avons représenté un affût pivotant sur une semelle fixe : ce n'est là qu'une hypothèse.

18.4 [1] *unius* : cela signifie donc que la *ballista fulminalis* est servie au total par trois hommes : les deux hommes mentionnés au § 2 pour

manœuvrer le treuil de tension et celui dont il est question maintenant, le chef de tir, qui doit placer le projectile sur la rainure du
tiroir, régler le pointage et actionner le mécanisme de détente, c'est-
à-dire soulever la griffe (fig. 22 et 23, L) au moyen de la manette
(fig. 22 et 23, M). Il s'agit de l'*artifex contemplabilis* dont parle
Ammien Marcellin, 23, 4, 2.

18.5 [1] *Danubii* : comme l'a déjà fait remarquer Marsden 1971,
246, cette indication ne donne rien pour évaluer la portée de la
machine, tellement la largeur du Danube est variable : 118 m aux
Portes de Fer, 289 m à Vindobona (Vienne), 585 m à Noviodunum,
1 097 m à Dobretae (pont de Trajan), 1 560 m à Singidunum,
2 560 m à Durostorum… En revanche, la mention de ce fleuve est
intéressante comme élément de détermination du destinataire de
l'œuvre : si l'Anonyme avait adressé son œuvre à Valentinien, il
aurait choisi le Rhin plutôt que le Danube pour vanter la portée de
sa *ballista fulminalis*. C'est en effet la frontière du Rhin qui a occupé
Valentinien la plupart du temps. Valens, de son côté, a passé toute
la période du printemps 367 au printemps 370 sur le Danube, faisant
régulièrement des expéditions depuis son camp de Marcianopolis
contre les Goths de l'autre côté ; cf. Cameron 1979, 7. Voir Themistius, *or.* 10, 135d-f, et, plus généralement, Jones 1964, 148-149.
Themistius, *or.* 10, 136 a, dit qu'en 370, Valens a équipé ses
nouveaux forts du Danube d'« armes, de projectiles et de machines »
(καὶ ὅπλα καὶ βέλη καὶ μηχανήματα). Peut-être la *ballista fulminalis* de
l'Anonyme faisait-elle partie de ces machines. Sur la possibilité d'un
topos littéraire, voir *Introduction*, p. XV.

18.6 [1] *fulminalis* : nous ne connaissons cette appellation que par
l'Anonyme. Mais le substantif *fulmen* et ses dérivés se retrouvent
ailleurs dans le contexte militaire : Végèce dit que les balistes et les
onagres lancent leurs projectiles *fulminis more* (*mil.* 4, 22, 4 ; 4, 29,
4) ; la XIIᵉ légion était appelée *Fulminata* (*AE* 1914, 131 ; 1925, 44,
et al.) ; un soldat peut être qualifié de *fulmineus* (*paneg.* 4, 7, 4).

18.7 [1] *inuicte imperator* : l'historien Festus, dans la conclusion de
son *Breuiarium* (30, 1), s'adresse à Valens en lui disant *princeps
inuicte* – il l'avait appelé *glorios(issim)e princeps* dans son introduction (1, 2). Mamertin s'adresse à Maximien en lui disant *imperator
inuicte* (*paneg.* 10, 7, 6). Végèce utilise six fois l'apostrophe *imperator
inuicte*, dans son *Epitoma rei militaris,* notamment dans les préfaces
de ses trois premiers livres (1, *prol.* 6 ; 1, 28, 1 ; 2, *prol.* 2 ; 3, *prol.* 4 ;
3, 26, 35 ; 4, 31, 1). Alcuin emploie aussi l'expression dans sa *Lettre
dédicatoire à Charlemagne*.

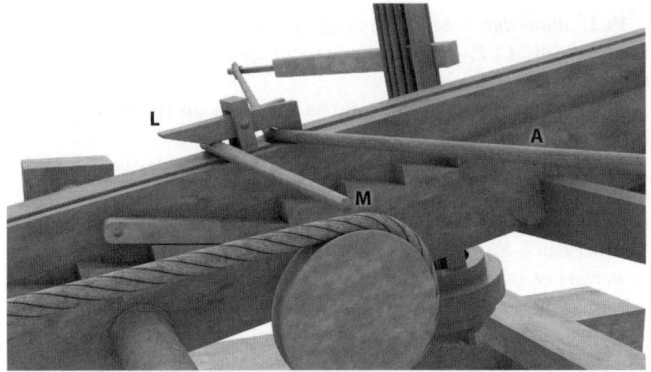

Fig. 23 : *Baliste de rempart – Détail du système de détente*

Dessin Ph. Fleury – Infographie C. Morineau, UniCaen, CIREVE

A : corde archère ; L : griffe (*uncus*) ; M : manette.

² *maxime — ualituras* : nous avons la même interprétation que R. Ireland et S. Condorelli. E.A. Thompson, A. Giardina et H. Jouffroy comprennent : « surtout quand tu auras trouvé, dans ta sagacité, des machines qui puissent être efficaces sur tous les éléments ».

18.8 ¹ *ballistae* : on pourrait penser qu'il s'agit ici de la baliste de rempart, la *ballista fulminalis*. Mais la mention de cette dernière quelques lignes plus bas donne à croire que l'Anonyme pense, dans cette phrase, à la baliste de campagne, la *ballista quadrirotis*. La grande mobilité de la *ballista quadrirotis* fait qu'elle peut être utilisée partout et en toute circonstance, y compris sur des fortifications. Ce sont, du reste, des balistes légères, du type de la machine montée sur la *ballista quadrirotis*, que l'on voit dans des fortifications sur la colonne Trajane par exemple.

² *portandi* : les manuscrits portent tous *portanti*. E.A. Thompson et S. Condorelli conservent cette leçon ; Ghelen avait changé en *portatilis* ; il a été suivi par R. Schneider, R. Ireland, A. Giardina et Á. Sánchez-Ostiz. Nous proposons *portandi*, qui offre un sens acceptable tout en restant très près de la leçon transmise. L'idée de la transportabilité est exprimée en 16, 3, nous semble-t-il, par l'adjectif *peregrinus*.

19.2 [1] *minoribus sane clipeis* : il y a peut-être un problème de texte à cet endroit : *C*, *P*, *V*, *M* et *B* ponctuent après *minoribus* ; *P*, *M* et *B* mettent une majuscule à *sane*.

19.4 [1] *Persarum* [...] *gens* : sur la question du front perse, voir *Introduction*, p. XVI.

[2] *dolus cordi... corpori... uirtus* : dans l'Antiquité, les Perses ont la réputation d'exceller à la fois par la ruse et par la puissance militaires. La ruse est souvent prise en mauvaise part et assimilée à la tromperie ; cf. *EXPOS. mundi* 20 : [*Saraceni*] *sunt similes Persis impii ac periuri et sponsiones non custodientes neque belli neque alterius negotii* (« ils ressemblent aux Perses en ce qu'ils sont impies et parjures, incapables de tenir un serment, à la guerre comme en n'importe aucune autre affaire » [trad. J. Rougé]). Pour la puissance militaire, voir par exemple *paneg.* 4, 38, 3 : « [...] les Perses eux-mêmes, cette nation puissante (*potens natio*), la seconde sur terre après la grandeur romaine, ont sollicité, illustre Constantin, ton amitié [...] » (trad. É. Galletier). Voir aussi Ammien Marcellin, 23, 6, 80 : « ce sont [= les Perses] des combattants d'un archarnement extrême, mais plus rusés que courageux (*magis artifices quam fortes*) » (trad. J. Fontaine).

[3] *quadratis* [...] *agminibus* : de César (8, 8, 4) à Ammien Marcellin, l'expression *agmen quadratum* est fréquemment utilisée. C'est une modification de la marche sur trois colonnes mentionnée plus haut qui donne à l'armée un aspect plus large que la formation ordinaire, d'où cette qualification de *quadratum* (D. S., *s.u. agmen*, I, p. 145). Ammien Marcellin raconte que c'est précisément cette formation que l'empereur Julien a utilisée pour pénétrer en Assyrie : « En chef confirmé par l'expérience et le savoir, craignant de se laisser surprendre, par une embuscade invisible, en raison de sa méconnaissance du terrain, il commença par faire progresser ses colonnes en formation carrée (*agminibus incedere quadratis*) [...] » (Amm. 24, 1, 2 [trad J. Fontaine]). C'est aussi cette formation qu'adoptent Valentinien dans sa campagne contre les Alamans (Amm. 27, 10, 6) et Valens dans sa dernière campagne contre les Goths en 378 (Amm. 31, 12, 4). Giardina 1989, 102, assimile l'*agmen quadratum* de l'Anonyme à l'ἀμφίστομον [...] καὶ βαθὺ πλινθίον de Plut., *Crass.* 23, 3, et il fait remarquer que cette formation fermée et compacte n'avait pas servi à Crassus pour éviter en 53 *a. C.* la défaite de Carrhes, précisément contre les Parthes.

19.5 [1] *bellicis subsidiis* : H. Jouffroy comprend : « au potentiel de guerre ».

19.6 [1] *ab omni telorum nube* : cela signifie-t-il que, lorsque les soldats auront quitté l'abri du mantelet, ils seront protégés par leurs boucliers ou faut-il comprendre qu'ils seront alors « couverts par une toute une nuée de traits » tirés par la baliste elle-même restée à l'abri du mantelet ? Grammaticalement, l'utilisation de *ab* fait préférer la première solution.

20 [1] *De limitum munitionibus* : Reinach 1922, 221, pense qu'il s'est produit quelque désordre dans le manuscrit et que ce chapitre devrait se trouver à la fin de la première partie, après le chap. 5, sur la réduction des dépenses militaires. Rien n'est moins sûr : sur la logique du plan du *De rebus bellicis*, voir *Introduction*, p. LVII.

20, 1 [1] *assidua... castella* : H. Jouffroy comprend « des fortins permanents ». Valentinien et Valens ont particulièrement œuvré pour la construction de forts sur le Rhin et le Danube ; voir *Introduction*, p. XXXIV. Cameron 1979, 7, utilise cet argument pour dater le *De rebus bellicis* d'avant 369, car, pour lui, il est difficile de penser que l'Anonyme aurait été assez sot ou mal informé pour faire une telle proposition après cette date. Sur la question de la défense des frontières, voir Johnson 1979 et Jouffroy 1991.

20.2 [1] *sine publico sumptu* : Mazzarino 1951, 323-329, et Giardina 1989, 103, rapprochent ce passage de la politique de l'empereur Julien. En fait nous n'avons pas de constitutions de cet empereur portant précisément sur les *castella* des frontières. Nous pouvons cependant nous faire une idée de son orientation politique en ce qui concerne les rapports entre *sumptus publicus* et *sollicitudo possessorum* grâce à deux de ses interventions, qui nous sont parvenues dans le *Code Théodosien* sous les titres génériques : *De itinere muniendo* (15, 3, 2) et *De extraordinariis siue sordidis muneribus* (11, 16, 10). Si l'objet des interventions de Julien (la voie publique et le *cursus publicus*) est différent de l'objet auquel fait référence l'Anonyme (les forts frontaliers), l'inspiration est la même : transférer la dépense publique sur les propriétaires terriens directement concernés. Il est précisé dans le deuxième extrait que les *munera* incombent aux *possessores*.

[2] *uigiliis [...] et agrariis exercendis* : A. Giardina comprend différemment « e vi si dovrebbero tenere posti di guardia e picchetti di esplorazione », considérant que rien dans le texte n'implique que les tours de garde et les patrouilles soient à la charge des propriétaires. Cela serait même en contradiction avec les principes énoncés au chap. 5, selon lesquels les paysans ne doivent pas être détournés des

travaux des champs : cf. Giardina 1989, 104, n. 6. Végèce associe également *uigiliae* et *agrariae* : cf. *mil.* 2, 19, 3 ; 2, 22, 4. Pour Jouffroy 1991, 374, le terme *uigiliis*, surtout rapproché d'*agrariis*, évoque les milices villageoises, les groupements d'auto-défense qui se sont répandus dans l'Antiquité tardive.

21.1 [1] *sacratissime imperator* : Mamertin, dans son *Panégyrique en l'honneur de Maximien Auguste*, s'adresse à Maximien en l'appelant successivement *sacratissime imperator* (*paneg.* 10, 1, 5) et *imperator inuicte* (*paneg.* 10, 7, 6 ; cf. note 18, 7 [1]). Cette adresse au singulier pour une question aussi importante que les réformes législatives a fait penser que l'Anonyme ne pouvait s'adresser qu'à Valentinien, qui était d'un rang supérieur à Valens ; voir *Introduction*, p. XXXV. Mais le fait de s'adresser à un seul empereur n'implique pas sa supériorité par rapport à l'autre, dans la mesure où chacun peut intervenir dans son propre territoire de façon autonome. Sur la question du partage législatif entre les empereurs dans la seconde moitié du IVe siècle, voir Gaudemet 1956, qui considère que c'est à partir de Valentinien et de Valens que le partage de l'Empire est devenu définitif : chaque empereur légiférait désormais pour sa *pars*, sans obligation de transmettre ses lois à son collègue ni de rendre applicables chez lui celles de son collègue. Pergami 1993, XLV, exprime une opinion plus nuancée : pour lui, l'Empire est encore unitaire dans le domaine législatif sous Valentinien et Valens, avec une prédominance de Valentinien.

[2] *tua serenitate* : cette qualité appliquée à l'empereur se retrouve fréquemment dans les constitutions impériales, souvent avec l'adjectif possessif de la première personne, *serenitas nostra*, par ex. *Cod. Theod.* 1, 1, 2 (Valentinien, Théodose et Arcadius [391]) ; 1, 22, 2 (Constantin [334] – associée à *lenitas nostra*) ; 8, 5, 14 (Julien [362]). *Serenitas tua* se retrouve à deux reprises chez Végèce : dans la conclusion du livre III (*mil.* 3, 26, 35 – la phrase commence avec l'apostrophe *imperator inuicte* également utilisée par l'Anonyme) et dans le prologue du livre IV. On retrouve également l'expression dans l'*Histoire Auguste*, dans une adresse à Dioclétien (*Opil.* 15, 4).

[3] *restat unum* : l'emploi de *unus*, « un seul », montre que ce chapitre est bien conçu comme le dernier de l'ouvrage ; voir *Introduction*, p. LVII).

[4] *remedium ad ciuilium curarum medicinam* : *medicina* employé pour le soin de l'État se retrouve notamment dans le vocabulaire des Panégyristes (cf. *paneg.* 5, 11, 5 [à Constantin] : « Divin remède que

le tien [*diuinam... tuam... medicinam*], empereur, pour guérir une cité » [trad. É. Galletier] ; 2, 13, 2 [à Théodose]), de Symmaque (cf. *epist.* 2, 13, 2 : « [...] que les remèdes du droit [*medicina iuris*] aillent à l'encontre de la cupidité des personnes privées », et 10, 2, 2 : « Vous louer, Monseigneur Gratien, est mon office, puisque vos intentions furent telles que, soignant la République [*reipublicae medicina*], vous faites appel au concours de ma voix » [trad. J.-P. Callu]) et du *Code Théodosien* (6, 27, 18). Pour un point bibliographique sur la question du vocabulaire médical appliqué, dans les textes rhétoriques et législatifs, au souverain qui soigne, avec ses lois, les maladies qui affligent la société, voir Giardina 1989, 104-106. Pour les motivations des tenants du mouvement de codification, voir Nörr 1963.

⁵ *iudicio Augustae dignationis* : c'est au IVe siècle que s'accentue la tendance à faire du souverain, et de manière presque exclusive, à la fois le légistateur et l'interprète des lois ; voir De Giovanni 2010, 173-177. Les lois édictées par l'empereur se substituent ainsi à l'ancienne jurisprudence. Pour L. De Giovanni, cette évolution n'est pas seulement due au caractère de plus en plus autoritaire du pouvoir impérial. Il est un fait que l'empereur, avec l'aide de ses conseillers juridiques et des fonctionnaires de la chancellerie, est le seul à être en mesure d'imposer une *lex generalis* à l'ensemble de l'Empire, le seul à pouvoir adapter les lois de l'ancien droit romain, conçues pour une cité unique, aux multiples cités d'un empire cosmopolite. L'identification de l'idée même du droit avec la personne de l'empereur apparaît de façon très significative dans une inscription qui célèbre précisément Valentinien Ier comme « le maître des lois romaines, le guide de la justice et de l'équité » (*ILS* 765 : *legum domino Romanarum, iustitiae aequitatisque rectori* [De Giovanni 2010, 174]).

⁶ *confusas legum contrariasque sententias* : c'est seulement le *Code Justinien*, paru en 529, qui répondra à cette préconisation de l'Anonyme. Le *Code Théodosien*, paru en 438, se contentait de compiler toutes les constitutions publiées depuis Constantin sans rendre caduques les compilations précédentes et donc sans dissiper la confusion et les contradictions : voir *Introduction*, p. LXXXII-LXXXIII. Les mots mêmes employés par l'Anonyme se retrouvent du reste dans le *Code Justinien* : *ius antiquum, per millesimum et quadringentesimum paene annum confusum et a nobis purgatum* (*Dig., Constitutio « Deo auctore »*, 5), *constitutiones antea confusas* (*Inst. Iust.* 2, 1), *repperimus autem omnem legum tramitem qui ab urbe*

COMMENTAIRE

Roma condita et Romuleis descendit temporibus ita esse confusum (*Dig.*, Constitutio « *Deo auctore* », 1), *cum per contrarias interpretantium sententias* (*Dig.*, Constitutio « *Deo auctore* », 12). R. Neher, qui avait relevé ce fait, datait donc le traité de l'époque de Justinien, et il considérait le code publié par cet empereur comme inspiré directement par l'Anonyme : voir Neher 1911, 71, et *Introduction*, p. XLVI. Mais Ammien Marcellin, 30, 4, 2-19, fait un constat très proche de celui de l'Anonyme, et il emploie un vocabulaire équivalent en parlant des distorsions des lois (*repugnantium sibi legum* [...] *discidia* [30, 4, 11]).

7 *improbitatis reiecto litigio* : Ammien Marcellin évoque longuement, au début de son livre XXVIII, le problème des fausses accusations à Rome à l'époque du règne de Valentinien et Valens ; sur les problèmes de la justice en Orient à l'époque de Valens et dans les décennies suivantes, voir aussi Amm. 30, 4. Brandt 1988, 125, propose une autre interprétation ; il considère qu'*improbitatis* doit être pris ici comme un génitif objectif. L'expression *iudicium improbare* signifiant « casser un jugement » (Cic., *inu.* 1, 79 ; Val. Max. 7, 7, 4), *litigium improbitatis* signifierait « controverse sur la cassation », et H. Brandt renvoie à la question des *sententiae probatae/improbatae* dans les sources juridiques (*Dig.* 29, 2, 60).

21.2 1 *discernuntur merita singulorum* : là encore Brandt 1988, 126, croit reconnaître un vocabulaire juridique précis : la formule *discernuntur merita singulorum* signifierait que chaque personne concernée par un procès est soumise à une enquête pour pouvoir découvrir et évaluer les agissements et le comportement des individus pertinents pour l'affaire, et il renvoie aux *Hermeneumata* du Ps. Dosithée (édit. A.C. Dionisotti, *Journal of Roman Studies* 72, 1982, p. 104) et au *Code Théodosien* 1, 20, 1 et 2, 14, 1.

INDEX NOMINVM ET RERVM

Les chiffres romains renvoient à l'*Introduction*, les chiffres arabes au *Commentaire*.

LISTE DES TABLEAUX
ET DES ILLUSTRATIONS

Tableaux

Figures

Planches

TABLE DES MATIÈRES

PLANCHES

PLANCHES

PLANCHES

Les planches suivantes présentent des photographies des illustrations du manuscrit *P* (*Parisinus latinus* 9661) conservé à la Bibliothèque nationale de France et, pour certaines machines, des propositions de restitution réalisées à partir d'une étude conjointe du texte et des illustrations des manuscrits.

Pour chaque illustration nous avons indiqué :
- le folio portant l'illustration
- la position de l'illustration dans le texte
- les légendes données par les manuscrits. Elles se trouvent toujours au-dessus de l'illustration et elles ne doivent pas être confondues avec le titre du chapitre suivant donné généralement juste au-dessous de l'illustration.

Les légendes sont retranscrites avec les mêmes règles que celles que nous avons suivies pour l'établissement du texte (voir *Introduction* p. XCVII).

Le manuscrit *M* (*Monacensis latinus 10291*) possède deux séries d'illustrations (voir *Introduction* p. XCI). Il nous a paru intéressant de donner les légendes des deux séries, car elles sont parfois différentes. Les légendes de la première série, insérée dans le texte, sont notées M^1 ; les légendes de la seconde série, hors texte, sont notées M^2.

Le manuscrit *V* (*Vindobonensis latinus 3103 olim, nunc Tridentinus*) ne possède pas d'illustrations ; mais leur emplacement a été réservé et, dans tous les cas sauf pour la première illustration, la légende a été retranscrite. Nous la donnons donc quand elle existe.

COMMODE · AVCTORITATIS · VARIO · PRISCORVM · MONETA E

AEREI

LVTEI

DECORIO

tabitur · nec erit fraudi locus
ubi nulla est mercis occasio·
Verum ut q̄litas future discus

FELIX · INCHOATIO · SAC -

hionis appeat formas ſe magtudien
tam erec q̄ auree figurationis pic
tura prenunciante subieci·

RAE · DIVINEQ; · MONOTE·

DE · IVDICVM·
ADhec igitur incommoda
que prouincias auariciae

PRAVITATE·
fligandis rebus dirigit huiusmodi
unusquisq; qui diuersis rapinarum

Planche I (ci-contre) : Anciennes monnaies.
Parisinus, f. 54ᵛ – avant le chap. 1.

COMMODAE AVCTORITATIS VARIAE PRISCORVM MONETAE *CM[1-2]B*
COMMODAE AVCTORITATIS VARIO PRISCORVM MONETAE *P*
Pas de légende dans *V*

Planche II (ci-dessus) : Nouvelles monnaies proposées par l'Anonyme.
Parisinus, f. 56ʳ – avant le chap. 4.

FELIX INCHOATIO SACRAE DIVINAEQVE MONETAE *CVM[1]B*
FELIX INCHOATIO SACRAE DIVINAEQVE MONOTAE *P*
DE REVELANDO (*sic*) MILITARI SVMPTV *M[2]*

EXEMPLVM·BALIS   TE·QVADRIROTIS·

Planche III : Baliste de campagne.
Parisinus, f. 57^r – avant le chap. 7.

BALISTA QVADRIROTIS *CPVM$^{1-2}$B*

Dessin Ph. Fleury - Infographie C. Morineau, UniCaen, CIREVE

TICHODIFRVS.   CLIPEO·CENTRVS.

EXPOSITIO   TICHODIFRI

Planche IV : Mantelet et bouclier à pointes.
Parisinus, f. 57^v – avant le chap. 8.

TICHODEFRVS CLIPEO CENTRVS *C*
TICHODIFRVS CLIPEO CENTRVS *P*
TICHODIFRVS CLIPEOCENTRVS *VM$^{1\text{-}2}$B*

Dessin Ph. Fleury -
Infographie C. Morineau,
UniCaen, CIREVE

Planche V : Trait plombé à pointes et trait plombé à fer conique
Parisinus, f. 58ʳ – avant le chap. 10.

PLVMBATA ET TRIBOLATA. PLVMBATA MAMILLATA *CM¹B*
PLVMBATA ET TRIBVLATA. PLVMBATA MAMILLATA *P*
PLVMBATA ET TRIBOLATA. PLVMBATA MAMILIATA *V*
PLVMBATA ET TRIBOLATA. PLVMBA MAMILLATA *M²*

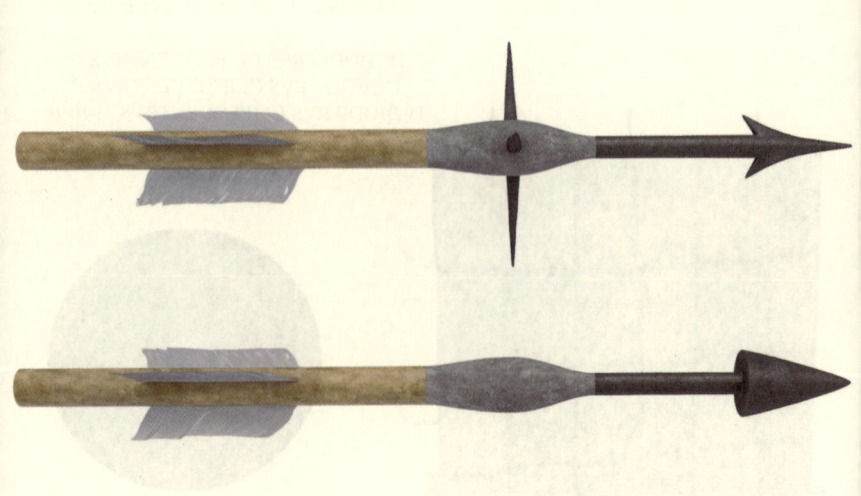

Dessin Ph. Fleury - Infographie C. Morineau, UniCaen, CIREVE

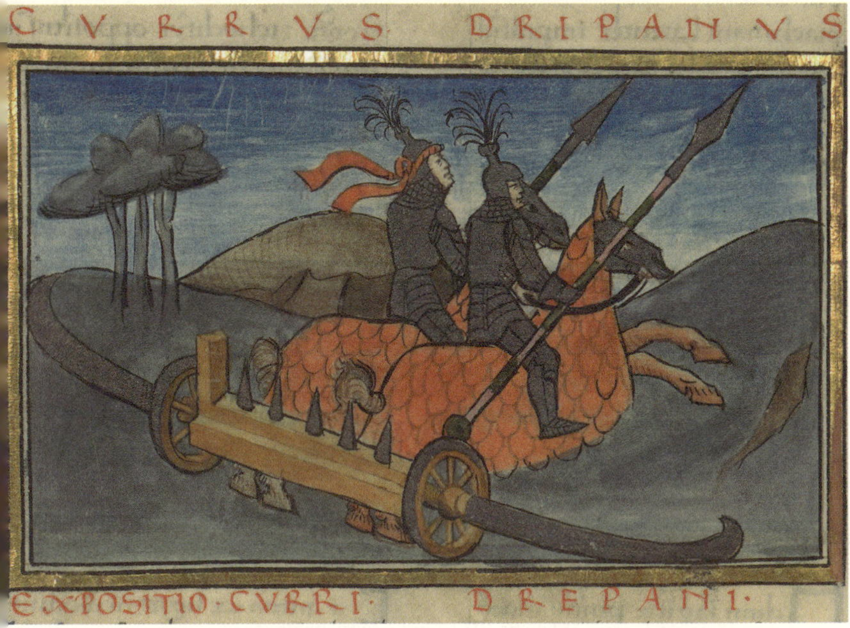
CVRRVS DRIPANVS
EXPOSITIO · CVRRI · DREPANI ·

Planche VI : Char à faux double
Parisinus, f. 58ᵛ – avant le chap. 12.

CVRRVS DREPANVS *CVM*$^{1\text{-}2}$*B*
CVRRVS DRIPANVS *P*

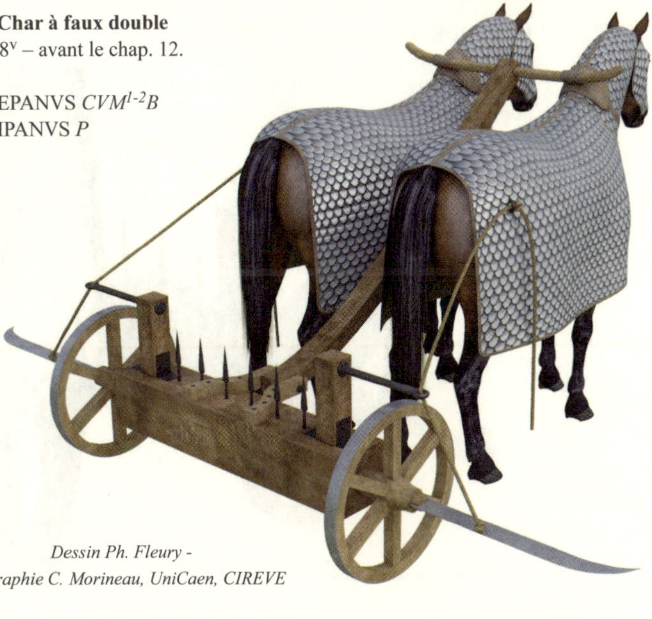

Dessin Ph. Fleury -
Infographie C. Morineau, UniCaen, CIREVE

Planche VII : Char à faux simple

Parisinus, f. 59^r – avant le chap. 13 *CPB* (avant le chap. 14 *M^1*)

CVRRODREPANVS SINGVLARIS *CM^1*
CVRRO DREPANVS SINGVLARIS *P*
CVRRVS DREPANVS SINGVLARIS *M^{2}B*
non legitur V

Dessin Ph. Fleury - Infographie C. Morineau, UniCaen, CIREVE

CVRRO DREPANVS CLIPEATI

Planche VIII : Char à faux avec fouet automatique
Parisinus, f. 59^r – avant le chap. 14 *CPB* (avant le chap. 13 *M¹*)

CVRRODREPANVS CLIPEATVS *CVM¹B*
CVRRO DREPANVS CLIPEATI *P*
CVRRVS DREPANVS CLIPEATVS *M²*

Dessin Ph. Fleury - Infographie C. Morineau, UniCaen, CIREVE

Planche IX (ci-dessus) : Sous-armure
Parisinus, f. 59ᵛ – avant le chap. 15

TORACOMACHVS *C*
THORACOMACHVS *PVM^{1-2}B*

Planche X : Pont d'outres
Parisinus, f. 60ʳ – avant le chap. 16

ASCOGEFRVS *CPMⁱB*
ASCOREFRVS *VM²*

Planche XI : Liburne à bœufs
Parisinus, f. 61ʳ – avant le chap. 17

LIBVRNA *CPVM¹⁻²B*

Dessin Ph. Fleury - Infographie C. Morineau, UniCaen, CIREVE

Dessin Ph. Fleury - Infographie C. Morineau, UniCaen, CIREVE

Dessin Ph. Fleury -
Infographie C. Morineau, UniCaen, CIREVE

Dessin Ph. Fleury - Infographie C. Morineau, UniCaen, CIREVE

Dessin Ph. Fleury - Infographie C. Morineau, UniCaen, CIREVE

Ouvrage mis en pages
par Pixellence
59100 Roubaix

Ce volume,
le quatre cent seizième
de la série latine
de la Collection des Universités de France,
publié aux Éditions Les Belles Lettres,
a été achevé d'imprimer
en mai 2017
sur les presses
de la Nouvelle Imprimerie Laballery
58500 Clamecy, France

N° d'édition : 8552 - N° d'impression : 705018
Dépôt légal : juin 2017